笛卡尔与现象学

马里翁访华演讲集

方向红 黄作 主编

生活·讀書·新知 三联书店

Copyright © 2020 by SDX Joint Publishing Company.
All Rights Reserved.
本作品版权由生活·读书·新知三联书店所有。
未经许可，不得翻印。

图书在版编目（CIP）数据

笛卡尔与现象学：马里翁访华演讲集／方向红，黄作主编． —北京：生活·读书·新知三联书店，2020.8
（三联精选）
ISBN 978-7-108-06818-7

Ⅰ．①笛…　Ⅱ．①方…②黄…　Ⅲ．①笛卡尔（Descartes, Rene 1596-1650）－现象学－研究　Ⅳ．① B565.21 ② B81-06

中国版本图书馆 CIP 数据核字（2020）第 060946 号

特约编辑	童可依
责任编辑	钟　韵
装帧设计	薛　宇
责任校对	张国荣
责任印制	宋　家
出版发行	生活·讀書·新知 三联书店
	（北京市东城区美术馆东街 22 号 100010）
网　　址	www.sdxjpc.com
经　　销	新华书店
印　　刷	河北鹏润印刷有限公司
版　　次	2020 年 8 月北京第 1 版
	2020 年 8 月北京第 1 次印刷
开　　本	787 毫米 × 1092 毫米　1/32　印张 13.25
字　　数	240 千字　图 29 幅
印　　数	0,001－4,000 册
定　　价	58.00 元

（印装查询：01064002715；邮购查询：01084010542）

图1 马里翁先生接受澎湃访谈

图2 马里翁先生2017年11月8日在中山大学做讲座

图3 2017年11月8日中山大学讲座后,马里翁先生与大家合影

图4 马里翁先生2017年11月10日在北京大学做讲座

图5 马里翁先生在2017年11月10日北京大学的讲座上

图6 马里翁先生2017年11月13日在中国人民大学做讲座

图7 人民大学讲座上,中国现代外国哲学学会理事长尚杰致辞

图8 人民大学讲座上,法国驻华大使馆顾博(Thibault Curmi)先生致辞

图9 2017年11月13日人民大学讲座后,马里翁先生与大家的合影

图10 马里翁先生在2017年11月17日同济大学的讲座上

图11 2017年11月17日同济大学讲座后的合影

图12 2017年11月18日法国哲学年会合影

图13 2017年11月18日复旦大学讲座后讨论

图14 2017年11月21日,马里翁先生在华南师大交流会上发言

图15 2017年11月21日华南师大交流会后合影

图16 2017年11月21日华南师大交流会后小憩

图17 2017年11月22日中法现象学新世代对话会后合影

图18 马里翁先生与倪梁康教授(右)交谈

图19 马里翁先生与张祥龙教授(左)交谈

图20 马里翁先生与冯俊教授（左）交谈

图21 马里翁先生给中大学子签名

图22 没能登上广州塔的遗憾

图23 在越秀山

图24 在故宫

图25 马里翁先生和夫人在长城

图26 在豫园

图27 探访和平饭店

图28 在拙政园

图29 马里翁中国行海报集锦

目录
Contents

前　言　马里翁　1

上编　马里翁访华演讲　9

现象学在何种意义上能够或者不能依仗笛卡尔　11
笛卡尔的感受之思　46
论现象学在神学中的效用　78
美的现象　106
评论法国近年一些哲学争论　133

下编　马里翁访华座谈、采访实录　179

非理性主义及其他
　　——中国人民大学座谈会纪要　181
笛卡尔与法国哲学的复兴
　　——马里翁澎湃访谈录　188
一切真实的东西都是普遍的
　　——马里翁与中国学者交流会　234
心性与人性、天命与天道
　　——中法现象学的新世代对话　275

附录　马里翁访华演讲法文原文　303

En quel sens la phénoménologie peut-elle *ou non* se réclamer de Descartes?　305

La troisième notion primitive　332

Remarques sur l'utilité en théologie de la phénoménologie　355

Le phénomène de beauté　374

Remarques sur des débats philosophiques récents en France　393

后　记　黄作　414

前　言[*]

马里翁

首先衷心感谢六所中国大学在2017年11月邀请我去访学，很感荣幸，也很是高兴。尤其要感谢黄作教授，他熟练的法语、处事能力、组织才能和尽心尽职的态度，使得这些讲座成了真正的思想交流和碰撞。实际上，每一场讲座在语言上和概念上都为听众做了积极的准备，随后的提问环节也达到了真正的交流和阐明，我于其中同样收获颇丰。我特别感谢各位杰出的译者，无论是法文文本还是随后的讨论交流，他们都能准确地进行把握。这不是流于形式的访学——被似是而非的译者弄得"模模糊糊"、被迫出现在不感兴趣的听众面前、由于行政管理人员的主导因而不可避免地流于表面（这种情况经常出现）——而是在大学共同体中共同努力真正进行一种思考活动。因此,我的第二次中国之行要比第一次(2000年)更加富有成效，影响也更加深远，同时也证实了中国的哲学活力在不断地增长。

实际上，至少一个半世纪以来，中国大学一直渴望向西方

---

[*] 马里翁先生所撰前言由黄生翻译成中文。——编者按

哲学开放，渴望将之"占为己有"，或许最终能将西方哲学与自己的思想传统同化。而这本书的出版则将见证，这一努力不再只涉及占优势的盎格鲁-撒克逊的所谓分析哲学，同样也伸展到了哲学（和形而上学）的历史，后者被理解为具有充分哲学权利的，并非仅仅是文献的或历史的，也非被还原为观念史的一种学科本身。在这一语境中，思考从胡塞尔到其最新发展（尤其在法语中，同样包括英语、德语、意大利语、西班牙语，等等）的现象学传统，为中国哲学的未来开启了一个至关重要的领域。现象学首先是一种对无数领域而言可自由使用的方法，同时也是一种学说（或者是各种学说的整体，各种学说之间根本上是相容的，且因此是累积的效果）。更甚者，这涉及一种没有独断的"验前"的、没有各种范畴原理（即使是形式性的）的方法，甚至涉及一种"反-方法"（在笛卡尔的方法意义上）。因为，对于现象学而言，自从其最初的运作即还原以来，让"各种事物本身"运用它们的权利来自身显示，这是先于思维的权利；这一思维因此在构成、意义的给出或接受的各个阶段适应"验后地"去思。现象学就如把之与普通形而上学区分开来的"验后"的方法，因此能够在一些直到那时被封闭在形而上学之中或甚至被形而上学所拒斥的领域中冒险：不仅有美学和事件（即各种非对象化的世界现象），而且有爱洛斯学和伦理学（即他人的和各种非世界现象的问题）——直到神学，或者是广义

前　言

上的一种有智识力的智慧，或者是狭义上的一种启示。

在这一点上，人们能够冒险做一些更加雄心勃勃的，但同样也更加未定的反思。第一个反思涉及中国思想和欧洲思想（尤其在讲法语的领域中）的各种各自情形。就一些明显的地理和历史的理由而言（我们在此并不试图概括它们），这两种文化表现出对于普遍性的梦魂萦绕般的操心以及专横地认为具有可能的普遍性的特征，远甚于那些围绕着它们的其他各种文化。如果这两种文明首先没有相遇的话，一种文明的相遇将不会真正实现；关于这一碰撞，过去历史已经提供了比开端和实例更多的东西。毫无疑问，在这一道路中继续前行规定着我们两种语言共同的伟大义务，而这一任务的成功对于所有其他的文明而言将普遍地产生一些影响。第二个反思规定了一种解释学原理：当思维没有沦陷在意识形态、文化帝国主义或"文明的冲突"时，它**总是**可通达于思维/思想。各语言之间的间距和各语言"价值"之间的差别从来不能禁止翻译。各种不可译者的定义本身总是在翻译它们的可能性之中被概述。毫无疑问，翻译在此所指的东西远甚于词汇之间的单义等同；这里涉及第一步，未充分的且非常虚幻的第一步；翻译涉及各个语言系统中一个和另一个的"相互"解释，以便在各种"有规律的"思维差别中建立一些等同。那样一来，同一些问题能够在两种语言的条件下着手进行研究，就像人们可以从两个山坡来攻克同一座山峰一样。

至于中国社会中哲学发展的现实状况，相比于我们的中国同事，一个外国人不可能说得更多或更好。或许因为哲学在任何社会中总是扮演着关键角色，她在其中从未找到完全令人满意的和自由的位置与身份：欧洲首先体验了哲学，而且还在继续体验她，就如世界上其他区域在体验她一样。然而可以确定的是，像中国这样的一个社会，不会满足于为其自身无限寻求经济增长和权力增长；欧洲国家知道这种诱惑而且摆脱了它，中国也将这样做。在这一进程中，哲学家的警惕性永远是文化和共有财产中最大的王牌之一。

2018年8月于洛村

Préface

Jean-Luc Marion

Le premier devoir qui s'impose ici est aussi un plaisir, celui de remercier chaleureusement les six universités qui m'ont fait l'honneur de m'inviter à les visiter en novembre 2017. Et en particulier M. le Professeur Huang Zuo : sa maîtrise excellente de la langue française, jointe à sa compétence, à son sens de l'organisation et à son parfait dévouement a permis que ces conférences deviennent de véritables rencontres de pensées échangées. En effet, chacune de ces conférences fut donnée à un public déjà préparé, linguistiquement et conceptuellement, à les écouter ; et les questions qui suivirent aboutirent toutes à de véritables échanges et explications, où, moi aussi, j'ai beaucoup reçu. Je remercie particulièrement les traducteurs, tant des textes français que des échanges qui les suivaient, pour leur remarquable compétence et précision. Il ne s'agissait pas de visites formelles, brouillées par des interprètes approximatifs, imposées à un public indifférent, dans un cadre administratif et donc inévitablement superficiel (comme il arrive si souvent), mais d'efforts communs pour une pensée réellement mise en œuvre dans une communauté universitaire. Cette seconde visite en Chine fut donc plus fructueuse et plus approfondie que la première (en 2000), confirmant le développement de la vie philosophique chinoise.

Les universitaires chinois souhaitent en effet, depuis au moins un siècle et demi, s'ouvrir à la philosophie occidentale, se l'approprier et, peut-être, à terme, l'assimiler à leurs propres traditions de pensée. Mais la présente publication en témoigne, cet effort ne concerne plus seulement la philosophie dite analytique, à dominante anglo-saxonne ; désormais il s'étend aussi à l'histoire de la philosophie (et de la métaphysique) entendue comme une discipline elle-même de plein droit philosophique et non pas uniquement documentaire ou historique, ni réduite à l'histoire des idées. Dans ce contexte, la prise en considération de la tradition phénoménologique, depuis Husserl jusqu'à ses développements les plus récents (en particulier en français, mais aussi en anglais, allemand, italien, espagnol, etc.), ouvre un champ décisif pour l'avenir de la philosophie en Chine. En effet, autant qu'une doctrine (ou un ensemble de doctrines, d'ailleurs pour l'essentiel compatibles entre elles et donc à effet cumulatif), la phénoménologie consiste d'abord en une méthode, disponible pour des régions en nombre illimité. Plus encore, il s'agit d'une méthode sans *a priori* dogmatiques, voire sans principes catégoriques (même formels), voire d'une anti-méthode (au sens de la méthode cartésienne). Car, dès sa première opération, la réduction, il s'agit pour la phénoménologie de laisser les «choses mêmes» exercer leur droit à se manifester, droit qui précède la pensée ; cette pensée s'applique donc, à chaque étape de la constitution, de la donation de sens ou de la réception, à penser *a posteriori*. Comme méthode de l'*a posteriori*, qui la distingue de la métaphysique commune (que l'on pourrait définir comme un pensée de l'*a priori*), la phénoménologie peut donc se risquer dans des domaines jusque là fermés à la métaphysique, ou même exclus par elle : non seulement l'esthétique et l'événement (autrement dit les phénomènes du monde non-objectivables), mais aussi l'érotique et l'éthique (autrement dit la question d'autrui et des phénomènes non-mondains) – jusqu'à la théologie, soit au sens large d'une sagesse compréhensive, soit au sens strict d'une Révélation.

À ce point, on peut risquer quelques réflexions plus ambitieuses, mais aussi plus aléatoires. – La première concerne les situations respectives de la pensée chinoise et de la pensée européenne, en particulier dans l'aire francophone. Pour des raisons géographiques et historiques évidentes, qu'on ne tentera pas même ici de résumer, ces deux cultures se caractérisent (beaucoup plus que celles qui les entourent) par le souci obsédant et la possibilité impérieuse de l'universalité. Une rencontre des civilisations ne pourra s'accomplir véritablement sans que, d'abord, ces deux civilisations ne se rencontrent ; de cette rencontre, le passé a déjà fourni plus que des prémices et des exemples. Continuer dans cette voie définit sans doute le grand devoir commun de nos deux langues, et la réussite de cette tâche aura des conséquences pour toutes les autres, universellement. – La seconde fixe un principe herméneutique : la pensée, quand elle ne sombre pas dans l'idéologie, l'impérialisme culturel, ou le «choc des civilisations», reste *toujours* accessible à la pensée. L'écart des langues et la différence des «valeurs» linguistiques n'interdisent jamais la traduction. La définition même des intraduisibles se résume toujours dans la possibilité de les traduire. Sans doute la traduction signifie beaucoup plus ici que la mise en équivalence univoque des vocabulaires ; il s'agit là d'un premier pas, insuffisant et largement illusoire ; la traduction signifie l'interprétation *réciproque* de chacun des systèmes linguistiques l'un par l'autre, en sorte d'établir des équivalences entre les différences *réglées* des pensées. Alors les mêmes problèmes pourront s'aborder par deux langues, comme on conquiert le même sommet d'une montagne par deux versants.

Quant aux conditions actuelles du développement de la philosophie dans la société chinoise, un étranger ne peut guère en dire plus ou mieux que ce que nos collègues chinois n'en savent déjà. Peut-être parce qu'elle joue toujours un rôle essentiel dans toute société, la philosophie n'y trouve jamais une place et un statut complètement satisfaisants et libres : l'Europe en a fait l'expérience, la première, et continue à la faire, comme d'autres régions du monde. Mais il est certain qu'une société comme la Chine ne pourra pas se contenter de chercher indéfiniment la croissance économique pour elle-même, non plus d'ailleurs que l'accroissement de sa puissance. Les pays européens ont connu cette tentation et en sont revenus, la Chine fera de même. Dans ce processus, la vigilance des philosophes restera toujours l'un des atouts majeurs de sa culture et de son bien commun.

Lods, août 2018

上 编

马里翁访华演讲

现象学在何种意义上能够或者不能依仗笛卡尔[*]

一

"笛卡尔是现代哲学真正的开创者",这似乎是自明的。至少自黑格尔以来便是如此,他尊称笛卡尔为"英雄人物"。[1]然而还须衡量,哲学中的现代性与笛卡尔保持着何种本质上**可回溯的**关系,或不如说,现代性与"笛卡尔"保持着何种关系,后世评注在笛卡尔主义的名头下用它取代了笛卡尔本人,但这两者间并非没有差别和时代的相悖。事实上,若"现代哲学"不断声称与笛卡尔的关系,则它恰是几乎一直怀着最严重的表里不一;如此,它才能立即拒绝笛卡尔最明确的论题,同时还

---

[*] 本文为马里翁2017年11月8日在中山大学哲学系所做的讲座,讲座的主持人为方向红,翻译工作由董俊完成。——编者按
[1] Hegel, *Leçons sur l'histoire de la philosophie*, traduction, annotation, reconstitution du cours de 1825-1826 par P. Garniron, t.6, Paris, J. Vrin, 1985, p.1384. 中译文参见黑格尔:《哲学史讲演录(四)》,贺麟、王太庆译,北京:商务印书馆,1983年,第63页。

对这位革新者的勇气致以更高的敬意。[1]现象学或许并未构成这种奇怪态度的例外。此种态度的固执自在地构成一个哲学问题。这问题可能很关键,尽管时至今日它还从未被探问(这正涉及我们对自身的无意识)。

当然,胡塞尔常常为他创立的现象学寻求一个确实源自笛卡尔的世系:"笛卡尔播下了超越论哲学的种子。"[2]此寻求自《逻辑研究》起就已出现,[3]它甚至也构成了《笛卡尔式的沉思》

---

[1] 参见阿祖维卓越的历史研究(F. Azouvi, *Descartes et la France. Histoire d'une passion nationale*, Paris, Fayard, 2002)。问题可能在于人们自称为"笛卡尔的",同时又拒绝之,参见我们的研究(J.-L. Marion, «Création des vérités éternelles. Principe de raison. Malebranche, Spinoza et Leibniz», *Questions cartésiennes II. Sur l'ego et sur Dieu*, Paris, PUF, 1996^1, 2002^2, c. VI)和卡罗的论证(V. Carraud, *Causa sive ratio*, Paris, PUF, 2002);或者反之,人们声称批评笛卡尔,同时又延续着真正的笛卡尔论题(«Constantes de la raisons critique-Descartes et Kant», *Questions cartésiennes II, op.cit.*, c. VIII)。

[2] *Philosophie première I*, §28, Hua. VIII, p. 4.

[3] 胡塞尔与笛卡尔的论辩至少从《逻辑研究》就开始了,例如"第一研究"第18节中关于想象与知性之区分的讨论(*Logische Untersuchungen*, II/1, Tübingen [1901^1], 1913^2, p. 64sq.)和附录"外感知与内感知。物理现象与心理现象"(*ibid*., III, pp. 222-244),其中问题正在于对"显现这个术语的歧义性"的规定。关于胡塞尔在笛卡尔问题上的演变,参见 F. W. von Hermann, *Husserl und die Meditationen Descartes*, Frankfurt, 1971 和 «Husserl et Descartes», *Revue de Métaphysique et de Morale*, 92/1, 1987。胡塞尔与笛卡尔的相遇,很早就成为一个必然的论题,相关讨论可参见 O. Becker, «Husserl und Descartes», *in* C. A. Emge (hrsg.), *Gedächtnis an René Descartes (300 Jahre des Discours de la Méthode)*, Berlin, 1937 和 A. de Waelhens, «Descartes et la pensée phénoménologique», *Revue néo-scholastique de Philosophie*, 41, 1938 (repris *in* H. Noack [hrsg.], *Husserl. Wege* [转下页]

的开篇:"……笛卡尔曾通过他的沉思,给它[超越论现象学]以新的推动;这些沉思进行的研究,直接影响我们将已把握到的现象学改造为一种新的超越论哲学。以至于人们几乎可以将现象学称为新-笛卡尔主义,纵使恰恰根据笛卡尔式主题的发展,现象学不得不摈弃笛卡尔哲学中几乎所有的学说内容。"[1]着实奇怪的寻求!在同一项举措中,它既要求笛卡尔的庇护,又拒绝之。因为,即使笛卡尔的**计划**预先就为现象学的超越论**计划**做了辩护(甚至在现象学本身完全察觉它之前),也只有在恰当地不混淆笛卡尔的计划与学说的条件下,现象学才能自诩与笛卡尔意向一致:笛卡尔的计划越是确证现象学在其自身之前——即自笛卡尔起——就已经发端(即果真"……现象学可以说是一切近代哲学之隐秘的憧憬"),[2]其学说就越是证明

[接上页] *der Forschung*, Darmstadt, 1973)。若考虑法文版的《笛卡尔式的沉思:现象学导论》经由佩斐(G. Pfeiffer)和列维纳斯的翻译,1931年就已在巴黎出版,而作为德文原版的《笛卡尔式的沉思与巴黎讲演》直到 1950 年才作为《胡塞尔全集》(*Husserliana*)第一卷出版,则胡塞尔的笛卡尔视域就更加清楚了。

[1] *Méditations cartésiennes*, §1, Hua. I, p. 43. 中译文参见胡塞尔:《笛卡尔沉思与巴黎讲演》(略作《笛卡尔沉思》),张宪译,北京:人民出版社,2008 年,第 38 页,有改动。

[2] *Idées directrices...I*, §62, Hua. III(éd. W. Biemel, La Haye, 1950), p. 148. 中译文参见胡塞尔:《纯粹现象学通论——纯粹现象学和现象学哲学的观念(1)》(略作《观念 I》),李幼蒸译,北京:中国人民大学出版社,2004 年,第 98 页。

他是"荒谬的超越论实在论的鼻祖"。[1] 我们不仅说，现象学"几乎"只是一种新-笛卡尔主义，而且甚至必须说，正是在**不**捍卫笛卡尔的学说这一明确前提下，现象学才能寻求其笛卡尔血统。

事实上，胡塞尔毫不耽搁地指责笛卡尔"在进行超越论转向时失败"。他至少展开论述了四点：首先，笛卡尔暗暗地、却归根结底被经院哲学的论题所规定；其次，他以教条的和非批判的方式运用数学的方法论理念，以至于从被当作"绝然'公理'"的我思（l'ego cogito）出发，将依照几何学方法（more geometrico）的演绎扩展到整个哲学；再有，他偷偷将在思的自我（l'ego cogitans）改换成由单一的心灵或灵魂（mens sive animus）构成的在思的实体（substantia cogitans），并依据因果律来论述它；这使他最终并未通向超越论哲学，而是通向了"超越论实在论"的荒谬。[2] 于是，此处应谈论的毋宁是**反**-笛卡尔的沉思。

只是胡塞尔的诊断似乎过于粗略和简要，因而不能使人信服。事实上，胡塞尔提出的批评中，没有一个基于足够确切

---

[1] *Méditations cartésiennes*, §10, Hua. I, p. 63. 中译文参见《笛卡尔沉思》，第61页，有改动。

[2] *Méditations cartésiennes*, §10, Hua. I, pp. 63-64. 中译文参见《笛卡尔沉思》，第60—61页，有改动。

因而能提供保证的文本论据。首先,笛卡尔对中世纪的继承当然无可争辩,但这种继承仍是全然模棱两可的,因为它既可表明一种连续性,也可表明一种反差:最常见的是,由继承而来的同一问题获得了全新的回答。[1]其次,我们很容易将胡塞尔对笛卡尔的批评——即将数学理想强加于整个哲学——转向胡塞尔本人,除此之外,我们还必须注意:笛卡尔并未真的按几何学方法行事("第二组答辩"的附录恰是对麦尔塞纳[Mersenne]的热情做出的让步,只有斯宾诺莎的天真才将其作为范例),并且他也非常坚定地区分了数学和普遍知识(Mathesis universalis)。[2]再有,我思,尽管有时被称作"第一原理",却从未获得逻辑公理的地位。至于在思之物所谓的实体化,则并未真确地出现在确立自我之实存的最初论证中,因

---

[1] 科瓦雷(Koyré)和吉尔松(Gilson)的工作恰好证明了此点。胡塞尔引用了他们,但他们的结论与胡塞尔的相反。在他们之后,笛卡尔与中世纪关系的问题变得更加复杂,观点也更为均衡(参见 J. Biard & R. Rashed [éd.], *Descartes et le Moyen-Age*, Paris, J. Vrin, 1997; E. Faye [éd.], *Descartes et la Renaissance. Actes du colloque international de Tours 22-24 mars 1996*, Paris, Champion, 1999 和 R. Ariew, *Descartes and the last Scholastics*, Cornell U.P., 1999)。

[2] 参见 J.-L. Marion, *Sur l'ontologie grise de Descartes. Savoir aristotélicien et science cartésienne*, Paris, J. Vrin, 1975¹, 2015⁵, §11 和 *René Descartes. Règles utiles et claires pour la direction de l'esprit et la Recherche de la Vérité, traduction selon le lexique cartésien et annotation conceptuelle*, La Haye, M. Nijhoff, 1977, Annexe II, pp. 302-309。

为"第二沉思"并未使用实体（substantia）一词，该词在"第三沉思"中才第一次出现，且首先是为了证明上帝的实存，而非自我的实存；对因果律来说，也是如此。[1]最后，胡塞尔对笛卡尔学说做出的"超越论实在论"的定性，是对此说法主要源自康德这一简单事实的时代错置，在此说明不了什么——甚至说明不了笛卡尔所说的自我**是否**仍是限定于主观内在性的、简单的世界区域；更说明不了自我**如何**仍是世界区域：因为《观念I》对"笛卡尔路径"的坚持表明，如果对自我是一种简单的存在者剩余的怀疑可作用于笛卡尔的"在思之物"，那么它至少也能同样作用于胡塞尔本人的"意识-区域"。因此，胡塞尔与笛卡尔的关系（因而也是笛卡尔与现象学的关系）依然停留在奇怪的模棱两可中：寻求笛卡尔之庇护与对笛卡尔论题的明确批评相矛盾；然而，这批评大部分都没有实在的对象，而只可用来驳斥那些与笛卡尔文本无关的观点。一切似乎是：胡塞尔并未击中目标；同时，他既未决定他与笛卡尔的关系，也未决定笛卡尔与现象学本身的关系。

---

[1] 实体性的出现是为了考察上帝的状况，而非自我。这也符合如下事实：严格来说，只有上帝才满足实体性的条件（无需其他存在者而存在）；因而"实体"一词，并非在同一意义下（univoce）用于被造物（《哲学原理》，*Principia Philosophiae*, I, §51）。所有这些，参见«L'altérité originaire de l'ego», *Questions cartésiennes II, op. cit.*, c.I 和 J.-L. Marion, «Descartes hors sujet», *Les Etudes philosophiques*, 2009/1。

海德格尔以他的方式强化了这种深层的模棱两可。首先，人们能够主张：像胡塞尔一样，海德格尔将批评指向笛卡尔，但据文本而言，这些批评只非常粗略地反映了笛卡尔的真正立场。而若限于《存在与时间》中的论证，可以说没有一个论证准确地触到目标。因而，此论题，即任何存在者都以实体的方式存在，可能对斯宾诺莎（唯一的实体）有效，甚至对莱布尼茨（一切统一体都预设实体）亦有效，然而对于笛卡尔却一定无效，因为笛卡尔十分吝惜地且只在保留"实体性"本质上的非-单义性条件下，才将有限存在者归诸实体性（严格意义上，只有上帝才配享实体之名）。[1] 还有，这一论题，即任何实体（包括在思的实体）必须以广延之物（res extensa）为范例来理解，而广延之物则被等同于现成在手性，也与事实正相反对。事实是：认识心灵先于认识广延（extensio），且前者

---

[1] "所谓**实体**，我们只能看作是能自己实存而其实存并不需要别的事物的一种事物。的确，唯一能被理解为完全不需要别的事物的实体是上帝。而且我们知道，一切别的事物之所以能实存，只是求助于上帝。因此，实体一词并不是在同一意义下应用于上帝和万物的。"（《哲学原理》, I, §§51, 中译文参见笛卡尔：《哲学原理》, 关文运译，北京：商务印书馆，1959年，第20页，有改动。亦可见"第六组答辩 [*VIae Responsiones*]", AT VII, 433, 5-6；或"第二组答辩", 137, 19-22；"致默尔 [More]", 1649年4月15日, AT V, 347.）关于这些观点，参见 «Substance et subsistance. Suarez et le traite de la *substantia-Principia Philosophiae I*, §§51-54», *Questions cartésiennes II, op.cit.* c.III。

易于后者、无需后者("第二沉思");反之,广延很晚才被认识,且颇费周折("第六沉思")。海德格尔于此点似乎有所让步,他承认笛卡尔任由一条通往物质存在者之上手性的通道敞开着。[1]最后,海德格尔选择根据"我思我对物之思"(cogito me cogitare [rem])这一完全不同的提法,来批评笛卡尔表述为"我在,我实存"(ego sum, ego existo)的观点。该提法似乎是在康德的"伴随其他一切思想的思想"影响下最终成形的。而当笛卡尔在他的一个反对者——耶稣会的布尔丹(Bourdin)神父——笔下读到该提法时,明确否认了它。[2]此外,有可能这些表面上指向笛卡尔的批评,最终瞄准的是胡塞尔本人,且

---

[1] 在用具/非用具(commoda/incommoda)的名头下。参见《存在与时间》(*Sein und Zeit*, §21, pp. 99-101)和我的讨论(J.-L. Marion, *Sur la pensée passive de Descartes*, Paris, PUF, 2013, p.82sq.)。此处的论题作为指责对霍布斯倒是完全有效,参见该文的澄清(J.-L. Marion, «Hobbes et Descartes: l'étant comme corps », in D. Weber [éd.], Hobbes, *Descartes et la métaphysique*, Paris, J. Vrin, 2005)。

[2] 分别参见"第二沉思", AT VII, 25, 12 & 27, 9;对布尔丹的反驳,在"第七组答辩", AT VII, 559, 7sq.;海德格尔看重的提法,见于 *Sein und Zeit*, §82, p. 433 和《尼采:欧洲虚无主义》(*Nietzsche : der europäische Nihilismus*, §18, GA 48, p.87sq.),其可能依据康德的《纯粹理性批判》先验演绎部分(*Critique de la raison pure, Déduction transcendantale*, §16, B 132sq.)。(参见 J.-L. Marion, *Questions cartésiennes*, c. V, §1, Paris, PUF, 1991, p. 158sq. 和 *Questions cartésiennes II*, c.I, §8, *op. cit.*, p.12 sq. 的其他指引。)

唯有他。[1]于是，若仅在表面上追踪他们的首次遭遇的话，人们应该得出结论：笛卡尔不仅不属于现象学事业，而且在我思这一形象中给现象学造成了巨大的障碍，因此必须对此障碍进行彻底的形而上学历史的拆解——依胡塞尔如此，依海德格尔更是如此。

然而，若我们只遵循而不越出这第一条进路，那它将是误导性的。[2]事实上，甚至在作为重-启存在问题这一事业的障碍时，且恰恰是作为此障碍时，笛卡尔表现为海德格尔本质性的伙伴，且随着海德格尔对其"错失"（Versäumnis）之拆解的推进越发如此。因为，海德格尔思想中对"形而上学"概念的制作本身，如同哲学史上形而上学的出现一样，极其依赖于笛卡尔。事实上，至少直到《形而上学导论》时，海德格尔以

---

[1] 参见 J.-L. Marion, *Réduction et donation. Recherches sur Husserl, Heidegger et la phénoménologie*, c.III（《还原与给予——胡塞尔、海德格尔与现象学研究》，第三章），Paris, PUF, [1989¹], 2004², p.119sq., 和我们的评论（J.-L. Marion, «L'*ego* cartésiano e le sue interpretazioni fenomenologiche : al di là della rappresentazione», in J.-R. Armogathe & G. Belgioioso [éd.], *Descartes metafisico. Interpretazioni del Novecento*, Istituto della Enciclopedia Italiana, Rome, 1994）。

[2] 正如卜罕（C. Perrin）最近就此做出的卓越论证（*Entendre la métaphysique. Les significations de la pensée de Descartes dans l'oeuvre de Heidegger*, Louvain-Paris, Peeters, 2013，他以一支健笔实现了我们在 J.-L. Marion, «Heidegger et la situation métaphysique de Descartes», *Bulletin cartésien IV, Archives de Philosophie* 38/2, 1975 中给出的尚显疏阔的指引）。

规划之名保持着对"形而上学"和(被当作基础的)"存在论"的肯定性使用,其后,他将康德的"存在-神-逻辑学"(onto-théo-logie)重新规定为形而上学的内在构造,从而实现了彻底的倒转(就像《形而上学是什么?》编辑的三个阶段所见证的那样)。[1] 然而,此倒转自身依赖于严肃对待和重新评价笛卡尔的自因(causa sui)概念——1957 年的《同一与差异》对此工作的完成可称典范。[2] 因为,如果不是出于对他而言更具强力的思辨动机,笛卡尔如何能引入一个所有中世纪人(甚至新柏拉图主义者)都当作逻辑悖谬而拒斥的概念(笛卡尔自己也完全承认其矛盾),又如何能将基于矛盾本身的形而上学框定在一个系统中,且该系统由此保证:因果律奠基于本身被升格

---

[1] 参见 *Réduction et donation. Recherches sur Husserl, Heidegger et la phénoménologie*, c.VI, *op. cit.*, p. 249。
[2] 关于此点,参见 J.-L. Marion, *Sur le prisme métaphysique de Descartes. Consitution et limites de l'onto-théo-logie dans la pensée cartésienne*, §7, Paris, [1986^1], 2004^2, p.92 sq., 以及 *Questions cartésiennes II*, c. V, *op. cit.*, p.143sq.——人们也可就存在论(ontologia)概念的发明进行相似的分析:即使这个术语是在加尔文主义的氛围中出现的(始于 1613 年之前,经由洛哈都斯 [J. Lorhardus] 和郭克兰纽 [R. Goclenius]),它也只是在 1646 年之后(非1647年),经由一个严守成说的笛卡尔主义者克劳贝格(Clauberg),才真正为人接受(参见 M. Devaux & M. Lanna, «The Rise and Early History of the Term of Ontology [1606-1730]», *in Quaestio 9, Origini e sviluppi dell'ontologia secoli XVI-XXI*, Turnhout/Bari, 2009 和 M. Savini, *Johannes Clauberg. Methodus cartesiana et ontologie*, Paris, J. Vrin, 2011)。

为至上存在者的原因性？除了斯宾诺莎这个足够天真的例外，笛卡尔所有的后继者都避免使用这一术语，但这并不能标识它的消失，反而延伸了它潜在的统治，直至存在－神－逻辑学的最后形象——尼采就权力意志和永恒轮回的关系给出了此最后形象。我们应该注意：海德格尔以越来越强健的步伐朝向本有（Ereignis）概念的进程，恰成比例地反映了对自因这一笛卡尔强加给形而上学之印迹的拆解。正是在此脉络中，将存在者解释作所思（cogitatum），因而解释作对象（objectum）的重大意义才能得到理解。1927年，海德格尔将此种解释归于笛卡尔；只有它才允许依据充足理由的技术的存在论－神学支配存在者之整体。于是海德格尔与笛卡尔的关系，在其全部的双重性中，也在其全部的重要性中，表现为：笛卡尔，同柏拉图、亚里士多德和康德一样，为海德格尔提供了一个不可避免的支撑点和反抗点，这既召唤也容许对存在论历史的拆解。

胡塞尔昭告了与笛卡尔的亲嗣关系，事实上又在分析的细节中拆解了这种关系；海德格尔则昭告了与笛卡尔的对抗，而对存在论和形而上学历史的拆解活动本身却又在不断地预设笛卡尔的立场。然而，这两种解读的共同点在于：既然胡塞尔和海德格尔都没有为了笛卡尔自身——尤其没有**作为**笛卡尔自身——来阅读他，则就笛卡尔与现象学或其计划的关系而言，他们对其思想的评价就**几乎**不能教导我们任何东西。[1]

二

如何越过这个疑难？由胡塞尔和海德格尔带来的对笛卡尔之现象学地位这一问题的回答是含糊和模棱两可的，这可能源自他们并未触及位于其中心处的笛卡尔文本，而笛卡尔事业的真正开端正于此处被决定。胡塞尔预设笛卡尔开始于怀疑，在怀疑中笛卡尔只认出了还原的雏形，却未最终抵达还原：怀疑是临时的，而还原最终稳定下来；确定性只规定一个区域，而还原后的被给予者则通过意识-区域重复了整个世界-区域；

---

[1] 至于两位开创者的主要后继者们，即使他们更直接、更正面地援引笛卡尔的某些确切论证，却依然每次都将解释的暴力强加于他，这暴力之处值得注意，且已被寻得。萨特将神圣的自由和自因转交给有限的人类存在者；列维纳斯将上帝之本质的无限观念挪移给他者的面容；亨利使"我感觉到看到"(*videre videor*)的提法（源于盖鲁[Gueroult]没有下文的笔记）转向关于现象性的完整学说；利科不断地"损伤"那所谓的清楚的反思性自身意识，而根据笛卡尔，在我思中的自我并不要求这一点，如此等等。（在第一批觉察到这些的研究者中，可参见 J.-F. Lavigne, «L'idée d'infini: Descartes dans la pensée d'Emmanuel Lévinas»; N. Grimaldi, «Sartre et la liberté cartésienne», *Revue de Métaphysique et de Morale*, 92/1, 1987 和 J. Greisch, «Descartes selon l'ordre de la raison herméneutique. Le "moment cartésien" chez Michel henry, Martin Heidegger et Paul Ricoeur», *Revue des Sciences Philosophiques et Théologiques*, 73/4, 1989）。

因而笛卡尔只能做到赋予自我以优先地位,将其当作在思的实体,从而陷入超越论的实在论。海德格尔则预设:笛卡尔开始于怀疑的操作者,即我在,这比开始于怀疑更根本;但笛卡尔却忽略了确立我在的存在样式,而是着迷于它在认识上的优先地位,即确定性——此确定性的标准导致人们只将持存的实体性(作为现成在手性[Vorhandenheit]的实体[substantia])构想为适合于诸存在者的存在样式,而实体性的模型显然来自广延。[1]尽管胡塞尔和海德格尔对笛卡尔的读解在结论上有所不同,但它们却分享一个共同的出发点:必须从自我出发解读笛卡尔,自我为了认识论的确定性而思对象,因而要经由怀疑的验证,而怀疑则是思维活动的首个形象。不可避免地,这个出发点一上来就错过了还原、意向性和现象性的问题本身。

此种开局是如此显然,以至于人们**几乎**不能为之惊奇。它很大程度上支配着法国的笛卡尔研究,也同样支配着国际笛卡尔研究,至少自经验论的批评和新康德主义的解读以来就是如此。就上世纪此领域的研究而言,在法国主要的论争是在布伦茨威格(L.

---

[1] 人们不能过于强调马堡学派的笛卡尔解释对青年海德格尔的影响,虽然他对《指导精神的规则》的读解很受卡西尔的指引正表明了这种影响。参见我们的研究(J.-L. Marion, « L'interprétation criticiste de Descartes et Leibniz : critique d'une critique », *in* J. Seidengart [éd.], *Ernst Cassirer. De Marbourg à New-York*, Paris, 1990)。

Brunschvicg）和盖鲁（M. Gueroult）的影响下展开的，[1]如同在其他地方，是受分析哲学的影响而展开。[2] 以至于，即使是那些明确由海德格尔所恢复的权威指引、因而选取存在论进路（至少是形而上学进路）的笛卡尔读解，也赋予认识上的（甚或认识论的）出发点以优先地位。[3] 那么，为了能够衡量笛卡尔与现象学之开端的可能关系，必须以一种截然不同的方式来细思笛卡尔吗？

三

有可能，实际上笛卡尔不只是从怀疑开始，否则，他一

---

[1] 比较"笛卡尔研究"（*Etudes cartésiennes*）（载于 *Travaux du IXe Congrès international de philosophie*, Pais, 1937 的 I-III 卷 ）与 *Descartes. Cahiers de Royaumont*, Paris, Editions de Minuit, 1957[1]；W. Doney (éd.), New-York/Londres, Garland, 1987[2] 的选文。在此框架下，阿尔盖（F. Alquié）的论文是个值得注意的例外。

[2] 在大量的例证中，可参见 M. K. Hooker (éd.), *Descartes: Critical and Interpretative Essays*, Baltimore/Londres, 1996。

[3] 此种状况，可参见 J. Beaufret, «Remarques sur Descartes», *Dialogue avec Heidegger*, t.2, Paris, Editions de Minuit, p. 28sq. ; «Philosophie et science», *ibid.*, t.3, p.28sq. 和 «Notes sur Descartes», *Leçons de philosophie*, t.1, II, c.1, in P. Fouillaron (éd.), Paris, Seuil, 1998, p.151sq.。在一定程度上，此指责同样适用于我自己的工作（*Sur l'ontologie grise de Descartes*），它过于容易地将亚里士多德的知识与笛卡尔的**科学**对立起来，尽管显露出了**其他的**东西，即这一科学对于一种存在论——其实是对于那即将出现的存在论（ontologia），即面向作为所思的存在者（ens）的科学——来说有效。

上来就会错过还原。可能笛卡尔的突破无关于怀疑，而关于使怀疑得以可能之物。且有可能：使怀疑得以可能之物并不有赖于怀疑主义，亦不有赖于对信念、意见和赞同的悬搁，即所有缩小化和限制性的操作，而有赖于一种更为根本的重新导回（reconduction）*，把任何知觉和表象（不管它们是什么且由何而来）重新导回到另一种状态，即重新导回到各种纯粹呈现（présentations pures）的状态，而各种纯粹呈现最终不表象自身之外的任何东西。因而这一重新导回实施了一种对各种存在者的还原（已是永久的和决定性的），就是从突然来临者到**诸种所思之物**的还原。

首先，让我们就胡塞尔完成的明确表达（当然是在许多粗略说法之后）来细思还原：它不在于简单地悬搁对态度之诸提议的附和，以允许人们抵制认识的幻象并专心于确定性的诸空间；而在于中立化事实上派生的、次要的探问——它询问向我显现者之真假与否，或不如说，显现者存在与否——以寻求一个更原初的、总已得到保证的回答——它给予我**作为其本身**而显现者，即拥有完全权利的现象。就权利而言，还原在于将所

---

* 马里翁先生在后来的回信中这样说，"'Constitution'（构成）有着胡塞尔所赋予的意义：从其含义或诸种感性'草图'出发综合对象。'Reconduction'（重新导回）意味着，重新回到（revenir à...）。给予在任何构成之前产生，给予向构成提供了诸种材料（matériaux）"。——编者按

谓的首要问题当作事实上次要的探问加以悬搁——即使不是最终排除它,以使自身向着现象本身之显现的最终保证开放。关于对象确定性的认识问题,让位于对现象性显现的恢复。还原包含着一问题对另一问题的替代,包含着从存在者对象向就其自身且通过自身而显现的现象的转变。就此胡塞尔非常清楚地一说再说。例如,"现在我们可以明白,对于现象学来说,通过对世界存在和非存在[之区别]普遍实行的悬搁,我们事实上并没有简单地丢弃这个世界,而是把它作为所思保留了下来"[1]。又如:"这种普遍失效[……],——或者如通常所说的对客观世界的**现象学悬搁或加括号**——并没有使我们面对纯粹的虚无。相反,正是通过这样做,我们才获得了对某种东西的拥有。或者更明了地说,通过这样做,作为一个正在沉思的我获得的,正是我的伴随着所有纯粹体验和所有纯粹意谓性的纯粹生活——即现象学意义上的**现象整全**。"[2]还原并未减去任何东西,甚至也不做比怀疑更彻底(更普遍、恒久,等等)的删减;它也并不比怀疑更多地经由对确定性专一的意愿而将自己折拢

---

[1] *Méditations cartésiennes*, §15, Hua. I, p.75. 中译文参见《笛卡尔沉思》,第73页,有改动。
[2] *Méditations cartésiennes*, §8, Hua.I, p.60. 中译文参见《笛卡尔沉思》,第57页。以及:"从现象学观点来看,这个世界全然不再具有作为实际性的有效性,而是作为实际性的现象而有效。"(*ibid.*, §14, *loc. cit.*, p.71,《笛卡尔沉思》,第68页,有改动。)

在更稀有却更有保证的对象之上,甚或是某种被归结为空乏意识的剩余之上。还原为意识**增添了**向其显现者的广大无际,且只在后者向意识显现的限度内接受它。世界从不确定的混沌(时而确定,时而不确定,抑或两者相继)转变为普遍的显现,尽管此转变是凭借着一种多样且有待检验的可靠性实现的。这一从显象(apparence)向显现、到现象的转变,反过来或者不如说作为回答,引发了从表象性自我到现象性主体的转变:"……通过**悬搁**,我**超出于**这个世界之上,现在这个世界对于我来说,在一种绝对独特的意义上变成了**现象**。"[1]再如:"但是它[即超越论现象学的哲学]随即获得了凭本身力量创造基础的可能性,即通过它在独创性的自身反思中把握住已变成现象,或者更确切地说,转变成现象的整个领域的朴素世界的方法,为自己创造世界的可能性。"[2]事实上,必须坚决反对由"有多少显现,就有多少存在"这一所谓的原则所提示的解释,现象学远

---

[1] *La crise des sciences européennes et la phénoménologie transcendantale*, §41, *op. cit.*, p.155, tr. fr., p.173 (modifiée). 中译文参见胡塞尔:《欧洲科学的危机与超越论的现象学》(略作《危机》),王炳文译,北京:商务印书馆,2012年,第192页,有改动。

[2] *La crise des sciences européennes et la phénoménologie transcendantale*, §53, *op. cit.*, p.185, tr.fr., p.206. 中译文参见《危机》,第229页。参见"通过还原,这个世界……对他[即观察者]来说变成了纯粹、简单的现象"(§71, *op. cit.*, p.257, tr. fr. , p.285, 同上书,第315页,有改动)。

非是将显现变换成存在(因而把现象性重新导回到它的存在预设),完全相反,它是将可能的和惯常的存在定性(一般形而上学赋予这些定性——存在或不存在,询问某物是真的存在,或只是显象,等等——以优先地位)重新导回到它们的现象规定。现象学不提供现象主义的终极版本,也不试图——哪怕只是分毫——通过恢复显现的存在者之尊荣来拯救显象。现象学使显现化身为诸现象,并不是将它从此形式转变为彼形式,而恰恰是使它除自身之外不遵照任何他物的形式,哪怕是对象,或是实在的存在者。现象学通过把现象重新导回到使-显现者而将现象还原至其自身,别无其他。

然而,这正是笛卡尔所做之事,而并非只给出草图,当然,是以他的方式进行。但是,笛卡尔并没有依凭怀疑(尽管他在其时代的哲学境遇中重新把握怀疑,"一旦机会来到"就反复用它)[1]来完成此种重新导回,因而也不会招惹通常解释(唯我论、实体主义、二元论等)所假定的后果,他是以某种还原的方式,即将(在科学态度下,即自然态度下)如其所是的诸事物,还原到诸纯粹且简单的思维活动。于是,一个典型的提法——"即使我感觉和想象的在我之外的东西可能不存在,然

---

[1] "第三沉思",AT VII, 36, 26,中译文参见笛卡尔:《第一哲学沉思集》(略作《沉思集》),庞景仁译,北京:商务印书馆,1986年,第39页。

而我确定我称之为感觉和想象的这些思维活动样式，就其仅仅是思维活动样式而言，一定出现在我之中"[1]——字里行间就预演了上文引用过的胡塞尔的提法："现在我们可以明白，对于现象学来说，通过对世界存在和非存在[之区别]普遍实行的悬搁，我们事实上并没有简单地丢弃这个世界，而是把它作为所思保留了下来。"[2] 笛卡尔已经操作了某种形式的还原，并不是因为他怀疑，而是因为他至少已将诸事物的显现（诸感觉、诸想象）重新导回到它们作为思维活动之样式的状态，即使并非已是作为现象的状态，思维活动之样式作为自身而有效。

这一行动，乃真正的创始，它不仅领先于怀疑的实行（怀疑始于较晚的时期，1637 和 1641 年，且 1644 年之后迅速消失了），而且规定了可归于笛卡尔的第一篇论文。这篇论文既未写出亦未出版，而是由其传记作者巴耶（A. Baillet）转述。巴耶提及了在 1619 年 11 月 10 日夜里降临给笛卡尔的三个梦，并为之惊奇："有一奇特之处需要注意：当笛卡尔先生怀疑他之所见是梦还是视见时，他不但**在睡着时**断定这是个梦，而且**在睡眠尚未离开时**对梦做了解释。……笛卡尔先生继续在睡眠

---

[1] AT VII, 34, 21-35, 2. 中译文参见《沉思集》，第 37 页，有改动。
[2] *Méditations cartésiennes*, §15, Hua. I, p.75. 中译文参见《笛卡尔沉思》，第 73 页，有改动。

中解释他的梦,认为以'我要追随何种人生之路'开篇、言及应选择何种生活之不确定性的诗歌片段表明了贤哲的宝训,甚或是道德神学。之后,怀疑着自己是在做梦还是在沉思,他无情绪地醒来:**睁着眼**,依相同的观念继续着对梦的解释。"[1]换言之,醒觉和睡眠之间的区别对于思想而言无关紧要,只要此思维活动思得清楚、分明。思维活动对于自身的绝对内在性,取消了关于其思想内容之超越性(存在的真实性)的问题。这一发现,绝对是决定性的,它显然意味着思维活动对于自身的内在性在清楚、分明的观念中得以完成,即它实施了从可思者向清楚、分明者的还原。如果"……我们醒时心里的各种思想在睡着时也照样可以跑到心里来……"[2]因而醒觉和梦境之间的差别(心理学的和经验的)被取消了,那么这便预设了我们思着这样的思想——它们被绝对地重新导回到在它们中的纯粹显现——因而思着被还原到清楚性和分明性的思想:"可是,

---

[1] *Olympica*, AT X, 184. 至于更为详尽的版本和确切的评论,可参见 V. Carraud & G. Olivo (éd.), *René Descartes. Etudes du bon sens. La recherche de la vérité. Et autres écrits de jeunesse*, Paris, PUF, 2013, p.104. 我们已强调过梦和醒的对等性对于笛卡尔处已还原的思维活动的决定性意义,见于 J.-L. Marion, «Les trois songes ou l'éveil du philosophe», *La passion de la raison. Hommage à Ferdinand Alquié*, Paris, PUF, 1983, 重载于 «La pensée rêve-t-elle ?», *Questions cartésiennes*, c.I, *op.cit.*, pp.7-36。

[2] *Discours de la Méthode*, AT VI, 32, 9-11. 中译文参见笛卡尔:《谈谈方法》,王太庆译,北京:商务印书馆,2000年,第26页。

这改变不了任何事情;因为,无疑,即使我在睡梦中,**凡是对于我的理智而言明见的**,都是绝对真实的。"[1]一切困难在于将那些向思维活动且在思维活动中显露的观念,还原为在它们中真正清楚、分明地显现的东西。在此意义上,**一般规则**(*regula generalis*)至少提供了"一切原则的原则"在笛卡尔处的等价物,即使并非还原的等价物。"凡是我们领会得十分清楚、十分分明的东西都是真实的"[2]可被译读为"一切显现之物,只要它被还原为在现象学的思维活动的内在性中绝对清楚、分明地显现之物,就应该因为它自身给予,即是说因为其真,而被接受"。当然,人们可能就笛卡尔和胡塞尔之间的这种关系表示审慎,因为,乍一看,重新导回到思维活动的内在性,仿佛是在数学真理这种特优状况下实施的:"很容易明白,我们睡着时想象出来的那些梦想,绝不能使我们怀疑自己醒时的思想不真。因为,即使在睡着时也可以出现非常分明的观念,例如几何学家

---

[1] "第五沉思", AT VII, 70, 28sq., 中译文参见《沉思集》, 第78页, 有改动。参见"无论是谁, 他清楚、分明地领会到的一切都是真的, 尽管这人可能不时地怀疑他是在做梦还是清醒着, 甚至也可以, 他的确在做梦或是疯了"("第七组答辩", AT VII, 461, 21-26)。

[2] "第三沉思", AT VII, 35, 14-15, 中译文参见《沉思集》, 第38页。参见我们的评论(J.-L. Marion, «La "règle générale" de vérité-*Meditatio III*, AT VII, 34-36», *Questions cartésiennes II*, c.II, *op. cit.,* p.49sq.)。

就可以在梦中发现新的证明,睡梦不会影响它为真。"[1]但人们很快就会发现此番反驳的局限,因为作为我思的自我的实存,正是以此名义——醒觉和梦境间毫无差别——获得的,且依凭于没有任何迹象能区分醒觉和梦境。[2]并且上帝实存的后天证明也是在同样的情形下实现的,因为上帝观念(idea Dei)"正是用我领会我自己的那个功能去领会的"[3]。因而,三个梦的情节并不是简单的心理学逸事,而是表明了思维活动内在于自身这一决定性的经验,正是它允许笛卡尔获得(亦是向他要求)一种现象学还原的等价物和预演。

不应混淆此种似-还原(还有梦的经验)和怀疑,我们能在1627年的《规则》中发现对这一点的完全确认。《规则》是笛卡尔思想的创始性时刻,它未实行怀疑亦未着手第一哲学,而是尽可能中立地限于科学学说。它只在于规定确定的认识的条件,因而是对象构造的条件,以反对物(res)的无规定性。

---

[1] *Discours de la Méthode*, AT VI, 39, 9-17.《谈谈方法》,第32页,有改动。参见"不管我是醒着还是睡着,二和三加在一起总是形成五的数目"("第一沉思",AT VII, 20, 27sq., 中译文参见《沉思集》,第20页)。

[2] "当我更仔细地思考这一点,我就明显地看到没有什么确定不移的标记使人能够从这上面分辨出清醒和睡梦来,这不禁使我大吃一惊,吃惊到几乎能够让我相信我是在做梦。"("第一沉思",AT VII, 19, 19-22,中译文参见《沉思集》,第18页,有改动。)

[3] "第三沉思",AT VII, 51, 21-23,中译文参见《沉思集》,第56页。

然而,"规则十二"完全标识了还原包含的区分:不应依据它们之所是、依据自然态度所实行的观点在世界中来思考事物,即是说着眼于它们的本质,将其作为自在的(in se)物来思考;而应该从以下视角来重新导回事物,即,这一视角(依据次序和度量)把它们归于认识的普遍观点(换言之,归于**普遍知识**),后者在它们纯粹、简单的显现中看视着它们:"首先我们要说,**应该按照事物呈现于我们认识时的那种次序,依次逐一考察,**而非如我们按照各该事物真实实存的情况去说它们时那样……为此之故,由于这里我们研究的事物**只限于我们凭借理智而领会者**,所以我们称为简单的,只是那些认识得清楚而分明的事物,它们那样清楚而分明,以至于心灵不能把它们再分为**若干更为分明的所知的东西**。"[1]以认识的观点对如这样(如其实存)的"诸事物"所做的还原,并不限于从基础概念(简单性质)出发、以一种单纯建构主义的手段来重新导回(和重组)它们;还原还改变了它们的身份:由于依据简单性质而被认识,"诸事物"被还原为诸对象,**作为被认识者**向理智显现,且在此意义上,**作为向理智显现者**,它们不会引起任何错误。正如笛卡尔说:"第三,我们要说,这些简单物都是自明的,而且**绝不**

---

[1] "规则十二",AT X, 418, 1-17,参见 J.-L. Marion, *Sur l'ontologie grise de Descartes*, c.III, §§22-24。

含有任何谬误。这一点将很容易显示出来,只要我们把理智赖以观看和认识事物的功能同赖以做出肯定或否定判断的功能区别开来。"[1]

然而,这些为了一种严格的认识理论而做的决定,并不受限于认识理论,也不限于它的对象理论。这些决定事实上并未被第一哲学置于疑问之中,相反,一旦运用它们的条件脱离夸张的怀疑得以重建时,第一哲学便重新发现了它们并使之生效(尤其从"第三沉思"起)。当我思之自我清点它的思想行为时,它立即就论定,"就如当我意愿、害怕、肯定、否定时,我总是确实领会到作为我思维活动对象的某种东西"。[2] 我不能声

---

[1] "规则十二",AT X, 420, 14-18。参见:"这里必须指出,理智绝不可能为任何经验所欺,只要理智仅仅准确地将事物作为在其自身中或在其幻影中得到把握的对象来观看,而且只要理智不认为想象可以忠实反映感觉对象,也不认为感觉可以再现事物的真正形象,也不认为外界事物始终是它们显现的那样。"("规则十二",423, 1-8)。理智从不能让自己受骗,只要它限于事物的显现,即被**还原**到简单性质及其组合的显现,而不考虑被感觉或被想象之物的实场。于是,在还原——即向着清楚、分明的思维活动的内在性还原——治下,真正地**不可能**出错("仅就对事物的观看而言,无论简单事物或复合事物,不可能有谬误","规则十三",AT X, 432, 18-19;cf. *Regula II*, 365, 16-18;*Regula III*, 368, 13-24;*Regula VIII*, 399, 13-16)。

[2] "第三沉思",AT VII, 37, 7-9。中译文参见《沉思集》,第40页,有改动。相反:"在判断里可能出现的重要的和最平常的错误在于我把我心里的观念判断为和在我以外的一些东西相似或相符;当然,**如果我把观念自身仅仅看成我思维活动的某些样式**,不把它们牵涉别的什么外界东西上去,它们当然就不会使我有弄错的机会。"(37, 22-28,同上,有改动)(转下页)

称清楚、分明地把握了事物本身，而只能把握那包括在我思想之中——如同在其内在性的主体之中——的东西，思想自身被理解为一切显现的权威。只在此内在性中，**至少**一切都成为了现象，以思维样式（modus cogitandi）的名头："当然，只要这些观念只是思维的某些样式，那么就认不出它们之间有什么不同。"[1]思维之样式间的无差别证明了先前的观察：在睡梦和醒觉之间"什么也没改变"。事实上，任何思维之样式，甚至空乏的或者就事实而言错误的，都是现象性的样式，因而**本身**是某物，尤其若它不是自然态度以"某物"所指之物的话："然而一种东西对象性地以观念的形式存在于理智之中的这种存在样式，不管它是多么不完满，它都的确并非全然虚无，因而也不能来源于无。"[2]毫不意外,笛卡尔此论题的最佳评论由胡塞

（接上页）参见："因为单由理智，我仅领会观念，这些观念是我能够加以判断的。而在详加考虑后,在其切合的含义中不会发现任何错误。"（"第四沉思"，AT VII, 56, 15-18，中译文参见《沉思集》，第 62 页，有改动。）

[1] "第三沉思"，AT VII, 40, 7-9。中译文参见《沉思集》，第 43 页，有改动。

[2] "第三沉思"，AT VII, 41, 26-29。中译文参见《沉思集》，第 45 页，有改动。还有："凡是清楚、分明的领会都毫无疑问地是某物，从而它不能是从无中生出来的，而是必然有上帝作为它的作者。上帝，我说，他既然是至上完满的，就不能又反是骗子；因此这领会无疑是真的"（62，15-20，中译文参见《沉思集》，第 68 页，有改动）和："我发现在我心里有某些东西的无数观念，虽然这些东西也许不在我之外实存，可是不能就说它们是无"（"第五沉思"，AT VII, 64, 7-9，中译文参见《沉思集》，第 71 页，有改动；以及《哲学原理》，I，§17）。亦可参见与卡特鲁斯（**转下页**）

尔给出。他说:"不管现象对实际性的主张终将如何,不管我将对它是存在还是显象做出何种批判性判定,它本身作为我的现象确实不是虚无,而恰恰是那种总体上使我的批判性判定得以可能的东西,它也使对我而言作为**真正的**存在、有效力和意义的东西得以可能——无论它是已最后决定的还是有待决定的。"事实上,与其开始的批评相背离,胡塞尔认可笛卡尔的的确确实行了还原:"众所周知,笛卡尔用我思来表明这一切,世界对于我来说绝对不是别的什么东西,而恰好就是在这样一种我思中所意识到的在者,为我所接受的有效的东西。"[1]

于是必须论定:现象学(首先是胡塞尔现象学)确能依仗某种笛卡尔的起源,只要它至少——反对胡塞尔本人的某些宣告——承认笛卡尔先行实行了还原,由事物向思维活动的还原,他未将它与怀疑混淆。[2]正是在此处,亨利特别看重的提法"我

(接上页)(Caterus)的整个论辩(AT VII, 102-103),其中,"在理智中对象性地存在"对笛卡尔而言不再意指结束运作于对象之中事物本身,而是指"以其对象经常在那里的方式而在理智之中,不是形式地,……而是对象性的,即以对象经常在理智中存在的方式存在"。(中译文参见《沉思集》,第112页,有改动)

[1] *Meditations cartésiennes*, §8, Hua. I, p.59, tr. fr., *op.cit.*, p.16 (modifiée),中译文参见《笛卡尔沉思》,第55—56页,有改动;§8, *ibid.*, p.60,同上书,第57页。
[2] 迥异于胡塞尔开始时的主张:"这个沉思者通过众所周知的、非同一般的怀疑方法来完成这一回返 [思维活动朝向自我的回返]"(*Meditations cartésiennes*, §1, Hua. I, §1, p.45,中译文参见《笛卡尔沉思》,第40页,有改动),思维活动朝向自我的回返源自还原行为,怀疑只作为其派生的一种应用而**被允许**。

感觉到看到"（«videre videor»）[1]才获得了其全部意味。

四

这第一个回答——即笛卡尔先行实行了某种形式的还原——蕴含了对现象学方法与笛卡尔思想之关系的第二种论证。事实上，如果还原不首先阐明这一规则，即：于此，思意味着以行为的方式而思，那么它就享受不了任何现象学上的优先权。思作为行为而有效，不是因为思想导致了行为，而是因为思想本身，作为思想，构成了行为，且行着。海德格尔清楚地展示了这一点："思想之成为行为，并非由于有一种作用从思想中发出，或者思想被应用了。只由于思想运思着，思想才行着。也许这种行为是最质朴的同时又是最高的行为，因为它关乎存在与人的关联。"[2]也许，思并不因此导向行（即一般

---

[1]"第二沉思", AT VII, 29, 14-15, 对此最好的评论见于《哲学原理》，I, §9："而且感觉，也包含在思之内。如果我说'我看，我走，故我在'，若是就作为身体行为的看和走来理解的话，则结论并不绝对确定，因为，就像梦中常有的，我能设想我在看，尽管我不曾张眼，或移动位置，甚至也许没有身体；而若是就对看和走的感觉或意识本身来理解，则该结论全然确定，因为这涉及心灵，只它能够自身感觉或思想看和走的动作。"（中译文见《哲学原理》，第3页，有改动。）

[2] *Lettre sur l'"humanisme", Holzwege*, G.A. 9, p.313. 中译文参见海德格尔：《关于人道主义的书信》，《路标》，孙周兴译，北京：商务印书馆，2000年，第367页，有改动。

说的，从事），因为它已至上地、以思的方式行着，当然，只要它是以作为行为和起作用的方式在思着。因为思想本身实现了行为，所以随之而来的是：它只以通过思想行为而思的方式实现行为。作为行为的思想通过思想行为而实现。胡塞尔将此设为规则和方法："现象学的方法完全在反思行为内起作用。"[1]这全非老生常谈，因为此"方法"意味着思想的展开既不是通过推理，也不是通过演绎，亦不是通过表象的联结，而是通过决定、通过决断。自开始时起，如果它不决定**开创**，那就无从开始。"哲学——作为一种智慧——是从事哲学活动者的全然个人的事业。哲学应该成为他的智慧，成为他不断自身习得、朝向普遍性的知识——一种从一开始且在随后的每一步发展中，都应承担起其绝对明察之责任的知识。如果我已下决断（Entschluß）以此为目标而生活——这个决断本身就足以使我踏上哲学发展之途，那么，我由此就选择了绝对的认识匮乏。"[2]当海德格尔最终在"先行的决心"（vorlaufende Entschloßenheit）中实现决断，并将它规定为此在向存在，因而向自身展开的突出样式时（"决心是此在展开状态的一种突

---

[1] *Ideen...I*, §77, Hua. III, p.177. 中译文参见《观念 I》，第 120 页。
[2] *Méditations cartésiennes*, §1, Hua.I, p.44, tr. fr., *op. cit.*, p.2 (modifiée). 中译文参见《笛卡尔沉思》，第 39 页，有改动。

出样式")[1],即使不去过快地同化他与胡塞尔之间明显的歧异,海德格尔仍然是个严格的继承者,他甚至有些夸张地忠实于胡塞尔的开创性"决断"。经由决定而思,而非经由演绎而思;经由决断而思,而非经由表象而思,谢林已经标识出思想风格中的这一关键差异,对立于"否定"哲学(黑格尔显然是这样,除他之外,还有整个形而上学系统)谢林提出了一种"肯定"哲学(仍有待出现)。可惜的是,他将笛卡尔归入了哲学的前一种形态,虽然这样说斯宾诺莎倒完全合适。

然而,在谢林之前,在现象学对此哲学的再次推进之前,正是笛卡尔阐明了一种经由行为和决定的思想,即使不是由他创始的。因为对这些决断——它们作为行为决定了沉思间断地前行——的清点很容易展开,我们简要地从中指出几点。第一,进行普遍怀疑的决定,它直接由从事物朝向思维活动的还原引发,并否定性地运用着还原。并且,此决定在由其他若干次级却必要的决定组成的框架中展开:首先,决定只在理论中怀疑("……对我的见解的彻底清算"),而不考虑实践中的忧虑("……现在心灵从一切干扰中解放了出来")。[2]其次,决定扩

---

[1] *Sein und Zeit*, §60 & §62, *op. cit.*, p.297 & p.305.《存在与时间》,第339、348页。
[2] "第一沉思", AT VII, 18, 2-3 & 17, 22sq., 中译文参见《沉思集》,第17页,有改动。

大化怀疑:骗了一次人就应视为一直在骗人,可疑的就应当作虚假的。[1]第二,通过系统的、偏向怀疑的选择,尽可能地一再推进怀疑:就梦的论证而言,做出决定,若我不掌握任何绝不会错的标准来区分梦和醒,则必须如此行动,仿佛在任何情况下我都是在梦着我的思想;[2]然后,在抵制简单性质和数学时,甚至于能引入神圣权能这一夸张说法,且为了使它更像真的、更可信,又为其添上邪恶精灵的意志性的虚构。[3]

由此有第三个论点,是前两个论点不可避免的结论:"坚决地"保持和坚持怀疑是困难的,它恰恰在于一种极端的选择,所以它不但是"艰苦的",而且"近乎"不可实践。[4]这就是

---

[1] "第一沉思",AT VII, 18, 17-18 & 18, 6-10。
[2] "第一沉思":"假定我们是睡着了……"(AT VII, 19, 23)
[3] "第一沉思",依次参见 AT VII, 21, 1sq.("……很久以来的想法,上帝存在,他是全能的……"中译文参见《沉思集》,第20页,有改动)和 AT VII, 22, 23。让我们注意,在后一种情况下,问题显然在于一个简单的假设,一个尤为随意的决定,因为它恰恰取决于意志:"鉴于此,我想,如果我完全反转意志,来骗我自己,这不坏"(22, 13-14),继而是"因此假定……"(22, 23)。也需注意,有时决定也会不利于怀疑:关于疯狂的论证被取消,因为它无真正的理由,而只是为了面对读者时的交际礼仪,不能把他们比作疯子("除非也许是我和那些疯子相比……我的荒诞程度也将不会小于它们",18, 26 sq. & 19, 6-7,中译文参见《沉思集》,第18页,有改动)。
[4] 依次参见"坚决地保持"(...manebo obstinate...)(AT VII, 23, 4,中译文参见《沉思集》,第22页);"这个打算是非常艰苦吃力的"(...laboriosum est hoc institutum)(23, 9-10,中译文参见《沉思集》,第23页);"这是不大可能的"(...hoc fieri vix potest)(34, 15,中译文参见《沉思集》,第37页)。

为什么必须懂得决定结束怀疑,正如通过决定人们开始怀疑;对怀疑的决定也意味着懂得做出**不再**怀疑的决定。就像我有时会"被迫承认"我必须怀疑,我也应该在某个时刻(**哪一个**?此乃全部困难之所在)懂得决定不再抗拒明见性:"最后必须论定,这个命题,即**我在,我实存,必然**是真的。"[1]每一个证明都意味着认可,因而也是决定:肯定的明见性能够且**应该**胜过怀疑的决定。于是,相关于上帝的实存("从上面所说的一切中,可得出上帝**必然**实存这一结论"),[2]与**一般规则**保持着严格一致,有其第一种提法("……凡是我们领会得十分清楚、十分分明的东西都是真实的")后来经由**必然**(necessario)一词而变得更确切:"……从而我断定凡是我领会得清楚、分明的事物都**必然**是真的。"然而,于此并非没有强调:一切都依赖于我的决定——依赖于对我判断之理由的格外注意("……

---

[1] 依次参见 AT VII, 21, 27;25, 11-13,中译文参见《沉思集》,第25页,有改动。或参见:"我现在对不是必然真实的东西一概不承认。"(27, 12,中译文参见《沉思集》,第28页)

[2] AT VII, 45, 17-18,中译文参见《沉思集》,第49页,有改动。需注意,在论证物体实存时,笛卡尔很明智地未提及此必然性:"因此,物体性的东西实存。"(80, 4,中译文参见《沉思集》,第87页,有改动)此种未提及尤为有意义,因为开始时此必然性曾被期待:"……证据,以必然论定一些物体存在。"(73, 27-28,中译文参见《沉思集》,第81页,有改动。至于这种撤回的理由,参见 J.-L. Marion, *Sur la pensée passive de Descartes*, §4。)

虽然我不再注意将其判断为真的理由"),换言之,"……要确切指出哪些东西是我们分明地理解的,多少有点困难"。[1]

于是,问题不在于逻辑的必然性,亦不在于形式的必然性,而是最终在于现象的必然性。只有在我对清楚性与分明性有所注意这一**时间性的**条件下,一般规则才是自身有效的;每当(quoties)且只要(quamdiu)我注意清楚性与分明性时,一般规则才通达必然真理。[2]于是,不仅真理成为一个表现(manifestation)的问题,因而是现象性的问题,而且现象在其真理中的展开依赖于意志的决定——依赖于审慎地遵循理智向其表露的东西,它们彼此结合在注意的行为中:"在这一切中,

---

[1] 依次参见:AT VII 35,14-15,中译文参见《沉思集》,第38页;70, 12-15,中译文参见《沉思集》,第77页,有改动;*Discours de la méthode*, AT VI, 33, 22-24,中译文参见《谈谈方法》,第28页,有改动。

[2] 关于"*Quoties*"(每当),参见:AT VII, 25, 12; 26, 2; 36, 8(反之见12); 55, 29; 62, 1; 62, 12-15("因为每当我把**意志**限制在**做出的判断之内**,让它只伸到展现清楚、分明的事物,我就完全不可能弄错",这是将意志的决定与真之现象表现连接起来的重要文段);67, 21& 72, 16(这是从相反方面对同一论题的论述)。关于"*Quamdiu*"(只要),参见:AT VII, 22, 8; 25, 9; 27, 9; 36, 16; 54, 8; 65, 7-9("我心灵的本性如此,使得我**不得不认可它们**,至少就我清楚地领会它们而言是这样",中译文参见《沉思集》,第72页,有改动);68, 6-7("我甚至不能想象这事,就我在除了我能够领会得清楚、分明的东西之外不**想接受**任何东西而言",中译文参见《沉思集》,第75页,有改动);69, 16-18("尽管我本性如此,使得:就我十分清楚、分明地领会了什么事物而言,我**不能不相信**它是真的",中译文参见《沉思集》,第76页,有改动);69, 30-70, 1("就我注意到其论证而言,我就**不能不相信**它是真的")。

只要**仔细注意**，定然无物不经由自然之光而**表现出来**。"[1]

如此的为着怀疑的、为着明见性的行为和决定，其例证出现得太多了（在"第二沉思"的对话中——这是与一个想象的、不存在的对手的对话，它导向了自我的实存；在上帝之实存的演证中——此演证将无限观念当作自我之有限性的背面；在对一个有限实体的形式上无限的意志的体验中；在对想象之有限性和感觉之被动性的承认中），以至于似乎既无可能在此一一罗列，也无必要在此重新讨论。人们也可以举出想象的变更这一令人惊异的例子（它开始于"第二沉思"中对蜡块的分析，但实际上它源于怀疑的论证，"第一沉思"已开展并拆解了这些论证），正如人们可以重读整个《沉思集》，将其作为一系列在思想行为这一严格意义上的施为性表述，它造成了诸现象的实际涌现。诸现象，尽管是被引发的，也可能**正由于被如此启动**，将自身强加给有限的思想。

五

于是，对开篇问题的回答——至少部分地——成为可能。对于这一问题，即弄清在何种意义上现象学能够**或者**不能依仗笛

---

[1] AT VII, 47, 24-26，中译文参见《沉思集》，第 52 页，有改动。

卡尔，必须分几步回答。首先，问题并不在于重回询问笛卡尔是否预演了现象学的论题（经典的和胡塞尔式的，或者其后的），反倒在于询问现象学的某些操作是否重拾了笛卡尔方法的某些环节。其次，必须解除胡塞尔的还原操作（和其方法，悬搁）与笛卡尔的怀疑之间的亲近关系，胡塞尔十分重视此种关系，但事实上怀疑并不与还原相对应。随即应注意到：笛卡尔，先于怀疑且独立于怀疑，通过将任何表象内容重新导回其作为思维活动的状态，通过悬搁关于其存在地位的先决条件问题，已差不多完成了还原的动作，或至少已预演了还原。表象内容实在地存在与否，对于这一事实而言无关紧要：自身显示的一切本身以所思的名义有效。从事物到所思之列（被视为被归于精神的东西，而不是存在者或非存在者）的这一重新导回实行了对自然态度的悬搁，就像还原所做的那样。还有，它跟"观念的次序和联系"与"物的次序与联系"之间的平行论决裂，后者是斯宾诺莎及其同调的形而上学学说的特征。从此，哲学的展开不再经由概念的演绎，更非经由从某个或某些概念出发的对实存（或对非-实存）的演绎，而是经由作为行为的思想的决定（或诸决定），即笛卡尔说的"诸决断"（亦可说施为性的"诸决断"），有意的怀疑和明见性的必然受限，想象的变更，思想的经验，等等——所有这些操作，只有借助**被决定的**概念的作用，依据**被操作引发的**现象性，才引出事物的现象性表现。对所知的构造显然实施了意义赋予

(Sinngebung),在此过程中,只有自我付出努力,事物才自身表现。不自身给出者,不自身显示;然而,自身给出者,只有就自我(现象学之前的现象学家)终于十足意愿它而言,它才终于自身显示。

笛卡尔的感受之思*

一 从各种简单性质到各种原初概念

如果笛卡尔关于"吾身"（*meum corpus*）一词的用法真的是以肉的现象或者更确切地说是以**我的**肉（*ma* chair）的现象作为主题，以及，如果这一现象有赖于在它之中的自身感动（auto-affection）来感觉自身，或者更确切地说，来体验对于自身的原初性感觉，以至于打开一条通向"我思"的"自我"（*l'ego du cogito*）享有特权的通道并且以这种方式自身豁免于夸张的怀疑（doute hyperbolqiue）的假设，那么我们何以不能由此在这一现象中辨认出整个笛卡尔形而上学之中的一种原理地位呢？然而，在关于这种形而上学的共有且有限的解释里业已相互竞争的诸原理之中，换言之，在最共有的解释——它在

---

* 本文为马里翁应"北京大学·大学堂"顶尖学者讲学计划邀请，于2017年11月10日在北京大学所做的讲座。讲座主办方为北京大学人文社会科学研究院，主持人为靳希平，由冯力完成翻译。讲座标题由北大方面给出。——编者按

大多数情形中将笛卡尔的道路理解为好像它并不包括《第六沉思》第二部分也不包括最低限度的规定性道德似的——里业已相互竞争的诸原理之中,我们何以能够加入一个新的原理呢?进一步讲,在两位谋求第一原理位置的觊觎者之间,即在作为(自)思([sepense])而实存的"自我"和作为自因(causa sui)的上帝之间进行和解的困难,因而也就是在笛卡尔形而上学的存在-神-逻辑学结构(la constitution onto-théo-logique)的两个形象——"思维活动"(cogitatio)的存在-神-逻辑学和原因(causa)的存在-神-逻辑学——之间进行结合的困难,难道不是已然牵连了任何引入第三种第一原理(un troisième premier principe)——在此就是"吾身"这一情况——的企图吗?远非低估尤其更非遮掩这个困难,相反,笛卡尔通过将其根本化而直面了这个困难:他回溯各种原初概念(notions primitives)和各种简单概念(notions simples)从而带来了比各种存在原理(principes ontiques)("自我"和"自因")的二元性更为有力的武器,这些原初概念和简单概念在认识论意义上使得这些存在原理成为可思的。[1] 换言之,"吾身"的特权所要求的创新不仅导致去修正 1641 年《沉思集》的形而上学位置,而且还将导致回到 1627 年由《规则》中被建立起来的"各种最简单性

---

[1] 笛卡尔 1643 年 5 月 21 日致伊丽莎白的信,AT III, 665, 10;666, 26。

质"（*naturae simplicissimae*）。这并不涉及一种适应或演化，而是涉及一种修正，这个修正至少是在沉默地暗示着一种收回前言（rétractation）。如果没有这种收回前言，笛卡尔就不能完成他冒险从事的新开端：不仅要把"自我"建立为一切对象性科学的原理（在《规则》中），建立为一种无限存在者形而上学的存在的和有限的原理（在《沉思集》中），而且还要把"自我"建立为一种展开其所有可能样态直至感受之思（la pensée passive），因而直至"吾身"具有肉的"思维活动"。

笛卡尔给伊丽莎白的第一个回复，既没有消除"自我"的这一第三开端的根本性上的任何模棱两可性，也没有消除对于《规则》架构的根本修正上的任何模棱两可性。"各种原初概念"的新清单首先是：即将跨越的这一步意味没有模棱两可性，因为这涉及"人类灵魂之中的两个东西，我们对人类灵魂本性的一切认识依赖于这两个东西，一是灵魂在思，另一是灵魂与身体相合一，它能够进行主动行为（agir）且和身体一起受动（pâtir）"（AT III, 664, 23-27）的一个过渡到另一个。《规则》也指出，在认识中，"只需要考虑两方，即，进行认识活动的我们（*nos...qui cognoscimus*）以及需要加以认识的各种事物本身（*res ipsae cognoscendae*）"（AT X, 411, 3-4）；但是这恰恰只涉及认识并且是主动地只认识有别于它自己的另一个事物，"主动地"就是说，通过将事物（重新）建构为一个对象；因此，需要被考虑的二元性整个保留在以下领域内，该领域在1643年只涉及第一个"东西"（«chose»）即只涉及对于（对象）之思的（主动）操持，仍全然未知这一思维本身"与身体合一"，而思维通过身体不仅能主动行为而且也能"受动"（«pâtir»）。笛卡尔从此以后从这样一种仅仅是认识的、主动的、外在的和单向的二元性过渡到一种**内在**于"思维活动"的、相互的、受动的或者更根本地说是感受的（pathique）二元性，在后一种二元性那里，事物反过来在"自我"之上起作用。从此，各种最简单事物（*res simplicissimae*）的事实上二重性的清单成了三重性的。其实，清单尽管在1627年有三个名目，但它仍然保持为二重性，因为各种共同的简单性质（实存、统一性、时间以及类似的东西）（AT X, 419, 12）包括"一般形而上学"（*metaphysica generalis*）视为其对象的一切——任何一般存在者（tout étant en général）的各种规定性；这些概念的未定的普遍性在丝毫不引入第三个实在项的情况下因而使得它们变为完全中立的；这就是为什么前五个《沉思》能够在不去质疑《规则》的认识简图（即便是在一个更为根本的基础上超越它）的情况下形而上学地重拾它们。[1]因此，只留下两个实在名目的

---

[1] 关于这一用法，参见《笛卡尔问题》（*Questions cartésiennes*）第三章《什么是形而上学中的方法？》（«Quelle est la méthode dans la [转下页]

"最简单性质"。一方面是这样一些简单性质，它们在既从未丝毫地求助于物体性观念（*idea corporea*）也从未"丝毫地借助于物体性图像"的情况下，允许"认识所是、怀疑所是、不知所是、还有人们能够称之为**意志力**（volitionem）的这一**意志行动**（voluntatis actio）所是以及如此之类的事物所是"（AT X, 419, 10-15）自身呈现出来；人们在此将注意到对于主动性因此对于意志的强调，以及感觉的缺席因此就是丝毫没有感受性（passivité）：这完全只涉及单向认识关系中的"进行认识活动的我们"。另一方面，《规则》提到就如"形象、广延、运动等等"那样足以描绘各种纯粹物质性事物、各种有形物体的"各种最简单性质"（AT X, 419, 18-20）：这里所涉及的仍然只是"需要加以认识的各种事物"，作为纯粹对象的这些需要加以认识的事物。我们在1643年再次发现了一个类似的清单。首先是各种"最一般的"概念，也就是存在、数和时间，它们并没有引入任何个别性术语。接着是规定着认识态度的一组对生概念："……特别就物体而言，我们只具有广延的概念，随之而来的是形象的概念和运动的概念"，以及"单独就灵魂而言，我们只具有思维的概念，理智的各种知觉和意志的各种倾向都被包含在这一思维的概念之中"，我们注意到，思维在此仍然排除

[接上页] métaphysique ? »）第75页及以下。

感觉的感受性（AT III, 665, 15-20）。但是1643年的清单随着它最后添加以下表述而变得与1627年（以及1641年）的清单根本不同："……最后，就灵魂与身体的总体而言，我们只有它们的合一这个原初概念，灵魂所具有的驱动身体的以及身体通过造成它的**各种感知**（sentiments）和**各种感受**（passions）而具有的在灵魂之上起作用的力量的观念依赖于这种合一。"（AT III, 665, 20-24）因此最终这就是第三个概念，它非常简单和原初，也就是说，它不可还原到任何其他的原初概念，却保证和确认一种"自我思"（l'ego cogito）的感受之思的可能性。

在什么意义上我们可以同意这个补全和校正了"各种最简单性质"清单的、关于"各种原初概念"的新清单呢？不要被一种表面上的限定给欺骗了，即"……就灵魂与身体的总体而言，我们只有（n'avons que）它们的合一这个原初概念"（AT III, 665, 21-22），好像第三个原初概念被限制在了"关于这个"（ad hoc）的一个仅仅是临时性的术语中似的，与另外两个系列的原初概念相比缺乏理论的有效性。事实上，另外两个系列的原初概念也是从一个唯一概念那里演绎而来的，因为"只（que）有广延的概念"和"只（que）有思维的概念"（AT III, 665, 16&18）；因而，《规则》（以及《沉思集》）并置的清单就变得彼此融贯一致了：每次一个概念都是以这样的方式孕育了别的那些概念，即实体的主要属性由此可以去构想实体的各种样态。从权利上说，合一这个原初概念，跟其他两个原初概念处在同一个队列之中，因为人们从它出发同样可以构想"……灵魂所具有的驱动身体的以及身体所具有的在灵魂之上起作用的力量"，简言之，在思维的各种感知和各种感受中构想思维的感受性。让我们先暂且搁置两个看起来既不可避免又令人生畏的问题——合一是否呈现出了第三种实体的主要属性？是什么原因在灵魂与身体之间起作用呢？——为的是以一种决定性的对照即正好是同时代的《哲学原理》第1册第8节来确认这个新的清单。考虑到观看着事物的我们思维，笛卡尔在此首先清点了他的"一般形而上学"的各种惯常的"最一般之物"（maxime generalia），接着是这样一些概念，它们一方面涉及各种理智性事物，因此涉及思维，另一方面涉及各种物质性事物，因此涉及广延：因而，这里涉及的仍然只是《规则》所构思的且由前五个《沉思》所维持的"各种最简单性质"的清单。[1] 然而，第三个权威（instance）被添加了进来，那就是"每个人总是在自身之中体验到的合一概念"[2]，这是凭着与《第六沉思》（experior/我体验到，AT VII, 71, 21）的体

---

[1]《哲学原理》，I，§47还明确提到了这涉及"组成我们思维的所有简单概念"（AT VIII-1, 22, 23-24，这一节的标题是"各种简单概念"）。
[2] 笛卡尔1643年6月28日致伊丽莎白的信，AT III, 694, 1-2。

验相同的体验:"除了这一点,还有某些**我们在自身中体验到**(in nobis experimur, *nous expérimentons en nous-mêmes*)的东西,它们既无法单独被归于灵魂,也无法单独被归于身体,而是被归于两者的**紧密合一**(*ab arcta et intima...unione*, l'étroite union)"(拉丁文 AT VIII-1,23, 12-17= 法文 AT IX-2,45)。[1] 在此对于"吾身……[与灵魂]非常紧密地相连而且就像混合在一起(*arctissime conjunctum et quasi permixtum*)[形成]某种一(*unum quid*)"的明显暗示,直接退回到《第六沉思》第二部分的论据(AT VII,81, 3-4)。这种原初概念的各种样态所确认的东西,实际上就是"自我"于其中自身体验为被感动者(affecté)的"吾身",因为在《哲学原理》第 1 册第 8 节所涉及的东西,都已经在《第六沉思》中列出来了,尽管是以另一种次序列出的:(a)全部感觉(*sensus omnes*),首要的是疼痛和快乐;[2](b)接着就是光和色、气味和滋味、热和硬以及别的触觉性质(拉丁文 AT VIII-1, 23, 21-23= 拉丁文 AT VII, 74, 3; 75,

---

[1] AT VII, 75, 10; 81, 2-5; 87, 25. 或者"第四组答辩",AT VII, 228, 28,等等。参见《谈谈方法》,AT VI, 59, 13。

[2] AT VIII-1, 23, 21 = VII, 71, 23; 74, 3; 77, 1, 3, 6; 80, 29; 81, 1; 83, 8, etc; 71, 24; 82, 27. 关于《哲学原理》,也请参见 G. Cantelli 的分析,«La terza notione primitiva e l'analisi dei sensi esterni e interni svolta nei *Pr.* IV, §188-189 », in J.-R. Armogathe, G. Belgioioso (a cura di), *Descartes. Principia Philosophiae* (1644-1994), Naples, Vivarium, 1996。

2; 81, 18-19); (c) 饿和渴（拉丁文 AT VIII-1, 23, 17= 拉丁文 AT VII, 81, 1, 10, 11); (d) 最后是喜悦、悲伤、愤怒和爱，这几个都已经在 1641 年提及，大家知道，除了爱这个重要的例外;[1] 尤其，显著的区别在于，此刻这里所涉及的仅仅是欲望（*appetitus*）和感动（*affectus*），但尚不涉及激动，或者说灵魂的感受（*commotiones, sive animi pathemata*）:[2] 因此，把感受之思的各种感动（affections）引向灵魂的各种感受（passions）的道路在 1641 年还未开启，而在 1643 年和 1644 年就变得明显了。因此应该得出结论说，"吾身"，或者说，肉，即使构成的不是第一原理，也至少构成了各种原初概念或者"各种最简单性质"中的一个，这一个原初概念或最简单性质的可理解性不能从任何一个其他的原初概念或最简单性质那里演绎出来，唯有它才使得其他的原初概念或最简单性质成为可理解的。[3]

---

[1] 分别对应于 AT VIII-1, 23, 9-10 和 AT VII, 74, 26-27。然而，爱为了"思维活动"的利益在各种原初概念中至少出现过一次："因而爱、恨、肯定、怀疑等等都是真正的思维样态。"（*Ita amor, odium, affirmatio, dubitation, etc.sunt veri modi mente*）（笛卡尔 1645 或 1646 年致无名氏 X 的信，AT IV, 349, 8-9）因此我们应该更正——至少在边注上——我们最初在《情爱现象学》中所做的评注（*Le Phénomène érotique*, Paris, Grasset, 2003, p. 19; 中译文参见《情爱现象学》，商务印书馆，2014 年）。

[2] 分别对应于 AT VII, 76, 3; 74, 27 和 AT VIII-1, 23, 17-18。

[3]《哲学原理》，Ⅰ，§75 同时指出了通过将感动着我们的各种感觉（*sensus*）加入到"我们在我们自身之中所拥有的各种概念"（*notiones, quas ipsimet in nobis habemus*）从而彰显的这种尊严以及通过将它们添加到以（转下页）

因此，合一是原初的。这首先意味着，灵魂与身体的合一尤其不应该被理解为归根结底来自于另外两个原初概念的妥协或叠加的一种组成物。合一先于灵魂和身体而来，或者至少是**从别的地方**（d'ailleurs）而来。应该从合一本身出发且唯有从它出发来思考合一，绝不从灵魂和/或身体出发来思考合一，因此也不是从另类意义上的原初的概念出发来思考合一，这些另类的原初概念允许从身体和灵魂的任一出发进行思考。灵魂与身体的合一应该从合一本身且**唯有**（seule）从合一出发被思。"我同样考虑到，整个人类科学都仅在于很好地区分这些概念并且将每一个概念都归于它所属的事物上……作为原初的，每一个原初概念只能通过自身而被理解"（AT III，665, 25–666, 6）。这个要求并非是不言而喻的，而是强加了一个悖论，因为我们仍然倾向于一种自然态度，后者期望这个合一**产生于**（résulte）它所结合起来的东西，显然，首先**产生于**我们看来似乎是不言而喻的东西，即各物体/各身体的广延（l'étendue des corps）："因为感官的运用使得我们具有了远比其他各种概念更为熟悉

（接上页）下一个清单而遇到的某种困难，这一清单同时把各种另外的"最简单性质"（广延和思维）和"第一原理"名义下的两个觊觎者同时并置起来，两个觊觎者就是："我们实存……**同时也**存在着一位上帝，我们依赖于他"（nos existere...et simul etiam, et esse Deum et nos ab illo pendere）（AT VIII-1, 38, 14-15, 17-18）。

的各种关于广延、形象和运动的概念,我们犯错的主要原因就在于我们通常意愿利用这些概念去解释它们并不属于的各种事物"(AT III, 666, 6-11)。笛卡尔在此处所痛斥的东西,今天在思之自然化(naturalisation)的名义下耀武扬威而又天真幼稚地展开着:从非思维概念的另一个原初概念出发思考思维;不但从广延出发思考思维(如同一切还原主义),而且,通过反作用于观念论(坚持只从思维本身出发思考合一)的简单颠倒,独独从广延出发思考灵魂与身体的合一(自然化)。笛卡尔只用一种困难来对抗这两种廉价的解决方案:从它本身出发来思考合一,换言之,从我们在我们自身之中感觉到的经验(根据这个术语的确切词义,或许是不可理解的)出发,从"……我们在自身中体验到"(*...in nobis experimur*, AT VIII-1,23,13)出发来思考合一。

但是,我们在我们自身之中体验到了什么呢?经验的直接性(l'immédiateté de l'expérience)并不拥有一个好的认识论名声,因为我们怀疑它是混乱的和幻觉性的。笛卡尔当然料想到了这点,他在第一时间就局限在以否定的方式来定义经验。但是,我们将看到,这个否定性的定义所要说的东西并不少,而且也不缺乏力量。在我们之中从它本身出发体验合一,至少要求我们不要试图从一个不同于它自身的另一个权威(或者原初概念)出发去理解它,"……就如当我们想要利用想象去构想灵魂的本性时，或者当我们想要构想灵魂通过一个物体被另一个物体所推动的方式来驱动物体的方式时"（AT III, 666, 12-15）。换言之，对于灵魂与身体的合一，我们最起码在原则上知道，它并不遵循诸物体之间的相互作用（interaction）的各种规则。再换句话说，偶因论（occasionnalisme）针对物理因果性或准物理学因果性——它允许灵魂（它毫无道理地被视为与松果腺相似）去驱动身体（它毫无道理地被视为与无生命的有形物体相似）或者被身体所驱动——的类型的整个争辩毫无意义，没有任何的中肯性，也没有任何存在之必要：它在一种荒诞且愚蠢的理论性免诉中展开。一个晚近的批评已经很好地强调了这一点。丹尼尔·加尔贝（D. Garber）事实上指出，"从笛卡尔的视角出发，[灵魂与身体之间的]交互作用论与各种自然法则之间的和解，根本不构成一个问题"，因为，"通过简单地否认对于有生命身体（即'吾身'）而言的[运动的]诸守恒定律"，"他开启了以下可能性，即主体的活动不应该受缚于对各种物体有价值的各种自然法则"。笛卡尔反对莱布尼茨（当然包括马勒布朗士，或许还有斯宾诺莎），毫不迟疑地从"吾身"中认出它相对于其他两个原初概念的不可还原性，首先是相对于广延来说的不可还原性，以至于"否认物理法则的普遍性以及否认有生命物体受限于统治物质世界的诸种法则"[1]。物质的世界，至少根据广延这个原初概念而被构造的各种对象所组成的世界，而且或许同样还有根据纯粹主动性的"思维活动"思想这一原初概念而被认识的各种精神所组成的世界，因此并不涉及合一的世界。但是这样一来，什么样的世界是向着合一敞开的呢？

笛卡尔提出了一个假设，完全对立于以下假设，后者通过将物体之间相互作用的各种法则运用于灵魂与身体的合一而导致偶因论的疑难——这就是说，适用于合一的活动样态（mode d'action）遵循着与那些允许上帝或天使们在被造世界的各种物质性事物之上起作用的规则相同的规则。换言之，思考灵魂针对物质性物体的活动（或感受）——即正好界定了"我的身体"的活动——最合适的模型不应该借自于由非生命物体（它

---

[1] 丹尼尔·加尔贝：《具身化的笛卡尔——通过笛卡尔的科学阅读笛卡尔的哲学》，法译本分别为第191、193、194页。（Daniel Garber, *Descartes Embodied. Reading Cartesian Philosophy through Cartesian Science*, Cambridge, 2001; tr. fr. O. Dubouclez, *Corps cartésiens. Descartes et la philosophie dans les sciences*, Paris, Puf, 2004, respectivement pp. 191, 193 et 194.）笛卡尔的计划因此等于："将有生命的身体从支配着运动中不具有生命的物体的各种法则的领域中排除了出去，并且允许精神去感动身体的行为。"（同上书，第210页）我们要补充：反之亦然，允许精神被其"吾身"所感动。人们同样可以说，"这些（有生命的）身体可以说处于纯粹机械论自然世界之外"（同上书，第208页），只要理解为只能是这样，即这些身体暴露于真实的世界面前（当然是在一个非尼采主义的意义上）。

们的相互作用在其本身中已经是成问题的,即使不算是不可理解的话)所构成的物质世界,而应该借自于根本上最为非物质性的世界,外在于世界的世界(monde hors du monde)。这样一种求助于神圣性和天使性模型的胆大妄为更加地令人震惊,因为笛卡尔通常都拒斥上帝和各种有限存在者之间存在着最小的单义性(univocité):不仅实体一词"无法单义地(*univoce*)适用于上帝和各种事物"[1],而且对于永恒真理也是如此,因为所有的永恒真理同样属于一种创造。然而,在合一的活动这一情形中,对单义性的拒斥就应该有一个例外:在与亨利·莫尔(Henri More)的通信中,后者以各种方式询问笛卡尔:我们的精神是如何(*quomodo*)在我们的身体和其他各种物体之上起作用的?[2]笛卡尔重拾了其通信者的一个建议,从而最终采用神圣活动(l'action divine)的模型(人们完全承认上帝在物体上起作用,尽管上帝明显保持着非物体性的)来思考合一:"因而,对于其他各种非物体性的实体进行类似的判断仍然是不可接受的。尽管我认为任何活动模式都无法**单义地**(*univoce*,univoquement)适用于上帝和造物,但我还是承认在我的精神之中找不到任何表象着上帝或天使由之能够驱动物质

---

[1]《哲学原理》,Ⅰ,§51; AT VIII-1, 24, 27。
[2] 亨利·莫尔(Henri More)1649年3月5日致笛卡尔的信,AT V, 313-314。

的方式的观念是不同于以下观念的，即它向我展示**自我**（*ego, moi*）通过我的思维活动意识到由之能够驱动'吾身'（*corpus meum, mon propre corps*）的方式。"[1]这样一来，远非各种物质性事物所构成的物理世界提供了灵魂与身体的合一（以及交互作用）的模型，倒不如说，应该完全颠倒过来，每当不反感单义性时，在各种非物质性的行动者于物质性事物的各种有形物体之上起作用中找到这种模型[2]。因此，不应该从另一种非其

---

[1] 笛卡尔1649年4月15日致亨利·莫尔的信，AT V, 347, 14-22。这同一个主题将在另一个地方被详细地重新讨论并解释："然而，推动力（*vis movens*）能够来自上帝本身，上帝所维持的物质之中的运动与最初创世活动中被放置进来的运动一样多；或者也能够来自被造的实体，就像来自我们的灵魂（*vel etiam substantiae creatae, ut mentis nostrae*），或者来自某种其他的不管什么东西，上帝向后者给出了驱动物体的力。"（笛卡尔1649年8月致亨利·莫尔的信，AT V, 403, 28-404, 3）这些文本被丹尼尔·加尔贝所引用和评论（《具身化的笛卡尔——通过笛卡尔的科学阅读笛卡尔的哲学》法译本第185、229、276页），他得出结论说"……一种惰性的物质在每一时刻都被主动性上帝而且不时地也被非物体性的主动性精神重新安排"（同上书，第239页）；这里正好需要更正的是，如果涉及的是一个天使，那么这里讨论的精神能够是非物质性的，但是如果涉及的是一个人，那么精神不仅身化在肉（也就是"吾身"）中，而且它只有通过混合性的肉才能操持最低限度的活动；同样人们不能说，被上帝置入运动之中的各种有形物体构成了上帝的肉（同上书，第236—238页），而只能说，把各种有形物体置入运动之中的状态，**为了自我**这唯一的被具身者，通过我的肉，传递了运动的首要效果（如果不是首要原因的话）。
[2] 这一迟来的回应比之前求助于灵魂在身体上起作用和通过其中的重量把物体置入运动之中的状态（笛卡尔1643年5月21日致伊丽莎白的信，AT III, 667, 4—668, 4）两者间进行对比来说更有说服力。笛卡尔这样论辩：当然，重量并非其所推动的物体的一个实在的质，因而它（转下页）

本身的概念出发,尤其不应该从广延中各种物体之间的相互作用出来构想合一,也不应该从一种思维对另一种思维生产出发来构想合一。对于另外两个概念有效的东西对于这个合一同样有效,"作为原初的,每一个原初概念只能通过自身而被理解"(AT III, 666, 4-6)。在笛卡尔这个论证的当前环节,我们看到

(接上页)并不构成一个(通过广延而得到的关于广延的)物理学解释;但是它至少提供了一个好处,使得我们可以在无须"通过一个表面对于另一个表面的实在触碰而产生这一点"(AV III, 667, 24-25)的情况下去构想物体被置入运动之中的状态;也使得重量提供一种非物理学的解释,"给出重量观念,是为了去构想灵魂驱动身体的方式"(AV III, 668, 3-4),而不是为了去构想一个物体推动另一个物体的方式。这在权利上完全涉及一个模型(一种"对比",笛卡尔 1643 年 6 月 28 日致伊丽莎白的信,AT III, 691, 14,参见《屈光学》[*Dioptrique*] 第一部分,AT VI, 83, 16-17:"我使用了两个或三个对比");但涉及的却是一个**有缺点**(*cloche*)(AT III, 694, 10)的模型,因为在经院哲学的术语里它恰恰并不充当一个(必然形式性的)模型,而是充当一种实在的规定性。这就是为什么关于方法的《随笔》(*Essais*)使它失去了资格。对于笛卡尔来说,专属于物理学的解释来自于涡轮动力学:"然而我认为重量不是别的,而就是地球上的各种物体被某种精微物质**实在地**(*réellement*)推向地球中心。"(笛卡尔 1641 年 1 月 29 日致莫塞纳的信,AT III, 9, 25-10, 3;强调为本文作者添加。)关于这一问题也请参见笛卡尔致克莱尔色列(Clerselier)关于第五组反驳的信,"那些承认诸如热、重量以及如此之类的一些实在偶性的人,并不怀疑这些偶性能够主动作用于物体"(AT IX-1, 213, 17-19);以及笛卡尔 1641 年 8 月致匿名捍卫者(Hyperaspistes)的信,"重量被包含在一般的**各种实在偶性**的假设之中"(AT III, 424, 19-42, 3);以及,笛卡尔 1648 年 7 月 29 日致阿尔诺的信,AT V, 220, 20-223, 13(*gravitas lapidis*,石头的重量),还有罗迪斯-刘易斯(Rodis-Lewis)的澄清,在《笛卡尔作品》(*L'œuvre de Descartes*)中第 361 页及其之后。

灵魂在"吾身"之上起作用或者由于"吾身"而受动,可是仍然没有去设想这样被使用的因果性(如果说因果性这一术语仍然适宜的话)的类型。因此应该承认这样一个事实:"……尽管我们**还不**(*nondum*, pas encore)知道这些感觉这样感动我们的原因是什么。"[1] 合一作为一种事实(fait)非此不可,因为它强加的完全是肉的偶事性(la facticité de la chair),我以"吾身"的名义所是的肉,总是**已经**(*déjà*)所是的肉,却既没有选择它,也没有意愿它,或许也永远不能解释它。"非物体性的精神能够驱动物体,这当然不是给我们看的从其他事物得出的一种推理或一种比较,而是非常确定且非常明见的每日**经验**(*expérience* de chaque jour);实际上这是这些自知的事物(ces choses connu par soi)之一,而当我们想要通过其他事物来解释这些自知的事物时我们就看不清它们。"[2] 应该承认合一为非此

---

[1] 这个句子巴耶(Baillet)没有翻译,《哲学原理》I, §75 的拉丁文本在 AT VIII-1, 38, 27-28, 而且在《哲学原理》II, §40 中被再次确认:"所有由物体所经受的变化的各种个别原因,全部被包含在这条法则之中,至少是这些物体性原因;因为,**我现在不**(*pas maitenant*)想追问是否天使和人的思想拥有推动物体的力量:这个问题我希望留给处理人的问题的论文。"(拉丁文 AT VIII-1, 65, 14-19 = 法文 AT IX-1, 87)

[2] 笛卡尔 1648 年 7 月 29 日致阿尔诺的信,AT V, 222, 15-20。接下来的例子涉及通过重量(*gravitas*)来解释物体运动,人类精神对于重量确切地说并不拥有清楚分明的观念。在这里我们可以回想起圣·奥古斯丁,他比较了灵魂与身体的合一(自身是不可理解的,除非在使用上)和基督的人神二性单一位格合一体(l'union hypostatique)(它是 [转下页]

不可的一个事实,甚至尤其(surtout)当我们不理解它时,因为,由于经验超出了我们的理解力,我们无法理解合一:"这一点很难解释,但是经验在此足够了,因为经验在此是如此清楚以至于人们没有办法去反驳它,就像在各种感受(passaions)等等中出现的情况那样。"[1]因为它依然是一个理性事实(fait de

---

[接上页]更为可理解的):"为什么这是令人难以置信的呢?也就是,以一种不可思议的和独一的方式,圣子应该为了拯救众人而担当起一个理智灵魂呢?进一步说,我们从我们自己的本性里的证据知道,一个人只有当身体与灵魂结合起来的时候才是整全的和完整的。这当然会更加令人难以置信,假使它不是最常见的事的话。因为,去相信一个灵与一个灵之间的结合,或者用你们通常使用的语言来说,去相信一个非肉身者与一个非肉身者之间的结合——即便其中一个是人而另一个是神、其中一个是变动不居的而另一个是永恒不动的——也比去相信一个肉身者与一个非肉身者之间的合一要更为容易。"(奥古斯丁《上帝之城》第Ⅹ册,29, 2, 引自 *Œuvres de saint Augustin*, Pairs, Bibliothèque augustinienne,t. XXXIV, Paris, 1959, p. 532)

[1]《笛卡尔与伯尔曼会谈》(*Entretien de Burman avec Descartes*), 1648年4月1日, 第44节, AT V, 第163页(参见 *Entretien avec Burman*, éd. J.-M. Beyssade, Paris, PUF, 1981, p. 89)。因此,不应该仅仅说"笛卡尔并没有将灵魂与身体的合一理论化,而是停留在人类学的实际经验的观察层面"(Géraldine Caps, *Les "médecins cartésiens": Héritage et diffusion de la représentation mécaniste du corps humain [1646-1696]*, Olms,Georg,2010,p.50),而是应该积极地承认偶事性、承认合一的既成事实。许多更为内行的读者在这里没有弄错。因而皮埃尔·盖能西亚(Pierre Guénancia)指出:"笛卡尔没有回应这个困难,无疑因为他将这个困难视为被合一**事实**本身所解除。一个**事实**的实存使得任何试图追溯其可能性条件的进路都变得毫无用处。"(*L'Intelligence du sensible. Essai sur le dualisme cartésien*, Paris, Gallimard, 1998, p. 213);参见《事实,偶事性》(« *le fait, la facticité* », p. 298)或参见丹尼斯·冈布薛纳(Denis Kambouchner):"使得我们感(转下页)

raison），但这个理性只有通过我们所形成的（思维的）经验才能被解释，正是因为经验作为原初概念只有通过其自身才能被解释。

二　第三个原初概念是首要的

因而，合一的偶事性担当起了一种原初概念的地位。但是这并不是一个添加进与其对立的另外两个原初概念（思维和广延）之中的一个原初概念。正是"无需"（«sans»）[1]它们而不是与它们一起，合一非此不可地作为原初的，换言之，非此不可地作为不可还原于另外两者。更有甚者，因为这种建立来自这些原初概念之间的不相容性：前两个原初概念之间的区分强化了它们各自拥有的特性，而第三个原初概念即合一概念对于认识这同一个区分则显得是"有害的"（nuisible）（AT III, 665, 4）。或者人们在它们的区分中且得益于它们的区分一下子思考这头两个原初概念，这一区分使得它们彼此成为清楚分明的（claires et distinctes），或者人们通过悬搁另外两种原初概念

（接上页）觉到我们动物性条件的同一些感受同时绝对地构成了**我们人性的最初事实**（*le premier factum de notre humanité*）。"（*Descartes et la philosophie morale*, Paris, Hermann, 2008, p.112）

[1] 笛卡尔1643年5月21日致伊丽莎白的信，AT III, 666, 22。

以及它们的区分（无论是存在的还是本质的）来重新且从其本身出发思考一种新的原初概念即合一概念。因此，第三个原初概念既不是通过组合也不是通过派生（这就会与它的原初性特征相矛盾）的方式添加到头两个原初概念之中，而是只通过与另外两个原初概念相悖而成为非此不可，或者更确切地说通过强加一个新的开端而成为非此不可。"人类灵魂之中的两个东西，我们对人类灵魂本性的一切认识依赖于这两个东西"，即"灵魂在思"和"灵魂与身体相合一，它能够进行主动行为且和身体一起受动"（AT III, 664, 23-27），一个不能被设想为是另一个的扩展，而只能是通过断裂和对立而被设想，因为这个新的开端强加了一个新的理论态度。因此，一个问题不可避免地被提出来：第三个原初概念在何种意义上以及在什么程度上不仅只能通过其自身而被构想，而且也应该被构想为这三个原初概念中首要的原初概念以及一种新的开端（通过对比前两个原初概念的区分的开端）呢？[1]

---

[1] 这是一个新开端，因为这仅仅涉及被合一所体验到的**事实**，而不涉及其与被意志体验到的事实之间的关系："……我们的意志，因为我们**体验到**它们直接来自我们的灵魂并且看起来只依赖于我们的灵魂。"（《论灵魂的感受》第 17 节, AT XI, 342, 14-17）或者是被我们的自由所体验的事实："你完全有理由说我们对于我们的自由意志和对于任何其他首要概念都是一样确信的，因为这肯定是它们中的一个。"（笛卡尔 1640 年 12 月致莫塞纳的信, AT III, 249, 9-11）合一和自由，不顾它们的不可理（转下页）

合一——笛卡尔常常这样称呼它，甚至都没有明确指出它结合的是什么（灵魂与身体）：他将其忽略，因为这两个术语是不言而喻的，但或许也是为了不去维持欺骗性的外表，即合一是两个组成部分结合的结果以及合一包括两个组成部分的结合，它呈现出两个组成部分的结合的一种派生的混合。因为，如果合一很好地将两个实体连接起来，它不仅本身并不包括一种新的实体，而且为了结合它们的两种主要属性（思维和广延）而建立一些全新的规则。这些新规则招致若干悖论，因为这些新规则彰显的是第三个原初概念的不可还原性以及或许还有它对于另两个原初概念的**终极**（*finalement*）优先性，人们就应该倍加小心地去展开和描述它们。—— 这些悖论中的第一个悖论在于身体概念的模棱两可性："首先我考虑一个人的'corps/身体/物体'所是，发现'corps'这一词语是非常模棱两可的（équivoque）。"这个词的模棱两可性在此来自于其补语的不可还原性："corps"这个词变为模棱两可的，因为人（*homme*）重新赋予了它与单纯有形物体词义相反的词义。在"一

（接上页）解性，作为经验的事实都是非此不可的（参见 *Sur le prisme métaphysique de Descartes, chap. III. §15*, PUF, 1986, p. 215, n. 85）。人们是否能够**在某种意义上**将意志包括进第三个原初概念呢？如果人们认为意志问题和合一问题（它看起来在这一决定论面前暴露无遗）一样都是不可理解（面对神圣的全能全知，决定论几乎是不可避免的）的话，那么这就是不荒谬的。

般物体"意义上,"corps"通过广延、因此通过物质获得规定,该物质具有形象而且尤其在一个有限的量中被度量,不论它有多大:"这是被限定的一部分物质(une partie déterminée de matière),同时也是一部分组成宇宙的量";形成物体的统一体(l'unité)的东西那么被归结为物体的量,而且它与这些量的变化相称地形成或散开。但是"corps"还有另一种含义,在那里,作为**一个人**(un homme)的身体,这一术语不再指"被限定的一部分物质……也不指一个被限定的尺寸,而只是指……把灵魂与这个人结合在一起的整个物质"。身体一旦由其名词补语所限定,并没有使它的统一性建立在广延的度量之上——在此度量上建立的统一性因此总是暂时的,因为易于随着它的量而变化——,而是建立在合一之上。统一一个人的身体的东西由一份(une portion)或然可变的广延和一个不变者即实现了的思维(la pensée en acte)的合一所构成;同一性不是(依据量)来进行测量,而是根据一部分广延以及处于广延和变化之外的东西(即一个"自我"的思维)的合一进行测量;这个"自我"统一了任何处在广延之中能与之相结合的东西:"即使这一物质变化了……当它与同一个灵魂实体性地连接和结合在一起时,我们总是相信这是同一个身体,在数目上是同一个(idem numero)。"只要身体能够组织起来以便与灵魂结合在一起,"当它在其自身之中拥有所有维持这个合一所必要的安排

(dispositions)时",身体在其自身之中就是统一的。[1]身体的统一性依赖于它的组织,笛卡尔特别将其称之为它的安排:"身体是一,而且由于它的各种器官的安排在某种意义上是不可分的,这些器官全部一个跟另一个如此地相关,以至于当它们之中的某个器官被拿掉时,整个身体就成为有缺陷的。"[2]这种安排允许一个广延区域在以下意义上使自己被思维所接受,即发送方发出的信号被接受方所接受,接着所重建和所放大。这样一来,身体根据各种器官的安排,看到它的各种信号被灵魂接受,而且唯一见证合一的这种接受,则来自"思维活动"的最初统一性。因而,"一般的物体"和"人的身体"之间的差别就取决于统一性原理(principe d'unification):要么是广延的量,其(暂时的)持续性通过度量来规定统一性;要么是在"思维活动"或灵魂坚决要求下的合一,灵魂的行动(从不停止,

---

[1] 笛卡尔1645年2月9日致梅斯兰(Mesland)的信,AT IV,166, 1-22。参见:"拥有所有性情/安排(dispositiones)的身体被要求接受一个灵魂,如果没有这个灵魂,这就不是确切意义上的人的身体"(笛卡尔1641年12月中旬致雷吉尤斯[Regius]的信,AT III, 460, 27-461, 2)。由此出现了死亡的新定义,死亡不再是作为灵魂的缺乏(灵魂消失了),而是作为身体的缺乏,身体的"性情/安排"(disposition)缺少(《论灵魂的感受》第5至6节)。
[2] 《论灵魂的感受》第30节,AT XI, 351, 8-12(不可分割性,非常接近笛卡尔1645年2月9日致梅斯兰的信,AT IV, 167, 13);参见"诸器官的性情/安排"(disposition des organes)(《论灵魂的感受》第211节,AT XI, 486, 14)。

因为灵魂总是在思）甚至在广延部分——只要这一广延部分与灵魂结合，它就与灵魂结合在一起——的各种变化中维持着统一性。"corps"并不根据其量的度量而成为人的身体，而是由于它与"思维活动"的合一而成为人的身体，"思维活动"并不能被度量（尽管唯有它才能度量其余一切），它保持着以下这种东西的统一性，即在正确地被安排的这一份广延之中，从此以后应得**一个人的身体**（corps d'un homme）的名号且不停地在量中变化的这种东西。因而人们要回过头去理解《第六沉思》第二部分既没有预防也没有准备地一下子引入的其他各种物体（alia corpora）与"吾身"（meum corpus）之间的极大差别。

剩下要解释的是，"灵魂"何以因而能够统一一部分广延以便形成**一个人的身体**。人们在这里可以求助于康德提出的一个论证，但就我们所知，笛卡尔从未这样阐述过："**一个人的身体**"的统一性，这一身体与灵魂的合一向其保证的统一性，来自实施"思维活动"的且展开规定"思维活动"本身的统一性原理的权威（instance），换言之，就是统觉的原初综合统一性（l'unité originairement synthétique de l'aperception）；事实上，"自我"只有通过统一它所思的东西而去思，要么通过观看（intuitus），要么通过演绎（deductio），因为，"自我"要不是通过其自身的思维进行自身感动、要不是在"我感觉到看到"（videre videor）的原初形象之下与其自身的思维同一和在其自身的思维中成为同一,"自我"什么也思考不了。"自我"只有通过自身统一而自思,因此"自我"统一了其所思的一切[1],而且,当"自我"思时与"自我"合一的那个东西不是任何其他,而正是"**一个人的身体**"。——但是人们会反驳说,即使人们承认了这个时代错乱的论证,即使因此人们依靠"思维活动"的统一性以便建立(灵魂与身体)的合一,难道人们就没有把"思维活动"与广延之间的区分所建立起来的东西搞错了吗?这样一种思维的原初统一性的统觉如何应该在"思维活动"领域的彼岸进行实施呢?为何它能够伸展到一个身体,甚至是我的身体的广延呢?在思的"自我"的原初统觉有何种权利能够声索对于一部分广延的"某种特殊权利(*speciale quodam jus*)"(AT Ⅶ, 75/30)呢?对于(统觉的)"思维活动"之中的统一性原理在广延中的这样一种运用,不仅会遭受时代混乱症,而且还会招致不一致性的困扰。可是,通过第三个原初概念的悖论足以回应这个反驳:合一并不能反驳(前两种原初概念之间的)区分,因为它既不参照也不依赖它们,既然它同样也是原初的,它建立了一个新的开端,这个开端不需要与其他两种原初概念相容,而是通过既不妥协又无关联地实施原

---

[1] "我们对同一个事物在同一个时间内只拥有唯一的简单思维",难道人们不能这样来理解《论灵魂的感受》第 32 节(AT Ⅺ, 353, 4-5)的宣告吗?

初性（primordialité）而分享了原初性。合一先于且重新规定了它所结合的东西，即用一种新的术语"吾身"结合了（**一个人的**）灵魂和身体；它不需要与另外两种原初概念之间的区分相容，但是只服从于它自己的建立。因此，问题变得非常单纯了：这只涉及去理解，"自我"为了去思并且根据自己各种思考需求为什么不得不与一份广延结合在一起，以及"自我"因而把这一份广延统一进一个"人的身体"或"吾身"。广延在何种意义上不仅结合进思维，而且从思维借来了其统一性原理？

毫无疑问的是，因为思维本身为了实现为思维而向身体要求这种合一。"自我"首先被定义为"在思的东西"（*res cogitans*），换言之，作为一个"在怀疑、在理解、在肯定、在否认、在意愿、在不愿，也在想象和感觉"的东西。[1] 无论如何"思维活动"不能自行感觉，但它却能自行怀疑、理解、意愿和想象；因为，为了根据感觉进行思，就必须感觉到在感觉（ressentir），而且感觉到在感觉意味着从外部而来的一种突然来临的感受性（la passivité d'une advenue）。思维的这一外在性，换言之，这一感受性，无法根据统觉单一的（主动的）自发性而实现；在此需要有一个允许知觉的（感受着的）接受性的权威："感觉？

---

[1] AT VII，28, 20-22; 34, 18-21.

的确,在没有一个身体的情况下也是不行的"(AT VII, 27, 5-6)。身体在此显然应该被理解为一个人的身体,换言之,被理解为合一的身体:"然而快乐分为两类:一类只属于精神,另一类属于人,换言之,属于与身体合一的精神。"[1]但是一个人的身体的、合一的身体的、简言之"吾身"的固有东西,不在于一小块广延与思维的相加(这两个异质性的存在者如何可能这样成为相邻而相互相加呢?)。事实上,如果一个人的身体与作为其统一性原则的广延有区别的话,那么它在以下意义中也与纯粹思维有区别,即唯有它能够使得"在思的东西"变得不再仅仅是主动的,而且也是感受性的、易于感动的;精神在其感动(affecte)合一的身体的确切范围内值得"身体性的"(corporel)称号:"如果人们用'身体性的'(*corporeum*, corporel)一词指的是任何能够以某种方式感动身体的东西,那么精神在这个意义上也能够被称之为身体性的。"[2]如果精神通过感动身体而

---

[1] 笛卡尔1645年9月1日致伊丽莎白的信,AT IV, 284, 6-9。
[2] 笛卡尔1641年8月致匿名捍卫者的信,接着写道:"但是如果用'身体性的'一词指的是从称之为身体的实体出发被构成的东西,那么精神就不再能够被称之为身体性的了,而且被认为与身体有着实在区分的那些偶性也不能被称之为身体性的。只有在后面这个意义上,精神才习惯于不被称之为身体性的。"(AT III, 424, 26-425, 3)参见笛卡尔1648年7月29日致阿尔诺的信:"因为如果我们把任何属于身体的东西都算作身体性的,即便它并没有跟身体相同的本性,那么甚至精神也可以被称之为身体性的,只要它与身体结合在一起;另一方面,如果我们把(转下页)

成为身体性的，它就通过让自己被合一的身体所感动而更有理由（*a fortiori*）、更加且首先成为身体性的。这样一来，身体就成了暴露于各种感受性和各种感受面前的精神："……如果我们的灵魂不能感觉到这些感受在感觉的话，它不会有任何理由期望与其身体保持哪怕是一刻时间的连接。"[1]精神只有通过身体，通过感受性的这唯一权威而进行感觉。感觉到"灵魂的一些感动或感受"（*affectus...sive animi pathemata*）在感觉，意味着"用一些混合的思维"进行思维，而"灵魂并不是单独从其自身而是从那种在身体之中与身体紧密相连的东西处得到这些混合的思维的，它们就是灵魂感受到的某些东西"[2]。灵魂的各种感受首先指所有感受性形式的总体，当且仅当在以下范围内

（接上页）'身体性的/物体性的'只视为具有身体/物体本性的东西，那么这种重量也并不比人类精神更加是身体性的/物体性的。"（AT V, 223, 7-13）

[1] 笛卡尔 1646 年 11 月 1 日致查努（Chanut）的信，AT IV, 538, 9-11。

[2]《哲学原理》，IV, §190, 拉丁文 AT VIII-1, 317, 23-27 = 法文 AT IX-2, 312。参见："这一合理性的爱通常伴随着人们可以称之为肉欲的或感觉的其他的爱，而且，正如我曾经在《哲学原理》法文版 461 页简短谈过全部感受、欲望和感觉一样，这其他的爱不是别的而就是一个混杂的思维，这种混杂的思维通过神经的某个运动在灵魂中被激起。"（笛卡尔 1647 年 2 月 1 日 致查努的信，AT IV, 602, 22 – 603, 1）克莱尔色列版本法兰西研究院所出的《书信集》（éd. C. Clerselier, Paris, 1666, éd. J.-R. Armogathe et G. Belgioioso, Lecce, 2005, t. I, p. 108）的样本就明确回到了《哲学原理》，IV,§§189-190。

即灵魂在"吾身"之中具有身体且因而第一次成为有感受性能力的，因此成为有能力依据感觉样态进行思考的，感受性才突然来到灵魂。"自我"只有从简单的区分（在此身体保持为一种可思的广延）过渡到合一（在此"吾身"成为了**准备** [*disposée*] 允许感受性之思、接受之思的一种广延）才能有效地展开它的思维样态（*modus cogitandi*）。"在思的东西"只有通过在"吾身"中具有肉才能授予它最终的思维样态，即最后作为感受之思的感觉。因而，合一（在第六沉思中）比（在第一到第五个沉思中的）区分所允许的限度更完整地展开了"在思的东西"的各种可能性。由此出现了它的优先于另外两个原初概念的首要性。

可是存在着一个可能的反对意见：如果通过"吾身"突然来临的混合思维（la pensée confuse）不顾自我地（*abque ullo meo consensus*/ 却没有得到我一方任何同意, AT VII, 75, 10-11）使我进行思考，因此，如果"我感觉到一个而非另一个，这并不在我的能力之内"[1]，那么，人们当然十分理解灵魂的第一个感受性感动就是疼痛："我们同样应该得出结论，某个身体比世间上所有其他物体更为紧密地与我们的灵魂结合在一起，因为我们清楚地觉察到，疼痛（*dolores*, douleur）和其他多种感

---

[1]《哲学原理》, II, §1, 拉丁文 AT VIII-1, 40, 11-12 = 法文 AT IX-2, 63。

觉在我们没有预见的情况下突然来到我们这里"[1]。因此,合一应该通过疼痛相对于任何其他感动的首要性而使得它的第一个原初概念的优先性显示出来。然而,笛卡尔完全与之相反地提出"第一个感受是喜悦(joie)"。我们必须在喜悦和疼痛之间进行选择吗?[2]或许不用。首先因为,疼痛对立于快乐(plaisir),两者都是灵魂中与身体相关的感受,而喜悦对立于悲伤(tristesse),两者都属于灵魂中的感受,与灵魂相关:因此,这里并不涉及一种竞争性的或排他性的措辞。但是尤其是,喜悦完全就像疼痛那样,把它的优先性归于其与"吾身"绝对内在的关系。事实上,疼痛使我在以下情形中体验到合一,即我的肉由于它既无法摆脱也无法避免一种外在的广延性身体的抵制而被感动,或者说,因为它体验到一种生理的匮乏(饿和渴)以及通过体验更加**自身**体验,它更加内在地被它自身所感动;疼痛使得灵魂通过它的肉之感受性的中介而体验到自身。对于喜悦来说也是类似,它被定义为"灵魂的一种愉悦情绪,而灵魂对于善的享乐,大脑的各种印象将其表象为属于灵魂的享乐,就包括这种愉悦情绪"[3]。那么,喜悦为了值得"第一个感受"

---

[1]《哲学原理》,II, §2, 拉丁文 AT VIII-1, 41, 14-17 = 法文 AT IX-2, 64。
[2] 笛卡尔 1647 年 2 月 1 日致查努的信,AT IV, 604, 31。
[3]《论灵魂的感受》第 41 节,AT XI, 396, 5-6。

(«première passion»)（AT IV, 604, 31）的名号享受的是何种善呢？这并不涉及各种感受的逻辑演绎中（在此情形中惊奇是首位的）的一种优先性，而是涉及编年学中一种的优先性，这种优先性来自历史，不是"我的精神"的历史，而是"吾身"的历史，"自我"具有肉（la prise de chair）的历史："……灵魂是被放置到身体之中的，这是不可信的，除非当身体很好地被安排（bien disposé）时，而当身体这样'bien disposé'（很好地被安排/心情愉悦）时，这自然就向我们给出了喜悦。"[1] 换言之，合一并不是将思维与一般的广延连接起来，而是将其与一部分非常特殊的广延连接起来，这部分非常特殊的广延易于允许合一感受性地去思和被感动，换言之，"在自身之中拥有所有各种被要求去保持这一结合的安排"[2]。安排（disposition）意味着，身体应该给广延之中的简单位置（position）（总是在变化的形象，因为易于运动）添加一种组织（organisation），可是这一组织在空间中的各种量的变化至少一时（直到死亡）是不会禁止器官机能的；只有在这个条件即"*dis*-position（**去掉**-位置）"之下，"一般"物体成为"一个人的身体"，在这里就是"吾身"。因此，喜悦从第一次具有肉，或者更准确地

---

[1] 笛卡尔1647年2月1日致查努的信，AT IV, 604, 31-605, 4。
[2] 笛卡尔1645年2月9日致梅斯兰的信，AT IV, 166, 21-22。

说从这第一次具有肉的原初特征得到了它的优先性。因而，喜悦的原因通过向其他各种感受性保证"吾身"的最初感受性而使得其他各种感受性成为可能；特别是疼痛，它（在饿中）诞生于一种"食物缺乏"[1]的情形,预设了喜悦的原因即具有肉，因此悖论性地来自于更为原初的喜悦。因此，在对"吾身"以及允许"吾身"的合一的描述之中，疼痛的病症特权与喜悦的优先性之间并不存在矛盾。

第三个原初概念因此在根本意义上实实在在地显现为首要者——它是"在思的东西"的所有样态的第一个完成，是具有肉的编年史中全部感受中的第一个。

---

[1] 笛卡尔1647年2月1日致查努的信，AT IV, 605, 13。

论现象学在神学中的效用[*]

一

乍看之下,这种效用不存在。如果在此应当相信海德格尔的话——人们在这里必须认真对待这一点,因为他在1951年仍讲道,"……我来自神学,而且我仍对它保有一份旧爱"[1]——,那么人们就应当认为以下这点是始终不变的,即"……天主教的一种现象学概念甚至比新教的数学概念更加自相矛盾"。[2]最近的一些论争通过强调现象学依据其方法及其各种前提从其胡塞尔的源头开始就拒斥最轻微的"神学转向"[3],也以一种更为平凡的方式让这一提防广为人知。然

---

[*] 本文为马里翁 2017 年 11 月 13 日在中国人民大学所做的讲座,主持人为欧阳谦,现场口译为郑鸣,由陈辉翻译成文。——编者按
[1] 1951 年 11 月 6 日《苏黎世研讨班》(*Séminaire de Zürich*, 6 novembre 1951), dans *Seminare*, G.A., t.15, p.437。
[2] *Les problèmes fondamentaux de la phénoménologie*, G.A., t.24, p.28. 中译文见《现象学之基本问题》,丁耘译,上海:上海译文出版社,2008 年,第 24 页,译文稍有改动。
[3] 例如雅尼考 (D. Janicaud) 的《法国现象学的神学转向》(*Le tournant* [转下页]

而，就像运动通过行走证明自身一样，思想通过思来证明自身，而且大量现象学著作从此以后实际上已经确立，现象学不仅能适用于一些神学问题，而且在那里发现了一种于它**自己的**展开（son *propre* déploiement）而言是根本的兴趣。为了说服自己相信这一点，只需要考虑列维纳斯、利科、亨利和德里达最新出版的各种著作，这还只是限定在法语世界以及新近逝世的各位最伟大的人物，更不用提今天仍在从事这一强大传统的那些人物。由一些依仗现象学的思想家们对神学领域进行的这样一种重新探究，因为涉及所有的名称，无论是基督教徒还是犹太教徒，甚至是明确的无神论者，因而更加具有冲击力。这并不是神学家们发起的一种复兴，也不是意识形态理论家们（idéologues）通过一种哲学方法进行的转向，而是现象学本身自发的，甚至是不由自主的，因此也是更加有力的运动，现象学在一些对它而言全新的领域中展开，而这些新的领域却总是求助于神学，或者，如果人们更愿意说的话，总是求助于宗教哲学，甚至各种宗教科学。我们已试图提出一个在1993年就表述出来的原则问题，人们今天可以对一些术语加以修正：《形

[接上页] *théologique de la phénoménologie française*, Combas, 1991）和《光芒四射的现象学》（*La phénoménologie éclatée*, Combas, 1998）。亦可参见贝努瓦（J. Benoist）的《现象学的观念》（*L'idée de la phénoménologie*, Paris, 2001），该著作对我们的立场的讨论更为准确，而且论证更为缜密。

而上学与现象学：神学的一种接替？》。[1]我们此刻想要从事的正是这一修正，当然是概要式的修正。

应该从清点各种障碍开始，这些障碍在理论上（在此也就是说在理论实践中）看上去会危害各种现象学步骤在约定称之为神学的领域中的应用。在这一意义上约定的是，争论设定神学和哲学之间有一种清楚且稳固的区分，今天的哲学或许不再能够用相较于早期现代哲学时期同样多的保证来证明这种区分。人们可以指出三种障碍。

首先是方法论的无神论。胡塞尔1913年引入现象学还原的规范定义时对此有所要求："一个世界之外的'神圣'存在的实存……会超越于'绝对'意识。"[2]还原意味着对任何超越加括号，可以说既是对内世界对象（世界区域）的横向超越，同样也是对一个为世界实施奠基功能的上帝的纵向超越。海德格尔通过将还原的中心从**我**（*Je*）转向**此在**（*Dasein*），仍

---

[1] 首次发表于《教会专题文献简报》（*Bulletin de littérature écclésiastique*, XCIV/3, Toulouse, juillet 1993），后来与聚焦于同一问题的其他研究（尤其是第六章《充溢活动的平凡性》[«La banalité de la saturation»]，它回应了注释3中所引述的那些反对意见）一起重刊于《可见者与受到启示者》(*Le Visible et le Révélé*, Paris, 2005)。

[2] Husserl, *Idées directrices...I*, §58. 中译本见胡塞尔：《纯粹现象学通论》，李幼蒸译，北京：商务印书馆，1996年，第152—153页，相关译文稍有改动。

然忠实于这种加括号:"哲学研究是并且仍是一种无神论。"[1]这另一个文本证实为这样,但还是有些细微差别:"基础存在论的出发点自身引导着一种个人主义的极端无神论的**外貌**(*l'apparence*)。"[2] 超越论的或实存性的还原(在某种意义上仍是准-超越论的)意味着对一切外在于意识的东西加括号,对任何超越性,因此包括上帝的超越性加括号。无神论因保持为方法论的(并没有自身贬低为独断论的无神论),在这里就**愈加地**(而不是愈少地)得以彻底化。上帝并不简单地隶属于现象学范围,因为他逃避现象性。

第二个障碍在于衍生性的特征,在某种成问题的意义上,就是通达世界本身的障碍。要么(对胡塞尔来说)世界是一种夺回(une reconquête)——夺回其实存本身,反对来自康德遗产的现象主义(phénoménisme)——的对象;但是一种唯我论的危险总是在场,哪怕是在意向相关项本身的模糊性之中。要么(与

---

[1] 海德格尔:《时间概念史导论》,第 109 页以下。(« Philosophische Forschung ist und bleibt Atheismus », *Prolégomènes à l'histoire du concept de temps*, §8, G.A. 20)

[2] 海德格尔:《以莱布尼兹为起点的逻辑学的形而上学的开端的根据》,第 177 页。(«...den *Schein* eines extrem individualistischen, radikalen Atheismus», *Metaphysische Anfangsgründe der Logik im Ausgang von Leibniz*, §10, G.A. 26, V. Klostermann, Frankfurt, 1978)。参见《无需存在的上帝》,第 102 页以下(*Dieu sans l'être*, III, §2, Paris, 1982)。

海德格尔一起),"在世之在"(«être-au-monde»)足以终结对一种"哲学丑闻"——缺乏对各种物质事物的实存的令人信服的论证——的康德式的(以及胡塞尔式的)反对;但是,这个世界不再应该被定义为持存的(现成在手的),因为它只作为有用的(常用的,作为器具,作为上手的)在"在世之在"中被遇到,而不能充当一种存在论的基础,更不用说充当**存在问题**(*Seinsfrage*)之重新开启——独独保留给**此在**的特权——的基础。在这种语境之下,现实世界的神学的存在论起点就变得极具争议。

还有第三种障碍:对于形而上学意义上的主体之后来临的东西的定义。超越论还原(réduction transcendantale)要求一个超越论的**我**自身来实施它吗?这样一个**我**从神学的视角来看能够保持什么样的合法性呢?它能够祈祷或赞颂吗?它是否也允许公正地对待随便哪个他人,一个**你**或者**他**(甚至**我们**),这一他人既不能被归结为一种(人类的、经验性的、衍生性的)对象,也不能被归结为这个(超越论的)**我**的一个抽象复制品?[1] 现象学还原看起来强加在其头上的超越论的**我**在此将唯我论的威胁推向主体间性的方向;甚至通过类比和统

---

[1] 胡塞尔:《笛卡尔式的沉思》,第146页(*Méditations Cartésiennes*, §53, Hua.I, La Haye, 1963)。参见海德格尔:《存在与时间》,第124页(*Etre et Temps*, §26, Tübingen, 1927¹, 1963¹⁰)。

现（l'apprésentation），或者通过**常人**（le *On /das Man*）**和共在**（*Mitsein*）的各种变体来重构他人的一种现象性，也只会强化其衍生性特征。实际上，这一困难返回到了**我**的地位：人们难道不应当根据一种非超越论的模式来构想**我**吗？但是人们可以这样做吗？人们在何种条件下可以这样做呢？

超越性（上帝、世界和他人）的这三种围篱，看起来封闭了基督教神学领域的三大原初维度，全部来自于还原，而还原只能赋予超越论的自我性以特权。因此，问题在三种不同的形象之下变得独一无二：还原难道没有在原则上禁止现象学通向神学所要求的领域——从自身出发进行启示的上帝，以上帝所写的"自然之书"名义作为被造的世界，以及**我**与各种**另一个自我**（les *alter ego*）在一起的世界的原初共同体——的通道吗？因此，神学在不失去自身的情况下看起来绝不能以各种现象学前提来替代它的各种或然的哲学前提。这样一来，现象学甚至在其方法性的"无神论"之中也向神学提出了关于各种哲学前提的一般问题。但是，关于方法的这第二个探究会更加基本地来质疑现象学而非神学。

二

现象学不能一劳永逸地被定义。它以一些新的成果为特征，这些成果随着它的发展在它之中累积起来。现象学从其各种起源开始就发展成为一种比其自身超前且因而同样比它的各种**先天原则**超前的哲学，在这种哲学中，之后来临的东西总是决定首先来临的东西。它的方法对于起源或者不如说对于原初之物来说反向地和**后天地**发挥作用，开端与原初之物相比看起来总是滞后。因此，让我们从其各种超前出发来对现象学进行考察，而开端仍只是在勾勒和预感这些超前。

第一个超前涉及显现（l'apparaître）的权利，或者更准确地说，涉及就像保证现象性的权利的那种东西之显现。"**对于一切原则之原则：即每一原初给予的直观都是一种理所当然的认识源泉，一切在'直观'之中**（同样可说是在一种肉体的效力 [une effectivité charnelle] 之中）**原初地向我们呈现的东西，应该仅仅像它自身给出**（se donne）**那样才被接受**（se recevoir），**而且同样只有在它自身给出的各种界限内才能被接受**，在这一点上，任何诡辩理论都不能引我们犯错。"[1] 显象（l'apparence）对于显现来说有价值，因为**作为这样的显象**已经呈现出一种显现性存在："有多少显象，就有多少存在。"

---

[1] Husserl, *Idées directrices*...I, §24, Hua.III, éd. W. Biemel, La Haye, 1950, p.52. 中译文见胡塞尔：《纯粹现象学通论》，李幼蒸译，北京：商务印书馆，1996年，第84页，译文有改动。

(« Autant d'apparence, autant d'être » ; *Soviel Schein, soviel Sein*)[1]随之而来的是，显现者不再作为一种纯粹显象（哪怕是否定性地）涉及存在；实际上，**显现者作为显象已经显现且因而享有任何现象性的权利**。在什么意义上呢？在以下意义上，即任何显现者，不管以何种方式且在何种程度上实施显象，都已经呈现出来，而且通过呈现来自身显示（se montre）。海德格尔承认现象为"……自身显示者，进行**自身-显示者**（le Se-montrant），明显者（le manifeste）（*das, was sich zeigt, das Sichzeigende, das Offenbare*）……**在他自身之中自身显示者**（le se-montrant-en-lui-même, *das Sich-an-ihm-selbst-zeigende*），明显者"。结果是，"因此，现象学意味着：*apophainestai to phainomenon*：让自身显示者从它本身出发自身显示，就像它从本身出发自身给出那样"[2]。现象就像它重新成为的事物本身那样，正是在自身之中自身显示的，以反对现象和物自身之间

---

[1] 胡塞尔：《笛卡尔式的沉思》，第133页（*Méditations Cartésiennes*, §46, Hua.I）。该表述援引自Herbart的《形而上学要点》（*Hauptpunkte der Metaphysik*, Göttingen, 1806），载于《全集》第187页（*Sämtliche Werke*, Langensaltza, 1887¹, Frankfurt, 1968²），而且海德格尔在《存在与时间》第36页中保留了它（*Etre et Temps*, §7, *op.cit.*, p.36）。

[2] Heidegger, *Etre et Temps*, §7, *op.cit.*, p.28 et 36. 中译文见海德格尔：《存在与时间》，陈嘉映、王庆节译，北京：生活·读书·新知三联书店，2006年，第34、41页，译文稍有不同。

的康德式分隔。"在自身之中"（L'en-soi）主动地在其本身之中且从其本身出发自身显明（se minifeste）。但是，为了完成这种翻转，应该有比现象的自身显示更多的东西：胡塞尔明确指出，自身显示者只有在其**自身给出**（se donne）的确切范围内才从其本身出发自身显示。只有当自身显示者同样且首先**自身给出**时，**亲身地**（en personne）自身显示才是可能的。由此出现了新的原则："有多少还原，就有多少给予。"（«Autant de réduction, autant de donation»）被理解为投身于且沉湎于被给出者（donné）的运动和以被给出者的名义进行投身和沉湎运动的给予（donation）界定了显现的现象学合法性。被给出者只有通过自身显示才亲身显现，它**本身**（lui-même）自身显示，这就是说，它**自身给出**。

因此，还原最终并不通向体验（l'*Erlebnis*）的主体性（subjectivité），而是相反，意识的体验只有就它构成给予（现象在其中亲身开始）而言才在现象性中拥有权威。不仅为了被构成为一个对象或一个存在者，而是为了作为被给出者而被看到。一切自身显示者都自身给出，即使一切自身给出者并不自身显示。

这第一个超前引出另外两个后果。——首先是一个存在论的后果，或者更准确地说是一个元存在论的（*mé-ontologique*）后果：如果还原是为了被给出者并且根据自身显示者的给予性标准（critère de la donation）而完成的，那么就没有任何强制理由把现象学的事业（还原）直接与存在或存在论问题联系在一起。除非考虑到，存在的或存在论的坚决要求作为其中的一个回答且作为自身给予本身的其中一个名字，这是能够设想的，但并不是不可避免的。没有必要担心形而上学意义上的存在论在此变得无法实行。尤其是，没有任何理由冒着产生偶像崇拜的（idolâtrique）形象（海德格尔的一部分思想引出这种形象）的危险而使**上帝问题**（Gottesfrage）屈从于**存在问题**（Seinsfrage）。上帝的自身显明（l'auto-manifestation）自身给出，因为一切显明都是依据自身之中的给予性尺度，因此尤其依据上帝的给予性尺度，在形式上得到衡量；而且因为，由于上帝在"上帝是爱"（《若望一书》4∶8）的根本的和不可超越的意义上真正地自身给出为赠予（don），上帝就更加自身给出。因此，他的显明（他的自身启示）应该就像它自身宣告和自身给出一样被理解和接受，在任何其他的规定性和视域，甚至是存在性（l'étantité）和对象性（l'objectité）的规定性和视域之前，首先作为赠予和爱。如果"天主比我的心大"（《若望一书》3∶20），那么它**更不用说**比我的理智的最大概念，即这一**存在概念**（conceptus entis）更加广大了。这样一来，现象学不能不将**上帝问题**从**存在问题**的各种限制中解放出来。

由此出现了第二个后果，它由此推断出拒绝将任何现象与对象视为同一而特别化了第一个后果。如果现象在其自身给出的范围内自身显示，那么，与由于它作为一个对象而永久持存相比，由于它作为一个事件（événement）而突然来临，它无限多地显现。相反，对象身份成为耗尽了任何事件性（événementialité）的一种现象性的极端、稀有和暂时的案例，这是一种实验室假设和一种思想经验，它总是已经被这种经验和这种思想的事件性本身所夺回。因此，在当前出色的现象学范围内，应当以一方面的作为对象的各种现象与另一方面的各种事件之间的区分来取代作为现象的各种对象与作为本体的各种对象之间的区分（由康德所提出，尤其被分析哲学的新康德主义的每一种遗产重拾）。[1]从这里可以得出对可能者（le possible）和不可能者（l'impossible）的各种模态的一种彻底非形而上学的重新定义。人们实际上可以用两种对立的方式来理解它们。要么可能者从本质出发预先被思，而从概念出发预先被决定的这个本质本身与矛盾律相一致且处于单纯期待由充足理由律（*existentia, complementum possibilitatis*/**实存，可能性的补充**）所保证的效力性之中。要么被理解为出乎意料者的可能者，并不通过表象预见可能本质（甚至与之相反），而

---

[1] 参见我在《否定的确定性》的第五章第27节中的分析（*Certitudes Négatives*, c.V, §27, Paris, 2010）。

被期待为一种从自身给出的自身（soi）出发而突然来临的事件。这种根本的转向为一些或然的现象带来了新的曙光，这些或然的现象从**先天**形而上学的各种禁令中被解放出来，自此之后将显现为在一种新的意义之上的各种可能事件，也就是说，显现为在一般经验性思维的各种公设的意义之上的各种不可能对象。

三

对于现象学的各种原初术语所做的这些深入修改，至少产生两种新的运作：充溢现象（phénomène saturé）和沉醉者（l'adonné）。

在其经典意义上的现象（在形式上为康德和胡塞尔所共有），通过它之中（充实的）直观和意向（含义或概念）的二元性而被定义。当直观（哪怕是部分地但却是充分地）充实概念时，它使概念有效，反过来，这个概念在一种对象显现之中把不同者的显象视为同一。如果作为例外，直观无剩余地、相即地充实概念（或者含义），简言之，如果直观与有意向的概念相等，那么人们将谈论明见性（évidence）：在这种情况下，有效性达到了完全确证的水平，而且明见性这一真理的主观性背面就得到了实现。但是康德和胡塞尔都未设想第三种安排：

实际上有可能的是，直观相对于意义来说不但是匮乏的或相等的，而且它**超出**（*surpasse*）意义。超出在此意味着，直观与概念或者含义（被认为综合、构成直观且使直观成为可设想的）不成比例地涌现。简言之，各种直观能够（有时且可能比我们所认为的更为经常地）不让自身被一个概念或一种意义依其尺度所综合或构成。在这种情况下，直观超出了被认为把其含义固定在直观之中的概念或各种概念的范围，而且不再显现为一个对象。那么这涉及一种充溢现象，在这种充溢现象中，直观充溢了意义或概念能够包括的东西。但是，它不显现为一个对象这一事实，并不禁止充溢现象根据另一种模式显现以及向一个**我**（*Je*）显现，而这个**我**同时必须转向不同于超越论的**我**的模式的另一种模式。这样一来，作为沉醉者的**我**回应了充溢现象。充溢现象颠倒了作为对象的现象的范畴规定性且因而使其变得完整。

让我们通过颠倒康德所确定的现象性的各种范畴的阿莉阿尼之线来明确指出充溢现象的各种特征。根据量（*quantité*）：有一些充溢现象并不依据直观的诸公理（每一现象都拥有一个能够从其各部分总和出发而被预见的量）是可预见的，而是不可预见的，因为它们超出了它们各部分的总和。这就是被称之为**事件**的东西，**事件**在没有事先已知原因的情况下，在任何预见都不能事先使其被看见，甚至也不能事先使其总体性地被设想的情况下涌现出来，而且，事件通过运用与各种最初原因同样不可预见的各种其他原因超出各种结果而不停地伸展出去。

根据质（qualité）：有一些充溢现象并不根据知觉的各种预期（每一现象都拥有一个质，这个质赋予它一个度，现象的实在性根据这一度被测定）而被忍受，而是根据质来说是不可承受的，因为它们超越了一种有限的感性能够忍受的强烈程度。这就是被称之为**偶像**（*l'idole*）的东西，**偶像**将这样一种程度的直观强加给注视（regard），以至于直观填满注视到这样一种地步，即这一注视再也不能用对象来组织直观，而且不再把直观体验为一个对象景观，而是体验为一种主体状态（主体忍受着最终再也不能对之进行综合的东西），简言之，体验为这一注视本身的不可见的镜子。

根据关系（relation）：有一些充溢现象并不根据经验的各种类比（如果任何现象对象没有通过概念与另一个现象对象相连，就像偶性与实体、结果与其原因、实体与另一个实体相连那样，那么它就不能显现）而与另一现象相连，而是于任何关系而言都是绝对的，因为它们只在关涉它们自身的情况下突然来临。这就是尤其被命名为**我的肉**（*ma chair*）的东西，**我的肉**仅仅对于其自身而言是相对的，而且**我的肉**在能够让自身随后被其他东西感动（affecter）之前（并且为了能够让自身随后被其他东西感动），首先独自通过自身进行自身感动

(s'effecte)。

最后，根据模态（modalité）：有一些充溢现象并不根据一般经验性思维的各种公设（如果任何现象与各种条件[要么对于可能性而言是形式的，要么对于效力性而言是物质的，要么对于经验的必然性而言是普遍的]没有关系，它就不能自身综合为一个对象）在原则上与**我**的注视有关系，而是摆脱了超越论注视的各种要求，它们是有限的现象学领域之内一些不可注视的且不可构造成对象的现象。这就是在他人的**面容**（visage）或圣像（l'icône）之中特别被看到的东西，这种**面容**或圣像面对着我、注视着我，却不让自身被面对（envisager）。

在所有这些情况中，人们将要问的是，对于对象化的各种**先天**条件的不可还原的抵制，难道不是只在禁止现象性吗？这是形而上学（康德）甚至第一现象学（1913年的胡塞尔）所设定的东西。这是自列维纳斯以来的整个现象学在事实上和权利上已逐渐质疑的东西。因为仍然有另一种假设：即使既不屈从于综合也不屈从于构造，即使不需要通过形式的或质料的**先天原则**这一卡夫丁轭形门，各种现象仍能真正地显现。承认一些不受其所谓的可能性条件束缚的现象，并不意味着它们的显现的不可能性，而是仅仅意味着它们的显现与**我**的有限性的各种条件相反地展开，换句话说，**显示**（parence）或**意见**（doxa）因此以**悖－论**（para-doxe）或反向显示（contre-parence）的名义，与**我**的期待和能力相反地展开。悖论并不命名一种非显现（non-apparaître），而是命名一种违反显现的各种有限条件的显现，也就是说一种反向经验（contre-expérience）。反向经验并不意味着悬搁显现，而是意味着一种现象性，这种现象性被显现的事物本身规定，而不再被我们的注视的接受性尺度规定，它对于我们的注视来说只能反向地显现。反向经验意味着，事物本身**以及**显现的过度于显现的接受者之上所强加的各种扰动同时显现。在这种无各种条件的条件之下，著名的但通常却未被理解的"回到各种事物本身！"得到了实现：因为，我们只有通过承认各种事物的"在自身之中"（en-soi）才能回到它们，也就是说，它们的显现不会根据我们的**先天原则**而让自身屈从于对象化的各种条件。这样一来，现象学还原实现直到结束：被给出者应该让自身被接受，就像它自身给出一样，恰好就像在一种充溢性直观（une intuition saturante）的情况之中，在没有其他局限而只有对象的溢出这一局限（limite）*之下被给出一样。

反向经验意味着重新提出问题来进行讨论，因此意味着把

---

*　马里翁先生在后来所回的信件中解释道，"在关于直观（本身因此是充溢性的）的充溢现象的情形之中，由其界限（局限于其概念）所界定的对象因而是溢出的，其概念就被超出了"。——编者按

我(也是首要者)放回到被还原至被给出者的还原之中。如何思考一个符合于被给出者的各种要求、因此有时面对着充溢现象的**我**呢?根据被给出者的各种要求,将**我**不再看作依据对象或通过构造而进行理解的那位,而是看作在没有把**先天原则**固定在**我**地方的情况下接受**我**的那位。除非**我**特别作为**先天原则**自身非此不可,否则的话,不把**先天原则**固定在**我**地方意味着什么呢?因此,应该把**我**(也是首要者而且就是首要者)思考**为被给出的**(*comme donné*),思考为首要的被给出者。首要的被给出者也就是说:那一位,他在接受被给出者的同时并不先于被给出者,并不等待已经在其拒绝参与的给予性的角落处埋伏的被给出者。* 只有一个一上来就已经被包含在给予性之中的**我**才能忠实地展露给可能的充溢现象,展露给可能的直观过度,展露给可能的反向经验。因此,这样的一个**我**不再应该通过处于给予性之外而接受被给出者,而是应该在接受进行自身显示的被给出者的同时而且因为接受进行自身显示的被给出者而**自身接受**(*se recevoir lui-même*)——自身接受,就像比自身给出者且因而或许是委身于被给出者的那位一样(甚至更多地)

---

* 马里翁先生在后来所回的信件中解释道,"首要的被给出者并不先于给予性(作为一个容器已经在此),但是开创了给予(性)且已经被包含于其中"。——编者按

被给出。这样一个一上来就毫无保留地被给出的**自我**（*ego*），只会满足给予性的各种要求，他于是承认了这给予性的独一无二的**先天原则**。这样一个明显是**后天的自我**（*ego*）不再能够被设想为一个经验性的**自我**（*moi*）（这一经验性的**自我**只有通过对立于超越论的**我**才具有意义）。应该把**自我**（*ego*）命名为一个沉醉者**自我**（un *ego* adonné）——只有就他接受一个被给出者而言，只有在他接受一个被给出者时且只有他常常接受一个被给出者（哪怕这一被给出者与他的期待和他的接受能力不成比例），他才会向他自身涌现（不是重回自身，不是重新具有意识——包括自身意识）的那一位。沉醉者只有与被给出者一起才诞生，他通过接受被给出者而为被给出者所接受。

如果现象学的当前时刻使得现象学通向这两个结果，那么，充溢现象和沉醉者（而且有可能的是，我们的专业词汇分类法并不像轶事趣闻般地局限在其他各种倾向之间的一种"倾向"，而是，它带着各种所需的中介和解释，公平地对待其他多种专业词汇分类法，后者在一种根本的意义上与我们的专业词汇分类是**一回事** [reviennent...*au même*]），它们会产生哪些后果呢？这里并不是为现象学哲学勾勒这些后果的地方，尽管它们在我们的眼皮底下已经开始展开。然而，这里却是为基督教神学考察这些结果的各种后果（至少是各种可能后果）的地方。

四

神学恰好因为它必须遵循完全是事件（召唤着神学）所固有的（而正好不是对象所固有的）各种要求，不停地依靠一些概念，依靠每一个时代的一些概念，却总是为了修正和更正它们以便回应所关涉的问题。然而，这关涉一种启示，关涉上帝在耶稣基督之中的自身启示。在这些语言和概念中，人们能够赋予存在概念（依据**形而上学**或**存在问题**进行理解）以特权，连同其各种衍生概念，解释学概念、辩证法概念、修辞学概念，等等。然而，有必要考察一下上帝启示的一个原初特征：依据《圣经》，上帝启示将自身呈现为一种显明之事，因此就是现象性之事："光在黑暗中照耀（phanei/apparaît/ 显现），黑暗绝不能胜过光。"（《若望福音》1∶5）光相对于它通过对照所指出的晦暗而显现为"……在暗中发光的灯"（《伯多禄后书》1∶19），以至于它随着其显明恢复使晦暗消失："黑暗正在消逝，真光已在照耀/显现。"（《若望一书》2∶8）上帝启示的这一根本性现象特征，就产生了两个不可避免且直接相关的后果。

第一个基本点在于由上帝的显明所引发的危机：上帝的可见性使得一切在这种显明中并不显现的东西的不可见性显见。实际上，光只有通过对照于以下这种东西才能显露（paraître），即光使它显露为恰好并不显现；光使得黑暗的非显象（l'inapparence）显露，因为黑暗使得光显现。基督的启示作为它自身的标示，同样被视为它所拒斥的东西的标示，或者更确切地说，被视为拒斥它的那种东西的标示。人间一点也看不到显现者和不显现者之间的这样一种区分，因为这两个端点并未彼此相互看到。或者更准确地说，人间并未看到仅仅向上帝显现的东西，而上帝在人间却看到了显现者和隐藏者。因而，当各位假善人打算在众人面前祈祷时，"各位假善人向众人显现（*phainôsin*）"，而"你父在悄悄地看"，他在看真正的祈祷者，后者并不向"在外面的众人"显现（《玛窦福音》6：4-5）。的确，"……这生命已显示出来（*ephanerôthê*），我们看见了，我们见证到，而且把曾在圣父身旁且已向我们显示的永恒生命，传报给你们"（《若望一书》1：2），但是"……我们将来所是，仍然不是明显的（*oupô ephanerôthê*）"（同上书，3：2；参见《哥罗森书》3：4）上帝的自身启示于其中自身显明的光，把全部的可见者都置入危机之中，因为上帝的可见性通过其不可避免的**过度**相比而言使得一切其他可见性都陷入晦暗，直至这种地步：通过对照变得晦暗的这一光，意愿它自己作为一种自愿的暗淡（un obscurcissement volontaire）——就像这种东西，它不但意愿抗拒光，而且意愿"吞没光和遮蔽（*katalambanein*）光"（《若望福音》1：5）——而发挥作用。

因而另一个基本点非此不可：上帝的显明不能不引发的各

种现象性之间的这种冲突,在基督的整个生命的详细情况之中,在拿撒勒(Nazareth)的耶稣的显明(**作为**基督)之中,得到证实和得以完成。基督的显明作为一种现象的显明得以完成,这是一种不可对象化、不可构造、对于看到它的人们来说又是不可还原的现象,它极端地具有充溢现象的各种特征。[1] 基督被人接受为无可比拟的和毫无先例的现象,因为"……在以色列从未出现过(*ephanê*)相似的事情"(《玛窦福音》9:33)这涉及一种"……闪电(éclair),从东方发出,直照到(*phainetai*/自身显明到)西方"(《玛窦福音》24:27);然而,闪电并不指一种闪光(lueur),后者构成一个对象或一个存在者(从另一方面说在其晦暗的基质中持存)的偶然属性;闪电仅仅在于其显明;并不是因为它缺乏一种基质,而是因为它的事件特征显得如此完美,以至于在它之中没有什么东西是不被显明的,以至于如果它由什么组成的话,它只能由这种完全进入了其显现之中(完全发生在其显现之中)的事件所组成。基督作为闪电的纯粹光辉(éclat)给这一场所指定的现象,像一道闪电擦过夜晚那样制造光,又像这样地使光消失。有关耶稣的问题——

---

[1] 另外,我们已经勾勒了一条通向不仅作为现象而且作为充溢现象的基督的路径。参见《既给予》第 24 节(*Etant donné. Esquisse d'une phénoménologie de la donation*, §24, Paris, 1997¹, 2005³)。

在此必须要承认基督这个圣父之子吗？——依据显明，换言之，依据现象性完全获得解决：应当承认什么为一种理所当然的显现呢，应当拒绝什么为没有显现权利的显象（欺诈、幻象、"亵渎"）呢？最终决断的信仰决定属于对各种逃避于我们完全构造的充溢现象的接受（或拒绝），因为在这些充溢现象中，（荣耀、显明，等等的）直观的过度无可比拟地超出我们的各种概念（我们的各种言语、我们的各种思想，等等）在此所能确认的东西。[1] 每一个人最后都重新回到伯多禄（Pierre）——他是耶稣变容（Transfiguration）的见证者，并且他"……不知道他所说的"（《路加福音》9：33）——的境况之中，或者处在厄玛乌的旅行者——他们看到却不理解，"信得太迟钝了"（《路

---

[1] 这个问题不是现象学的，因为看到耶稣将是困难的，更因为将他看**作为**圣父之子是极度困难的：为了宣称"这人真是天主子"（《马尔谷福音》15：39），需要"看见地震"（《玛窦福音》27：54），"看见所发生的事"（《路加福音》23：47），也就是说，按照《匝加利亚》12：10中的预言——"他们要瞻望他们所刺透的那一位"（正如在《若望福音》19：38中那样）——看到十字架（la Croix）的事件；换句话说，从上帝本身看耶稣的视角出发，把现象视为就如现象自身给出。只有这种布置（从其自身之中的视角出发，而不是如同我们将其构造为众对象之中一个对象那样，把现象视为就如现象自身给出）才允许通过观看基督而看到圣父，或者说（这是同一意思），允许把耶稣看**作为**基督（《若望福音》8：9；14：9；16：3）。但是，为了进入现象学的翻转和解释学的循环（它们使得人们说，因此使得人们首先**看到**"你是基督，永生天主之子"），需要圣父自身向说出这一点的那人（就是向伯多禄）给出这一点（《玛窦福音》16：13-17）。

加福音》24：25）——的境况之中。[1]依据现象学的（以及奥古斯丁式的）术语来说，信仰在于相信一个我们无法定义的含义，一个我们无法瞄准的意向性，一个我们无法构想的概念，以便**从其本身**出发来理解一种其直观超出了我们的现象。

自此之后，耶稣的整个公共生活，也就是说他作为基督的整个显明，都依据显现以及现象性而运转起来。——因而，我们太快称作神迹的东西实际上就像在加纳所行的光辉行为一样，由一种显明所组成："这是耶稣所行的第一个神迹，是在加里肋亚加纳行的；他显明自己的光荣（*ephanerôsen tên doxan*），他的门徒们就信从了他。"（《若望福音》2：11）——因而，基督在其中"使自身被看见（*ôphthê*）"（《玛窦福音》17：3=《马尔谷福音》9：4 和《路加福音》9：30）的耶稣变容，预支了复活，在复活中，他在同样的条件和境况中"使自身被看见"（《路加福音》24：34=《格林多前书》15：5）。这就是，首先**从他自身出发且由他发起**，不是作为一个由我们发起而自身显示的对象性现象，而是作为一个事件，这个事件在"他愿意"之时和"之地"（《若望福音》3：8）突然来临。

---

[1] 用充溢现象来读解这一故事，这一点参见："他们认出他本身来，然而他对于他们来说是不可见的"，《为信而看》，第 195 页以下（*Le voir pour le Croire. Réflexions sur la rationalité de la Révélation et l'irrationalité de quelques croyants*, Paris, 2010）。

然后，依据一种充溢性直观——它超出了我们的经验模式在这个世界中所允许的东西："他的面孔形式（eidos）变成了另一个"（《路加福音》9∶29），他"……在他们前变了容貌"（《马尔谷福音》9∶2），达到这样一种程度，即他的衣服"过度的（lian）洁白"超出了以下情况："……**这一世上**（epi tês gês）任何漂白土都不能漂得那样白。"（《马尔谷福音》9∶3）耶稣通过穿上另一个世界的洁白，在这个世界上强加一种充溢性直观，自身显明为圣父的"爱子"。——因而，并且尤其是，复活强加了"另一个形式"（etera morphê）（《马尔谷福音》16∶12），以便基督向玛利亚玛达肋纳"自身显明"（《马尔谷福音》16∶9），就像他也向门徒"自身显明"（《若望福音》21∶14；参见21∶1）一样。在此，直观对任何概念的过度达到了顶点，因为一个死人的复活恰好定义了对我们来说不可构想的东西，换言之，以形而上学的术语来讲，就是不可能的东西：这就是概念所禁止的东西。但是，这种不可能性同样确切地表示了上帝的本性："在上帝前没有任何不可能的事（ouk adunatêsei para tou Theou pan rêma）。"（《路加福音》1∶37，援引自《创世记》18∶14）[1]

---

[1] 不仅对于犹太-基督教神学来说，而且对于经典形而上学以及对其的"诸多拆解"（«destructions»）来说，不可能者都是作为上帝本性的，（转下页）

一种基督学（christologie），如果这一术语能够有一个非同义反复的意义的话，它首先在于考虑《新约圣经》各文本给我们带来的耶稣的每一个显明的各种不同类型的现象。因而，在打算测量**各种箴言**（logia）和各个证言的真实性的程度之前，人们可以通过定位它们的各种现象性模式而开始，可以在此把各种对象性现象与各种充溢现象区分开来，而在这些充溢现象之中，区分出哪些属于事件、偶像、肉或圣像，哪些结合了这些充溢类型中的多种类型，哪些发动了所有类型，直观性充溢在每一情况中又是在哪些概念和意义之上发挥作用，等等。实际上，关于这个或那个**箴言**（logion）的相比较的真实性的讨论，关于这个或那个圣句的古老性的讨论，关于这个或那个文本圣传的可靠性的讨论，以及关于一个共同体或群体的这样或那样的证言的有效性的讨论，都预设了人们在每一情况中都已经知道，这种真实性、这种可靠性、这种古老性、这种有效性，

（接上页）关于这一点的讨论参见《否定的确定性》第二章（*Certitudes Négatives, op.cit.*, c.II）。很明显，与不可能者相关的复活者（le Ressuscité）的自由回溯性地阐明了与存在者（l'étant）和非存在者（le non-étant）之间的差异相关的上帝的自由（《罗马人书》4：17），后一种自由允许从无（rien）中创造某物，同样完全也允许召选不存在者来取代存在者的位置（《格林多前书》1：28）。上帝对存在者与非存在者之间的差异（différence）的不在乎（l'indifférence）源自于上帝对可能者与不可能者之间的区别的不在乎，这一区别只有对于人来说才是有价值的。

简言之，这种实在性本身，能够意指什么。然而，我们只能达到关于这样一种东西的对象性确定性（certitude objective），这种东西听凭或者甚至应该自身构成为一个对象；要求一个充溢现象（不管什么程度和类型）有这相同类型的**对象性**确定性，不会有任何意义，这一充溢现象肯定不仅不能且尤其不应该被构造成一个对象，而是作为一个事件突然来临，这一事件引发了其见证者且从自身出发构造了见证者。因此，见证者的信任适应于充溢现象，正好就像对象性（l'objectivité）适应于被构造成对象的现象一样。没有这些现象学的区分，解经工作甚至不知道，从《圣经》著述所带来的这些如此独特和如此例外的现象之中，期待什么类型和程度的确定性、真实性或历史性，变得可能以及甚至合法。而且，由于缺乏这些区分，解经工作甚至不再将知道它在文本的文字中确切地寻求的是哪种意义汇编。

五

因此，从基督事件的现象性（更准确地说，明见的现象特征）和基督作为上帝之子的显明的各种模式出发，要求对启示进行一种现象学考察就成为非此不可。但是，这种要求非此不可，也是因为上帝在耶稣基督之中的启示自身宣称为一件现象性的事情，非常确切地说，是一件现象化（phénoménalisation）的事情。启示不但因为自身显示而自身现象化，而且通过实现把所有事物置于可见性之中而自身显示。它只有通过现象化任何其他事物才能自身现象化。现象学作为一门哲学学科认识到"一切原则之原则"即任何显现者都必须被接受为理所当然的现象，同样，神学家也应当承认，启示在它自己的光辉中阐明所有事物，因此也引起阐明那个在它之前隐藏在晦暗或退隐之中的东西。启示展开了人们可以称之为显现原则的东西，根据这一原则，当启示之光自身显示时，一切能够显现者，因此甚至不愿显现者，对它来说都必须成为同样明显的。

此外，对观福音书（les Synoptiques）以几乎是一个原则的严格性表述了这一要求："没有任何将来不成为明显的遮掩之事（*ou gar estin krupton o ou phaneron genêsetai*），也没有任何隐秘的事（*apokrupton*），是将来不被知道的（*eis phaneron elthê*）。"（《玛窦福音》10：26）"因为没有任何不应该自身显明的隐藏之事（*ou gar eistin ti krupton ean me ina phanerôthê*）。没有任何隐藏之事，不是为彰明出来的。"（《马尔谷福音》4：22）"没有任何不成为明显的隐藏之事（*ou gar estin krupton o ou phaneron genêsetai*），也没有任何隐秘之事（*apokrupton*），是不应该被知道且彰明出来的。"（《路加福音》8：17）朝着所有事物而形成的光，依据古希腊的术语，被定义为真理，或者更准确地说，被定义为去蔽（découvrement/*a-lêtheia*），就是从被遮蔽的东西的遮蔽之中出来，也是从这种遮蔽本身的过程之中出来，以及最终从去蔽本身的来临之中出来。也许神学也需要来定义一种真理概念的等价物，而且需要用现象学术语来定义真理——然而是用一种被彻底修正的现象学的术语来加以定义。这仍会涉及作为去蔽的真理，但却是作为天启（*apocalypse*）、不变地作为"奥秘的天启"（*apokalupsis tês mustêriou*）（《罗马人书》16∶25）和"天主审判的天启"（*apokalupsis diakrisias tou theou*）（《罗马人书》2∶5）而被聆听和被接受的真理。上帝的审判使得在世界的中心之中自愿隐藏起来且变得暗淡的东西显明了。上帝的奥秘之显明显出了道（Verbe）由之实现"解经"（exégèse/*exêgêsato*）（《若望福音》1∶18）的东西，也就是其与圣父在圣灵（Esprit）之中的同在。根据这种解经学，即基督道化肉身为人并且他的整个人身就在于像他的圣父的意志那样起作用，我们知道，他通过"……从摩西及众先知开始"（《若望福音》24∶27）将各个《圣经》文本关联于他，也就是说，通过从上帝所给出的各种概念以及他于其中亲身自身给出的圣体分块的"神迹"出发解释其不可构想的复活（Résurrection）的充溢性直观，能够"解释/诠释"（*diêrmêneusen*）《圣经》文本。解经学和解释学的这种新颖的且在某种意义上仍有待完成的手法只有在一种将坚决考虑启示的现象性的天启之中才能运转起来。

美的现象*

一 问题

美（beauté）隶属于现象性（phénoménalité），长久以来这似乎都是不言而喻的。因为，无论在感性经验中美的载体和创造者能够是什么，它最终都会被看到、被听到、被触摸到，总之就是自身显明（se manifeste）。美不仅通过其诸种形式自身显明，而且特别自身显明，胜于日常生活当中的显现者（ce qui apparaît）。因此，美的事物应当被称作是一种现象。然而今天，我们不再能够把这一规律视作是显而易见的，也不再能够把美**如这般地**（*comme telle*）自身现象化这一事实、把我们能够直接且**如这般地**体验到一种"美的事物现象"（«phénomène du beau»）这一事实视作是毋庸置疑的。

造成这一状况转向的原因多种多样、层出不穷，但是人

---

* 本文为马里翁2017年11月17日在同济大学所做的演讲，主持人为陆兴华，由朱麟钦、陈洁琳翻译成文。——编者按

们有理由让它们回溯到黑格尔就艺术的本质本身所陈述的根本论题上去,而每一天看起来都给我们带来了有关这一论题的一种更具威胁性且更加明显的证实。事实上,如果人们把艺术定义为"……具体的**直观**(Anschauung)和作为理念的绝对精神**本身**的表象",也就是说,定义为理念(l'idéal)在可感者(le sensible)之中被看到,因此也定义为在对理性观念(根据康德的定义就是理念)这一对象本身的感性直观之中安置一种可体验到的事物(字面上说就是**实在化** [realization]),那么,在可感者与可智识者(l'intelligible)之间就必然发生一种间距,否则就是一种自相矛盾,至少是一种张力与"裂口"(Zerfallen)。[1] 诚然,艺术"……以感性的方式表象了最为崇高的东西",不过,因为如此且考虑到刚好与它的各种实现(黑格尔所说的三个阶段,古代艺术、基督教艺术和浪漫派艺术)相称,这种艺术本身表明"……当真理不再与可感者联合而且超出可感者到这样一种地步,即可感者既不再包括真理也不再表达真理时,存在着一种更加深刻的方式去理解真理"[2]。黑格尔使人相信有

---

[1] 黑格尔:《哲学科学百科全书》第556节(*Encyclopédie des sciences philosophiques*, §556)。(应该更多地来读中世纪早期作品吗?)
[2] 黑格尔:《美学》导论,法译文分别为第57、58、60页(*Esthétique, Introduction*, tr. fr., C. Berrard, revue et complétée par B. Timmermans & P. Zaccaria, Paris, "Le livre de poche", 1995, t.1.)。

"艺术的终结",正是因为他承认,他想要分配(他最终分配)给理念的感性直接性(l'immédiateté sensible),力求在理念的彼岸不通过感性的上演而最终通过概念的能力得到实现。理念最后并不通过观念(l'idée)进行显明。"艺术的终结"源于它的目标——显明理念、最终需要概念的那种东西以及处于其效力性之中的观念。"我们已经超越了奉艺术作品为神圣并对之崇拜爱慕的阶段……思考和反省已经超过了美的艺术……希腊艺术的辉煌时代以及中世纪晚期的黄金时代都已一去不复返了。"[1]换句话说,美的事物在可感者之中试图显明的东西,就像一种"美的[事物]现象"即理念,或者说就像精神的各种形象那样,只有通过概念才能够进入意识之中,因此,严格来说并没有进行现象化,在可感者之中既不应当(也不能够)进行图式化或是进行想象。可感者不会为理念提供最后的处所,因此在可感者与理念之间的差别本身应该在概念的统一性中消散,或者更加准确地说,应该在作为绝对意识的自身意识当中消散。人们如此经常且如此笨拙地质疑的这一黑格尔论题也是强烈的,可是它在现代的(或后现代的)艺术及其各种理论的历史中却不断地得到证实。

让我们来举一些例子,它们构成了很多与美的事物现象特

---

[1] 黑格尔:《美学》导论,法译本第59—60页。

性相反的,换言之,与一种"美的事物现象"的可能性甚至合法性相反的论据。阿瑟·丹托从安迪·沃霍尔的展览中能够得出的论据就是如此,展览于1964年4月在纽约斯泰布尔画廊(Stable Gallery)举行,其中展出了一个"布里洛盒子"(boîte Brillo,洗刷球盒子)的图像。[1] 如果说,前不久出现在超市货架上相同的可感载体,也就是在日常消费中根据市场需求无限增加的单纯技术对象,在其可感的现象性没有任何变化的情况下(因为沃霍尔所施行的相关系列同样暗示了它的潜在的无限增加),能够被安置、被设立并且被转换成艺术品的话,那么,它作为"艺术品"与它通俗又显然是非艺术性的第一次显现(apparition)之间的差别来自何处呢?在与整个**波普艺术**(*pop art*)[玛丽莲·梦露的人头像、金宝汤(soupe Campbell)罐头、凯洛格玉米片(Kellogg's)盒子等]的竞赛中重复出现的这一提问,明确实现了杜尚(Duchamp)的最早各种**现成品**(*ready made*)所引起的东西:如果说自行车轮子、凉瓶架和小便池,

---

[1] 阿瑟·丹托:《哲学对艺术的剥夺》法译本(*The philosophical Disfranchissment of Art*, Columbia U.P., New-York, 1986, tr. fr. C. Harry-Schaeffer, *L'assujetissement philosophique de l'art*, Paris, Seuil, 1993)。我们在这里引用了许多托马斯-弗吉尔(I. Thomas-Fogiel)的分析,它们非常准确地指出了所有这些论据的黑格尔的背景。参见《概念与场所》,尤其第8—9、273页(*Le concept et le lieu. Figures de la relation entre l'art et la philosophie*, Paris, Cerf, 2008)。

它们仅仅因为被翻转和重新被命名就突然明确变成了一些"艺术品",那么,它们的确不再应该把这一转变归功于它们的可感的现象性,相反,应该归功于这一可感者的资格或失去资格(disqualification)。使得这些东西成为"艺术品"的东西并不取决于它们之中的可感者,也不取决于我们之中的直观。那么它取决于什么呢?

显然它取决于知觉的另一面,取决于现象的另一个维度,取决于概念本身。毫无偶然的是,那个时代经常使用"概念艺术"(art conceptuel)这一奇怪的表述,"概念艺术"看来是一种矛盾形容语(oxymore)。因为,艺术或就像其向经验呈现那样的作品,确实应当在被阐释之前就被体验,应当在被他人理解之前就被展呈出来;事实上,作品通过在其纯粹又简单的显现之中一下子使人接受而获得了它所引发的魅惑的能力。如果事后有评论介入其中,那么它就会依赖这一魅惑的能力并且屈服于它,正像在制造之前所进行的整个准备工作都会隐没在实际有效的完工之中一样。但是,当作品转向"概念艺术"时,应该从人们理解它的某种方式出发得出结论说,概念不仅约束了直观本身,而且论说(论据、意向、过程以及根据一种学说甚至一种理论而表述它们的学识,等等)会超越评论以便要求创立作品的效果,而且赋予作品以**艺术**作品的资格。艺术在被体验之前就被理解,而且,如果它还是有时被体验到，那么，这只能与人们通过概念甚至通过一整套概念来理解艺术成比例，而这一整套概念并非源于艺术而是来自于别处，同时它攻击艺术。我们长久以来都很清楚，在依靠占主导地位的博物馆史而组织起来的展览当中，最重要的部分并不在作品当中（它们或又被称作装置、表演和工作，等等），而是在目录之中。而在这一目录中最重要的部分更多地在各种注解和评论中而非在肖像学档案资料中，对于该最重要部分的概念论证向无力又缺场的被展示物（比如沙堆、垃圾堆、一堆破烂衣物或者"艺术家的屎"*[merda d'ardista]）确保了一种假定的审美合法性。即便是最传统的各种绘画展览，也愈发不得不屈从于概念评论的桎梏，而概念评论却最终摆脱了各种作品本身及评论角色的束缚。简言之，"作品"变成了其评论的附庸，而且，在绘画、诗歌或音乐之中，明显者（le manifeste）有时不再引入任何作品，而是免除和取代作品。概念的膨胀弥补了直观的贫乏，后者以相反的比例演变。"概念艺术"遮蔽了概念中实在的（事物性的/chosique）可见者（le visible），而概念想要确保这一可见者独独成为"（艺术）作品"。如果人们能好好地谈一谈贫穷艺术（arte poverà）的话，那么应当立刻强调，这种可感的贫乏基于一种最大程度的概

---

* 《艺术家的屎》，意大利艺术家曼佐尼于1961年创作的作品。——译注

念性丰富，而且只有通过这种丰富才能持存。

如果说，造成一个工业包装罐头与一件艺术作品之间差异（区别）的东西，如前重复所述，只在于一种美学理论、一种理论的组织与一种概念论证的话，那么，对于作品的这一文本性神圣的审美认可（如果这个词还恰当的话）就取决于博物馆和制度的框架。对于框架的批判事实上将画布框定了起来，并没有使框架的疑问消失，反而转移且加固了这一疑问。自此以后，框架与博物馆，更确切地说，框架与"博物馆集中点"（pôle muséal）相重合。木质框架的消失引发且要求石质框架的过多增长。"什么是艺术"这一问题不仅被转换成另一个"艺术源于**何时**"（«*quand* est-ce de l'art»）的问题，[1] 而且被替换为"艺术发源**何处**"（«*où* est-ce de l'art ?»）的疑问。人们不应当指责艺术作品的这种制度性定义转入了一种解释学循环，因为，这一定义的作用正好就是去形成一种论说性的和概念性的解释学的场所，后者能够赋予艺术以资格，却不再求助于一件自身且通过自身是**漂亮的**（belle）作品。

---

[1] 古德曼（N. Goodman）:《构造世界的多种方式》法译本（*Ways of Worldmaking*, Indianapolis, Hackett, 1972, tr. fr. M. D. Popelard, *Manières de faire des mondes*, Nîmes, 1999, dont «Quand y-a-t-il de l'art?»）。这一主题被迪克（G. Dickie）所重拾和根本化，见《艺术与美学》（*Art and the Aestetic: An Institutional Analysis*, Ithica, Cornell U.P., 1974, corrigé et argumenté dans *The Art Circle*, New-York, Haven Publications, 1984）。

二 作为去美化（dis-*kali*-fication）的失去资格

这一情形并不取决于美学理论或艺术哲学中这样或那样的模式，即便这些模式足够见证它。它也不再总是导致例如萨特**在最后**所宣称的赤裸裸的无动于衷（la grossière indifférence）："我完全不在乎的事物之一，就是作为一部著作内在品质的美"[1]，尽管他对很多其他人也这样说过。就主要方面而言，这一情形实际上实现了黑格尔所宣告的或者不如说所观察到的"艺术的终结"。而海德格尔本人则以他自己的方式确认了这一点。因为，《艺术作品的起源》(*Die Ursprung des Kunstwerkes*)当中所强调的主题，即"艺术就是把真理置入到作品之中"(*das Ins-Werk-Setzen*)，[2]清楚地表明，赋予如这样的艺术品（作为作品）资格的东西并不属于美，而是属于真理。不过在此，就如海德格尔明确指出的那样，真理从（存在者的）存在出发甚

---

[1]《1974年8—9月让-保罗·萨特访谈》(*Entretiens avec Jean-Paul Sartre août-septembre 1974*)，在西蒙娜·德·波伏娃《告别仪式》第198页以下（*La cérémonie des adieux*, Paris, Gallimard, 1981）。还有，"我不再处于在世界之外创造或各种真或美的对象的情况之中，正如我在认识您之前所坚信的那样，而且我曾经就超越这一点了。我并不确切地知道我想要什么，但我知道它并不是一个美的对象"（同上书，第295页）。

[2] 海德格尔：《林中路》第65页，亦参第25、49、62页（*Holzwege*, G.A. 5）。可以参考我在《既给予》(*Etant donné. Essai d'une phénoménologie de la donation*, §4, Paris, 1996¹, 2013⁴)中的评注，第76—81页。

至已经从**本有**(Ereignis)出发被根本地思考，而成为"艺术品"在任何时刻都无法直接重回到像美一样的某种事物之中。赋予作品"艺术品"资格的东西，既无法发挥美的事物，也无法发挥美，而是，这种东西最多通过委托把它们的光辉——**像真理一样**(*comme vérité*)被置入作品之中的存在——授予它们。的确，"艺术品"完全像这样地自身显明，充满了现象性（由于一种比技术对象、使用物、产品效用等等的现象性更为完成的现象性），然而，这一现象性却把它的卓越性归功于它的存在性（*Seiendheit/ousia*/étantité）在它之中更为完成地展开，而它的美在其中既没有被包含进去，甚至也不是必需的。在此处如此好地描述的"艺术品"之中，现象很好地（bien）显现，但并不完全（pas *bel* et bien）显现，并不因为是美的（beau）*而显现。或者，换句话说，美的现象（le phénomène beau）既不使美显现，也不涉及美，因为美在存在域（l'horizon de l'être）中显现。

这样做，海德格尔完成了"形而上学的终结"像强加在任何理念形象（在康德和黑格尔意义上）之上一样已经强加在美

---

* "bel"是形容词"beau"（美的）的阴性形式，短语"bel et bien"是"完全、十足"的意思，马里翁先生把短语中的"bel"打上斜体，我们无法在汉译中体现出来，但后句"并不因为是美的而显现"足以说明这一斜体的"*bel*"的意思。——编者按

之上的东西，直至它的结束（在那里就是人们提过的"艺术的终结"的各种通俗形象）：这就是美的失去资格，而美作为一种价值，与善、良、统一性甚至存在（因此尤其是上帝）处在相同地位。因为，任何价值使它所评价的东西失去资格，正是因为任何价值使被评价的价值依赖于一种评价，因此依赖于一种强力意志（volonté de puissance）——这是评价还未触及的核心和宝藏——，唯有这种强力意志没有价值，因为它授予所有其他价值。我们每天全凭经验观察到"艺术的终结"，直接出自艺术的**形而上学**的基础。或然的"新开端"通过再一次把这一基础授予并非美本身的另一个东西而重复了这一基础。在现象不再能够从原则上显现为美的现象、显现为美本身的显明的这一时刻，对于美本身、对于**至美**（to kalon）的这种遮蔽，清楚地说，我们将命名为不仅是美的事物的现象性的失去资格，而且是艺术的去-**美**-化（la dis-*kali*-fication de l'art）——在这种情况下，艺术作品不再能够使得美展现光辉，它拒绝一切**爱美**（philocalie）。

三 无需概念

疑难总是隐匿的，但有时也会指明出路。在这里，疑难来自概念的力量施加在艺术作品之上的控制，而概念的力量导致"概念艺术"的矛盾形容语（或同义反复）。然而，没有哪个人像康德一样坚决主张，无需求助于概念就能决定审美判断所追求和对付的东西。这并不是因为在此缺乏概念，而是因为概念的缺席显示了概念的固有特征。"这就是为何这一鉴赏原型，它老实说基于最大值的理性所具有的未定理念之上，可是它不能通过各种概念被表象出来，而只通过一种个别的展示（*einzelne Darstellung*）更好地被命名为美的事物的理念。"[1] 美的事物以一种个别的方式展示出来（*darstellt*），因为它不能让自己被表象出来，不能让自身之中的直观被并入一种概念之中。美学观念绝不展示任何对象，不是因为任何直观既不对应其概念也不使其概念有效（就像理性的观念一样），恰恰相反，这是因为"……直观提供了大量可供思考的东西，可是却没有一种确定的思想，也就是说，却没有哪一种概念能够与其相即，随后也没有哪一种语言能够触及这一直观或者完全使它成为可智识的"[2]。这一"（想象性）直观"以这样的方式起作用："……

---

[1] 康德：《判断力批判》，法译本第 2 卷第 994 页（*Kritik der Urteilskraft*, §17, Ak.A., V, p. 232, tr. fr. "Pléiade", Paris, Gallimard, 1985, t. 2）。我们注意到，美的事物（"表现一个未定的知性概念"）与崇高（"表现这样一个理性概念"）之间的区别仍然处于**表现**（*Darstellung*）这个概念之中（同上书，法译本第 2 卷第 1010 页）。
[2] 同上书，法译本第 2 卷第 1097 页，译文有改动。

人们绝不能为一种直观找到一个与之相即的概念。"[1]艺术作品不仅不需要被还原为"概念艺术",而且它只有当概念缺席时才能显明。如果它意外地展开为一种现象(一种美的现象)——这并非是不言自明的东西,而且对于我们来说仍是一个开放的问题——,那么,只有通过**绝不**(*jamais*)把它归于一个概念,因此通过绝不将它视同一个对象甚至一个存在者,它才将是可思的和可能的。

毫无疑问,对美的判断(康德称之为"对美的事物的判断")不能只通过概念规范的缺席而得以定义。事实上,如果人们重拾判断的范畴表,人们还是应该注意到另外三种特征:根据质,美的事物无私地令人愉悦;根据关系,它令人愉悦却不表象一种目的;根据模态,它无需概念却与必然性有关;美的事物"……无需概念地普遍地令人愉悦",这一点只涉及量的一栏。[2]但是,这种编排总是保持概念缺席的主题:美的事物令我感到愉悦,但我却说不出为什么,我也无法通过不管是**什么**(*quoi*)的某种概念进行表象,这一概念或以个人兴趣的名义,或以超越美的事物本身的一种目的(使用/*uti*,上手性/*Zuhandenheit*,等等)的名义,最后或以一种赞同美的

---

[1] 康德:《判断力批判》,法译本第2卷第1131页,译文有改动。
[2] 同上书,分别在法译本第2卷第967、999、1004页。

事物的例外动机的名义，允许解释美的事物。因为，美的事物无私地、无需概念地、没有可表象的目的论地且无例外地令人愉悦，但是并不是缺席的：它令人愉悦，因为它令人愉悦，无需求助于一个为什么（没有为什么 / *ohne Warum*）。它无需概念地令人愉悦，这意味着，它不需要任何强迫（而且或许允许）它解释其展开的表象。这一现象——因为从此以后我们看到这的的确确涉及一种现象——无法通过期待任何要求而被预先**见到**（*pré-vu*）和被预先**说到**（*pré-dit*），而这一要求在该现象之前（因此是**先天的** / *a priori*）期待该现象以便向该现象提出关于合法性与合规性的各种预先问题。先于想象化之前的**先天**概念的缺席，禁止对美的现象强加各种可能性条件。没有斯芬克斯，没有范畴，因此也没有**指控**（*accusation*）预先窥视着美的现象，美的现象通过它自身、无需概念地且无需证件地显现——因为它不做辩护地令人愉悦。美的现象在以下的确切范围内被人接受，即在其中，它用不着概念，既不需要用一种**因为**（*parce que*）来加以辩护，也不需要说出**为什么**（*pourquoi*）没有给出解释、没有产生证件以及没有出示同意签字：它为了理所当然地显现，在其直观之中显露（从一切方面来看以及就像注视一切），这足够了。因此，美既不首先也不仅仅显示某些现象（与其他各种丑陋的或并不同样令人愉悦的现象相反）的**内容**（*contenu*）的特征。美显示了某些现象的完全且专横的显现**模式**（mode）的特征，显示了以下这些现象的特征，即它们无需提交它们的凭证而被人接受，它们与天生权威一起在在场中前行。

四　偶像

如果人们将美的事物的这种特征——它不问**为什么**也无需概念地显现——与视觉艺术尤其是绘画联系在一起的话，人们就在抽象中发现一种明显的症状，这种抽象被理解为不仅是摆脱了具象（figuration）的解放，而且最终也是摆脱了那种允许且实现任何形象痕迹的东西即素描（dessin）的解放。在这条将绘画从具象引向抽象的道路上，人们不会惊讶于遭遇到（在库尔贝画中以及经由莫奈到塞尚画中）关于素描优越于颜色与否的争论，因为在此，素描（因此就是线条）最终屈服于颜色等同于取消了概念的至上性，因此等同于解放了直观。[1] 这种暂时把一种魅惑的能力授予所谓"抒情的"抽象的东西，取决于一种直观的效果，各种各样的策略把这一直观从素描、从形

---

[1] 关于这一争论，可以参见我们在《库尔贝或用眼看的画》第180页以下所指出的各种情况（*Courbet ou la peinture à l'œil*, Paris, Flammarion, 2014）。

象因此从概念中解放出来：如通过一些水平向的色调均匀（罗斯科），通过一些垂直向的色调均匀（纽曼），通过一些斑纹（康定斯基、赛·托姆布雷、斯特拉、苏拉吉），通过一些随性的螺旋纹（波洛克），通过一些流体状（罗斯科、德尔贝、塔皮埃斯），通过一些云状（布拉姆·范费尔德），以至于甚至汉泰（Hantaï）或阿尔博斯（Albers）所画的各种最显眼的几何形都应当把它们视作一些解开的（se défaisant）形象，一些瓦解了的四方形。不再用形象进行表现的抽象，让一切形象变得（而不仅仅显示它们是）**柔弱无力**（*molles*）。反过来，是什么使得素描的线条和具象的各种边界变得模糊呢？从此以后，规定颜色铺开范围的是其他各种颜色，依据的唯有各种不断变化且模糊的边界，这些边界来自颜色之间的各种交锋，且看上去经常是暂时的，就像胜负未定总是处于进行之中的各条交战线一样。同样，从具象的各线条中解放出来、因此从概念的各种构图/计划（dess[e]ins）中解放出来的这一铺开，原则上自身证明为并没有各种可确定的界限（即使画布**实际上**的尺寸是存在的）。因此，非形象性的抽象解放了颜色的**过度**（*excès*），至少就它放弃了通过某种（不管是否是形象的）线条来控制颜色而言。甚至有可能是，即便当抽象从外表上看依赖线条时（康定斯基、克利、马修、马松等人），抽象仍然是无需素描也无需线条的，它可以说是成了非形式的（informelle）。甚至这一点在之后的绘画中烙下了一个最具决定性的印记，以至于所谓的"新具象"（nouvelle figuration）不再基于素描的至上、形式的至上，因此也不再基于概念的至上。画布通过其无需概念的直观所形成的自身强加（L'auto-imposition），几乎允许非形象的绘画重新找回了音乐的特权地位——就是无需叙述和概念作为中介的直观自由。

在美的现象情形之中，铺开以及随后必然来临的过度显示出直观面对概念时所具有的自由的固有特征。同样，任何东西都无法界定直观显现的范围，没有任何内部的界限来限制直观显现必定过度的展开。如果一种界限能够最终减弱过度，它只能来自外界，不过是来自于这样一种外界，即它没有使用一个概念，一种可能性的条件，一种**先天原则**（*a priori*），简言之，一种构图/计划。因此，是什么样的界限呢？因为，即使对于无需表象（*Vorstellung*/représentation）的一种展示（*Darstellung*/présentation）来说，也应该有一种界限。康德对此早已给出了回答：界限将是参观者的注视所构成的界限，而这参观者只能看到他忍受可见者（它自身显示，因为它自身给出，因此是无限度地自身给出）过度的能力这一情形。如果这一界限并不来自于可见者本身，那么它就来自于注视，而这一注视达到"一种最大值，不过它不能通过一些概念被表象出来"

（*aber doch nicht durch Begriffe...kann vorgestellt werden*）。[1]这一最大值（人们大概可以说它是主观性的，因为它并不来自美的现象本身；或者更确切地说是**外在的**）固定在以下这种情况的程度上，即注视在炫目于其强烈的过度之中使得美的现象成为不可见的那一时刻（甚至刚好在这一时刻**之前**）能够容忍无需表象的一种展示。最大值界定暴露于一种美的现象之下的每一种注视的力量、作用以及抗拒的倒数第二程度（le degré pénultième），超过了最大值，注视就成了盲的。

因而，每一种注视都达到一种最大值的强度，这一最大值的强度固有地界定注视，即使它随着其审美历史中连续体验到的各种经验有所变化。但是，每一位参观者（在看、在听、在触摸、在闻以及在品尝）面对一种所参照的美的现象时达到其最大值，而这一最大值因而界定了这一参观者。我们每一次用不同的名字来命名这一最大值，每一个名字都是其**偶像**（*idole*）的固有名字。偶像不仅充溢注视（字面意义上就是"使得注视着迷"），而且通过使注视达到其最终忍受的确切限度，用这一可见的极端显示它的镜子。偶像崇拜总是在一种自身偶像崇拜中实现，在自身偶像崇拜那里，就像在一面不可见的镜子里一

---

[1] 康德：《判断力批判》法译本第2卷第994页（*Kritik der Urteilskraft*, §17, Ak.A., V, p. 232, tr. fr. t. 2），前面已引。

样,注视观察到它能够最大限度看到——拥抱、体验和忍受——的东西。这样就解释了,一种美的现象的各种罕见的真实视线使我缺乏记忆,使我的**自我**(*ego*)受伤,甚至使我遭受一种创伤,哪怕是**菲利克斯创伤**(*felix trauma*)。显而易见,最大值的和偶像的因此也是不可见的镜子的经验,并不局限于视觉感官之中,即便它首先且常常在视觉感觉中被描述。但是,五种感官中的任一感官在没有偶像的相,即概念的情况下允许体验相同的直观性充溢。[1]因为,所有感官一上来就像一些精神感官(des sens spirituels)一样具有价值:这既不涉及类比,也不涉及神学,而是涉及这样一种明见性,即感觉或纯粹直观跨越了在物理化学的物质性与心理印象之间的间距,一边产生了一种视线(在一种充溢现象的情况中一种无表象的展示)和一种根本心理性的印象(语调、情境)。每一种感官都到达精神,这甚至就是它的定义,它使我们满足于由一种另外通过广延和生理物质性这些术语可分析的原因所造成的心理与精神上的结果。作品对于在看、在听、在触摸、在闻以及在品尝它的接受者的不可挽回的和无法抗拒的固定就这样实现了。

---

[1] 关于这一点,参见《论增添:充溢现象研究》第65页以下(*De Surcroît. Etudes sur les phénomènes saturés*, c.III «L'idole ou l'éclat du tableau», Paris, PUF, [2001¹], 2010²),也可参见《可见者与受到启示者》第157—165页(*Le Visible et le révélé*, c. VI, 4, Paris, Cerf, [2005¹], 2015²)。

还剩下最后一个特征：当现象涉及美的时候，这不仅涉及一般意义上的一种充溢现象（因此它包含有其他事件、肉以及圣像的其他各种形象），而且涉及一类极为特殊的充溢现象：偶像（它对应康德的范畴表上的质）。[1] 因为，当美的现象按照它的增添（surcroît）和它的过度对于我的最大值非此不可时，它造成了一种辨认出我的最大值的独一无二的结果：它通过达到这样一种最大值的强度以至于它**必然**（*notwendig*/*nécessairement*）取悦（吸引、引诱、满足）看到它的那位，无需相即概念地（通过纯粹和简单的直观）令人愉悦。更加确切地说，美的现象将注视与欲望**无条件地**（*unbedingt*/*inconditionnellement*）召集在一起，施行了一种注视与欲望不得不无条件屈服的魅力。偶像不仅使人们爱它的情形成为可能，而且尤其使得**人们能够不去爱它**（*on puisse ne pas l'aimer*）的情形成为不可能。作为一种美的充溢现象的偶像，自身现象化到这样一种地步，即我无法不去爱它。用柏拉图的话来说就是："事实上，唯有美（*kallos*）接受在分享中（*moira*）成为了最明显者因此也是最可爱者（*ekphanestaton einai kai*

---

[1] 毫无疑问的是，人们可以把各种（精神的）感官的其中一种指派给每一种充溢现象形象：事件"用鼻子"去呼吸，去感受；偶像用眼睛（它"全部看到"）去看，去体验；肉用触觉、用指尖、用手心去感觉到在感觉（*se ressent*）；他人的面孔或圣像用倾听去指出，通过呼唤使人接受。

erasmiôtaton)。"[1]

五 真理之中的爱

如何承认一种现象在没有无条件地被爱的情况下是不能被看到的？承认到什么地步呢？美的事物如何在自身之中将现象的显示与爱的吸引力结合在一起呢？现象性的哪一种特殊模式最终把它们不可分割地联系在一起了呢？这一转向由圣·奥古斯丁显著地表述过，他如此认同一种真理的词义，即要是参观者不爱真理（或者不恨真理），换句话说，要是参观者不放弃一个"漠不关心的旁观者"的（形而上学的）姿态，真理就不会被看见。这是这样的一种爱洛斯的（érotique）真理，即只有通过爱真理，真理才能认识它。"我爱你已经太晚了，你是万古常新的美善，我爱你已经太晚了！"（Sero te amavi, pulchritudo tam antiqua et tam nova, sero te amavi !）[2]但是，为什么因此应当爱真理，而不是仅仅观察它（就像看起来有用一样），同时对真理使之成为明显的东西保持漠不关心（如果不

---

[1] 柏拉图：《斐多篇》250d（*Phèdre*）。
[2] 圣·奥古斯丁：《忏悔录》（*Confessiones*, X, 27, 38）。中译文参见《忏悔录》，周士良译，北京：商务印书馆，1996年，第209页。

是与该东西不相干的话）呢？

事实上，一旦人们认真思考某些真理在我们当中所引发的厌恶、拒绝乃至最后的憎恨这种实际上常见的悖论，从一种真理制度向另一种制度的这一转变就不可避免："为何'真理产生仇恨'，为何一人用你的名义宣传真理，人们便视之为仇敌呢？（《若望福音》8∶40）原因是人们的爱真理，是要把所爱的其他事物当作真理，进而因其他的事物仇恨真理了。他们爱真理的光辉，却不爱真理的谴责。他们不愿受欺骗，却想欺骗别人，因此真理显示自身时，他们爱真理，而真理揭露他们本身时，便仇恨真理。结果是：即使他们不愿真理揭露他们，真理不管他们愿不愿，依旧揭露他们，而真理自身却不显示给他们看了。"[1]让我们重拾对现象的描述：——第一时刻：我们应当感到惊讶的是，真理能够引发一种拒绝，而所有人却都对至福（béatitude）有所欲望，所有人却都同意至福预设了真理之享乐（la jouissance de la vérité）；因为，依据这些前提，所有人一旦目睹真理就不得不爱上它。——第二时刻：事实上，每个人都已经爱上某种东西，却不知道这一点是否构成真理；人们愿意捍卫人们所爱，因此，人们就其所能地声称这完完全全涉及真理，即使为此应该通过确切声称以下这一点而自身欺骗，

---

[1] 圣·奥古斯丁：《忏悔录》（X, 23, 34）。中译文参见第207页。

即人们通过爱一种并非真正善的善而不自身欺骗。一个关键的抉择由此而生：要么，就真理闪耀（elle met en lumière [*veritas lucens*]）一种真正的善而言，我们爱真理，但是这将冒险放弃我们选择为善的那种东西，后者从此以后失去了资格；要么，就真理驳斥（elle accuse [*veritas redarguens*]）这样的有意欺骗即它喜欢一种虚假且通常的善甚于一种真正且崭新的善而言，我们恨（相同的）真理。——第三时刻：如此受拒的真理还是唯一的，并且具有相同的姿态，它首先无可反驳地显示为拒斥恨它的那些人，接着显示出自己固有的辉煌，最后显示它对于他们而言是不可理解的。因此，不论我们意愿与否，也不论我们爱不爱真理，真理都自身显示。但是，这种显示根据我们支持真理揭示的东西——即根据最终显示的真理反对我们在真理的虚假名义下代替真理在真理之前所爱的东西——，引发的或者是恨或者是爱。在真理的这一词义中，那种对立于真理的东西不仅包括虚假，而且也包括谎言；因为，**在此**（*ici*），我拒绝的不是一种虚假（一种失败的真理），而正是一种明显的真理，**由于是明显的**（*en tant que manifeste*）而且因为它显然与我虚假地爱之为真理的东西背道而驰。

就这样，偶像的充溢现象所暗含的真理的特殊模式就显露出来：这不再仅仅涉及，通过处于无动于衷的旁观者的无所畏惧的且假定是对象性的中立性之中，去观察如这样的（在自身之中的）显示者的显明（揭露，*alêtheia*/ 解蔽），而且涉及去证实和容忍这一显示在体验到它的那位身上所产生的结果（影响）。美的现象——**就是这种现象，在它面前**，根据我依据其显明所要求的东西接受或不接受自身修正，**我不能不下定决心或者去爱它或者去恨它**。因为**在此**，沉醉者（l'adonné）通过体验现象而**自身体验**，被在他面前且为了他的具形者（ce qui prend forme）所**变形**（trans-*formé*）。对于**自我**（l'*ego*）来说，这不再仅仅涉及带来一种与揭露（**解蔽**）相符的判断，同时也涉及支持一种发现（*apokalypse* / **启示**）作用在**自我**（l'*ego*）之上的判断。

当真理依据这种模式（无论是发现或是**启示**）自身显示时，这涉及一种"爱美"（philocalie）："人们通常管它叫'美爱'。不要因为这寻常的名字就轻视它，爱美与哲学（philosophia/ 爱智慧）近乎是同一个名，它们也希望别人将其视作一家，事实上也确实如此。哲学是什么？对智慧的爱。爱美是什么？对美的爱。智慧是什么？不就是真正的美自身吗？所以它们是同一个父亲生出来的亲姊妹。"[1]因而,对于**爱美**的一种重新赋予资

---

[1] 圣·奥古斯丁:《反学院派》(*Contra Academicos*, II, 3, 7)。因此，当对美的爱缺乏时——就像在各位摩尼教徒之中一样——，就必须会违反他们的各种真理的纯粹空想理论的外貌:"……[各位摩尼教徒]即使哲学家们所论确切,我为爱你的缘故，也应之不顾,你是我最慈爱的（转下页）

格接替了去美化。

六 能够不去自爱的那位，不应该自爱的那位，属于美吗？

如果圣·奥古斯丁的主题给美的现象性的规定带来了一种基本贡献，它也提出了另一个难点。我们已经把美的（充溢的）现象、偶像定义为不可能不去爱的东西，定义为无条件地（unbedingt）献身去爱的那位，定义为应该最终去爱的东西——"我爱你已经太晚了，你是万古常新的美善。"可是，这一苛求一旦被提出且被确证，那么，在此总是去爱在美的事物之中非此不可的真理，是合适的吗？或者说，有时抵制这一真理是合适的吗？——何时，又以何种方式呢？

没有办法简简单单地回答这个质问，但是至少有几条评论可以用来阐明它。——首先需要强调的是，奥古斯丁的主题接纳了一些复杂的用法。当我处于"真理驳斥"（veritas redarguens）时，我相当爱它以便接受它对我的质疑，以便我朝着它所建议的东西发生转变，因此，当我毫不抵制地爱上美

（接上页）父亲，万美之美。唉，真理。"《忏悔录》，III, 6, 10；中译文参见第41页。

时，事实上，为了这一点本身，我应当憎恨（不再爱）从前被我当作一种真正的美的东西，而且对此我刚刚懂得它不值得人们**真正**去爱它。换句话说，对"真理驳斥"的爱只有通过从较小真理转到较大真理，因此只有从一种应用得很糟糕的爱转到一种**真正**根据的爱，才能得以实现。根据这另一种原则"没有谁不爱，但问题在于是谁在爱"，[1]这总是涉及从一种爱转到另一种爱，这只涉及去爱，而且只涉及正确地去爱，也就是说，从一种外表美的现象转到另一种真正美的现象，就这一继续下去直至转到上帝。因此，正确去爱就假定**不去或不再去**爱人们从前能够爱的东西。可是，永久的且抑制不住的爱应当不断地自我修正且朝向一种**真正美**的目标，因此，一种**真正可爱的**目标，这意味着爱必须同样知道不去爱（恨）那种并**不真正**值得去爱（恨）的东西。应当学会不再去爱各种马戏团游艺、各位"老朋友"、男人眼里有关威望的自尊，因此就应当学会克服各种相关的癖好，简言之应当学会憎恨它们。在现象学的直到这里的享有特权的意义上，憎恨这样一些诱惑就相当于将偶像视为一种依据普通词义得到的偶像，视为一种善的外貌，一种替代真实的善（bien véritable /*ontôs agaton*）的代替品。

这就导向了第二个评论。的确，人们可能对以下感到惊讶，

---

[1] 圣·奥古斯丁：《字词》(*Sermo* 34, 1, 2, P.L. 36, 260)。

即一种对于人们不能不去爱的东西的抵制有时是可能的（这样一来面临着逻辑上的自相矛盾）。但是，人们同样可以在原则上提出，假如我在一种美的现象面前能够抵制它的吸引力并且能够不去爱它，那么这一抵制就承认两种解释（两种解释都是由圣·奥古斯丁设想出来的）。或者，我拒绝从一种不那么美的现象转到一种真实的美的现象，而且我憎恨"真理驳斥"：在这种情况下，我自作自受在它的美之中忽视了真理。或者，我所拒绝（不喜爱，恨）的，并不是在一种美的现象的诸种类之下的一种需要去爱的真理，而是我拒绝的是以下事实本身，即在此涉及一种**真正**美的现象：在这种情况下，我为了爱一种美的现象而自身解放，因此这一现象值得去爱，因为它是**真正**如此。如果美的事物有时候是可抵制的，这一点往往来自以下事实，即它并不是**真正**美的。

由此出现了最后一条评论。现代的（浪漫主义的、后现代的等）修辞学——美必须包含丑陋、卑鄙和恶，或者（表面上看来与此相反的东西），在艺术中拒绝美的各种准则是合适的——源自何处呢？出自美的现象固有表象性的解释，在这一解释中，一切能够自身显示的东西在权利上都值得成为艺术的对象。但是这样一种解释只有在形而上学的领域中才具有意义，如果它曾经保留一种意义的话。从现象上来看，这一解释不具有任何的中肯，因为美作为美的**现象**（*phénomène* beau）被定义为不可能不去爱的偶像的这一最大值且将自己的特征表现为这一最大值。

余下的完全是另一个问题：美的现象总是与伦理学不相干，还是与之接近呢？在这种情况下，美的现象屈服于伦理学的权威吗？距离人们能够接受"美作为德性的象征符号"[1]这一观点，还有多远呢？

---

[1] 康德：《判断力批判》法译本第2卷第1141页（*Kritik der Urteilskraft*, §59, Ak.A., V, p. 350, tr. fr. t. 2）。

评论法国近年一些哲学争论*

很显然,法国与世界上任何其他的知识中心一样经受着各种相同的争论点和断裂线。例如,在所谓的"欧陆的"哲学与所谓的分析的"哲学"之间;在实证主义的学识渊博(一部分的文本史在其中偏离了道路)与各种思辨方法(体系性的,或者经由形而上学史的解构)之间。此外尤其是所谓的物质主义(matérialisme)和所谓的精神主义(spiritualisme)之间的哲学斗争(皮维·德·夏凡纳[Puvis de Chavannes]在索邦大学大阶梯教室所画的那幅壁画就是这样通过刻画两个马戏团角斗者之间毫无结果、没有输赢的角力而象征表达了这一斗争),而且这一斗争在各种始终多变的名义下无间歇地持续下去:实证主义在所有其相继出现的状态(马克思主义、科学主义、结构主义以及各种人文科学、各种认知科学,等等)中替换,或是反对经

---

* 本文为马里翁 2017 年 11 月 18 日在复旦大学举行的第七届中国法国哲学年会开幕式上所做的报告,由邵奇慧翻译成中文,文末所附的现场相关讨论,也由邵奇慧提供。——编者按

典形而上学，或是反对在不同或相反方向上宣称继承经典形而上学遗产的各种后形而上学。正是在这一（如我们在此所展示的这般粗略的）框架之中，需要来考虑一下现象学在法国的情形。

在1982年普瓦提埃大学（l'Université de Poitiers）（唯一得到笛卡尔光顾的大学）研讨会集刊的序言中，我们曾大胆断定："……很显然，自从形而上学找到其终点（或者用黑格尔的话说是完成，或者用尼采的话说是黄昏）以来，哲学只有在现象学的形象之下才能真正继续前进。"[1]这种自负使我们受到指责，但是它只是标志着近年来的历史已确认了的一件明显的事情，而且，来自熟稔这一主题的德国的瓦登菲尔斯（B. Waldenfels）以《法国现象学》（*Phänomenologie in Frankreich*）[2]为名所做的总结已然见证了这一明显的事情。这第一次总结覆盖了法国现象学的第一代人，从萨特、梅洛-庞蒂到列维纳斯、利科与亨利。但是，随着新的一代或者两代人的再次推进———一边的《胡塞尔全集》（*Husserliana*）和另一边的《海德格尔全集》（*Gesamtausgabe*）几乎同时并行的出版支持甚至激发着这种推

---

[1] 参见马里翁与普朗蒂-博儒（G. Planty-Bonjour）所编，《现象学与形而上学》（*Phénoménologie et métaphysique*, Paris, PUF, 1984）一书前言，第7页（文集作者有 W. Biemel, R. Brague, J.-F. Courtine, D. Frank, D. Janicaud, J.-L. Marion, G. Planty-Bonjour, O. Pöggeler et D. Souche-Dagues）。

[2] 瓦登菲尔斯（B. Waldenfels）：《法国现象学》（*Phänomenologie in Frankreich*, Frankfurt a./M., Suhrkamp, 1983^1, 1987^2）。

进——现象学的创造性运动又更加富有活力地展开了。随着这一运动一起展开的,还有如这样的哲学与如其在历史中发展那样的形而上学之间关系的辩论。由此就出现了法国最近现象学的第二次总结的重要性,这一总结又一次来自于德国,由已逝友人腾格尔义(L. Tengelyi)在出版第一次总结的同一个出版商那里出版,那就是《法国新现象学》(*Neue Phänomenologie in Frankreich*)[1]。[2] 这个由于来自外界而更具决定性的评判曾是巴黎高师举办的一个研讨日上严肃讨论且接受的对象。就我这方面来说,我让腾格尔义注意到了这一评判,因为,如果说我们聚到一起来庆祝他的书,实际上正是他的书保留了一个哲学时代且因而以某种方式创造了这一时代。因此,这是一场在某种意义上值得赞叹的交流,因为我们感谢他在混乱不堪的文化、哲学聒噪中辨识出了一种现象,并且正是他告诉了我们那些我们所做之事,如果说我们的确做过某些事的话。因此我们

---

[1] "法国新现象学"会议(Colloque «La nouvelle phénoménologie française»),2012年3月8日于巴黎召开,由巴黎高师和胡塞尔档案馆主办(E.N.S./Archives Husserl)。会议论文(包括我的会议发言《对于还原、被给出者、解释学和给予性的几点阐明》)由索蒙(C. Sommer)主编,2014年在巴黎Hermann结集出版,名为《法国新现象学》(*Nouvelles phénoménologies en France. Actes des journée d'études autour de Hans-Dieter Gondek et Làszlo Tengelyi*, Neue Phänomenologie in Frankreich)。

[2] 贡德克(H.-D. Gondek)和腾格尔义(L. Tengelyi):《法国新现象学》(*Neue Phänomenologie in Frankreich*, Frankfurt a./M., Suhrkamp, 2011)。

处在普鲁斯特式的境遇里,处在战后的追忆逝水年华(le temps retrouvé)之中(因为一些知识分子在战争中去世了);我们重逢在基本上就像曾经待过的地方,名字还是同一些名字,但是,在这些名字背后,却无法确定同一些人仍然是一场会议上的各位在世者。简言之,我们或许很难再重逢、相遇,很难知道谁是谁、谁在哪里、谁在想些什么——而正是腾格尔义,犹如一张用德语书写的米其林地图,告诉我们身处何处。

分析从一个症状出发,从我们的已逝友人雅尼考(Dominique Janicaud)那本既是最好的也是最坏的关于所谓的"法国现象学的神学转向"小册子这一症状出发。[1]这就是为什么这部作品是在两种极端情况中被选中的(我们之后会重新回到这一点),而这两种极端情况通过否定我曾陈述的下述原则相隔,即"有多少还原,就有更多的或者更少的给予"(« autant de réduction, d'autant plus–ou d'autant moins–de donation »)。有趣的是,这种症状总之或许是必然出现的,因为这一论战已然明确标记了事实状况,形成了一个可以拦住"悬搁"(l'épochè)与时代的水坝,并且在法国以外产生了与其作者所希冀的恰好相反的效果——一场在其他地方处处进行着的积极推广。不

---

[1] 参见雅尼考:《法国现象学的神学转向》(*Le tournant théologique de la phénoménologie française*, Paris, Editions de l'Eclat, 1991)。

过无论如何，出现在这一分析开头的症状导向了一个与其到达点并不相符的诊断，而这正是令人感兴趣的地方。到达点或诊断，在于一系列针对此处所叙述的现象学最新形象的各种基本概念的探究之中。而其结论赋予以下事实以特权，即最新形象以及最近时期的现象学重新回到了事件（l'évènement）问题，或者更确切地说，重新回到了显现的事件性（l'évènementialité de l'apparaître）的问题。为何症状实际上与诊断不相符呢？为何"转向"想要给我们治愈的那种疾病并不是神学，甚至并不能算一种疾病呢？因为，诊断终究不再揭示一种疾病，而是揭示了基于完全另外一个区域的一种增长（croissance）。我相反提出一个假设，甚至一种方法，后者首先在于表明，对宗教的种种个人信念问题（雅尼考的令人挥之不去的不说 [le non-dit]）对于解释最新发展阶段的现象学中所产生的东西是中肯的，而且这一问题充其量只是一个掩盖了深层利害的外貌而已。因为，如果说曾有一种断裂，如果说有种种一致或分歧，它们比人们所认为的更为隐秘且远为不同。举个例子来说，我认为贝努瓦（Jocelyn Benoist）称之为（意愿能够称之为）实在论[1]的东西

---

[1] 参见贝努瓦：《实在论哲学的各元素》（*Éléments de philosophie réaliste*, Paris, Vrin, 2001）。此后参见我们的论文《实在的实在论：对象或事物》的说明，即将在阿洛阿（E. Alloa）和杜林（E. During）主编的《自在的事物》（*Choses en soi*, Paris, PUF, 2018）面世。

与被给出者（donné）概念有着紧密关联，并且，被给出者这一概念又与重新定义现象中被赋予特权的事件性有着紧密关联，而关于这一点，无论各位先导者的各种信念和意识形态的领域上怎样布置都是如此。我以为最好是尝试着明确指出几个不是断裂的而是决定点的要点，它们允许重新定义腾格尔义所选择的每位作者于其中扮演一个角色的那一网络。而使得这一尝试变得有些微妙的,乃在于现象性的事件性（l'évènementialité de la phénoménalité）概念——由腾格尔义所指出，而且我认为也是由这里提到的诸多作者所共享的概念——还是直接与罗马诺（Claude Romano）的工作相关联这一事实，而罗马诺的工作目前并不属于我们的工作，它本可以在腾格尔义的书中占据一个中心位置。这将是我的工作的一个界限。

我想试图明确指出针对还原的地位、被给出者的地位、解释学的地位以及**最终**给予性（donation）的地位的某些理解点或误解点。总有一个问题摆在现象学面前，那就是想知道人们是否能够、是否应该在此承认一个不可还原者（un irréductible），不管它是什么。这一探究通过落在还原（它即使由于自身根本化且对之进行说明，还是指出了一个例外和一个不可还原者的必然性）而一分为二：人们应当将这一不可还原者理解为一种没有还原的现象呢，还是说，这里涉及的是还原本身的操作所带来的结果？这两种假设遇到了两个至少在表面上看来强有力的异议：或者人们将否认还原能够容许最小的例外，或者人们将质疑现象学事业在原则上是与还原练习相联系的。这两种异议或许比在此看起来的更弱一些：第一个异议即还原不容许有任何例外，基于还原的绝对超越论权威，而第二个异议则意味着还原主动发起的角色进行一种悬搁的可能性。完全应当做出选择，人们不能同时产生两种异议。要么人们将说，还原越多，不可还原者就越少，亦即给予越少。这是里奇（Marc Richir）的立场：越多的还原，越少的给予，这是一个我们将会看到站不住脚的立场，至少用胡塞尔的话来说。要么就放弃还原，至少在还原意味着操作一个超越论的**我**（un Je transcendental）这一意义上，这就是罗马诺和贝努瓦在一条梅洛-庞蒂式的谱系中与其他各位作者一起宣称的东西。

但是这种两难境地本身基于人们即使不能质疑但至少也能够辨认出来的一些假设。首先人们假设，还原通过倚靠一个无条件的**我**本身保留且应当保留一种超越论的地位，亦即一种形而上学的地位，而相反也可能是，从胡塞尔以来现象学的整个发展，筹划着将康德式的和后康德式的**我**的假定的超越论性质放入括号之内，以便这个**我**既成了还原的**结果**（résultat）又成了还原的源头。各种还原，哪怕是胡塞尔式的各种还原，难道不在于不仅改变已还原者（le réduit），而且改变在这种还原本身范围之内的还原实施者（le réducteur）吗？只要人们没有考虑还原操作对于其发动者产生的这一反向影响，关于还原的争论仍然是抽象而徒劳的。人们或许能够非常清楚地指出，在列维纳斯、萨特以及胡塞尔的文本中，**更不用说**根据《*存在与时间*》而来的**此在**（*Dasein*）的**本真 / 非本真**（*Eigentlichkeit/ Uneigentlichkeit*）对子之中，还原的发动者（即使不算创造者），简言之，还原的操作者总是重新处于被还原本身所改变的情况，而且因此指出，如果还原的操作者保留对"超越论的"（« transcendantal »）这一形容词的享用权，那么这里就只涉及一种使用收益权（usufruit）而别无更多。超越论性质总是还原本身所为，而非还原主体所为。因此，认为有一种无需超越论主体的还原的想法完全没有任何矛盾之处：难道人们不能打算坚持这样的还原吗，即它不仅无需超越论主体而且处于使主体的超越论性质发生变化的意图之中吗？其次，识别还原所留下的不可还原者，并非不言自明。这里有一个相当漫长的论战传统，它至少从卡瓦耶斯（Cavaillès）开始就已经将现象学吸收到一种意识哲学（philosophie de la conscience）之中，这一意识哲学对立于一种审慎的、被认为是精确的，总而言之是严格的概念哲学（philosophie du concept）——就好像可以有一种无需意识的概念，哪怕只是对于这一概念本身的意识。现象学历史性地、论战性地处于被简化到一种直观哲学（philosophie de l'intuition）的地步，而这一点就如其随后的历史所证明的那样表现得极富争议。因此，现象学所设定的不可还原者可以既不居于直觉之中也不居于意识体验之中。况且这一假设一上来就被驳倒了，至少我在很久之前就尝试用一种正确阅读《第一逻辑研究》的方法来指出这一点，[1] 胡塞尔的创始性突破在于不仅承认直观并不仅限于感性（它应当拓展到本质和范畴），而且承认直观本身只有就它使用一种更为原初的给予（因为给予同样包含着含义）而言才具有价值。胡塞尔朝向给予的突破显示了什么呢？我们可以把这一突破搁置在一旁吗？就好像这只涉及令人尊敬的开创者（venerabilis inceptor）的一个边缘性论题、一个不可信的论题，或者更奇怪地说，只涉及一位模仿者的一个谵妄性发明，而海德格尔自 1919 年起却已经承认了这一问题："'被给出的'意味着什么呢？'给予'，现象学的这个神奇词汇，对于其他哲学来说成了'绊脚石'（« pierre d'achoppement »）。"[2] 把给予降格到其目标所要超出的那个东西之上，亦即降格到它以直观和感性直观为限的局限之上是不够的，而且由此使给予停止运作以便从直观中摆脱出来，这也

---

[1] 参见《还原与给予——胡塞尔、海德格尔与现象学研究》（*Réduction et donation. Recherches sur Husserl, Heidegger et la phénoménologie*, Paris, PUF, 1989）第一部分。中译本，方向红译，上海：上海译文出版社，2009 年。

[2] 海德格尔：《现象学的基本问题 1919/1920》，第 5 页（*Grundprobleme der Phänomenologie 1919/1920*, Gesamtausgabe 58 her. H.-H. Gander, Vittorio Klostermann, Frankfurt am Main, 1993）。

是不够的。就如米歇尔·亨利所说,现象学的第四条原则在此至少经受得起难题之名。

为了重拾这一问题,我想集中关注从此以后已经明确建立起来但在我看来在根基上依然脆弱且并未摆正位置的这场辩论的各种术语之上,这一辩论常常猜疑一种给予性现象学(une phénoménologie de la donation)与解释学实践之间的排斥关系。承认给予性事实为面对其偶事性(facticité)时既不缓和也不退缩的最终诉求是不合适的。胡塞尔并没有让任何模棱两可性笼罩在给予性在事实上且不可分割地在权利上的特征。我在这里重新阅读《现象学的观念》(*L'idée de la phénoménologie*)这一在我看来是决定性的文本:"绝对的给予乃是最终项(*Absolute Gegebenheit ist ein Letztes*)。"[1] 另一方面,一般地否认自身给予(donation de soi),意味着否认最终规范,否认给予基础认知以一切意义的根本规范;并且胡塞尔还补充说,纯粹认知只有"在因绝对而最终是规范的给予性的领域之中(*letztnormierenden, weil absoluten Gegebenheit*)"[2] 才能得到解决。这样一种规范证明了给予性相对于在另一种意义上世界区域(la région monde)

---

[1] 胡塞尔:《现象学的观念》,第61页(*Die Idee der Phänomenologie*, Husserliana II, éd. W. Biemel, Haag, Martinus Nijhoff, 1950)。
[2] 同上书,第76页。

与意识区域（la région conscience）之间不可跨越的差异而言所具有的原初性（primordialité）本身：内在性与超越性，确定性与偶然性，绝对与关系，全部都可以把它们分开，但是它们还是在一种独一无二的**给予性**（Gegebenheit）内部展开："因此，我们确信：给出一个绝对者，这属于内在的给予性（la donation immanente）的本质，然而，任何侧显的给予性并不给出作为一种'绝对者'的事物却相反只在一种单侧呈现中给出事物，这属于侧显的给予性（la donation par esquisses）的本质。"[1]因此，无论种种区域之间的差异如何，绝对者与相对者之间、内在者与超越者之间的差异总是用给予性的词汇来言说。[2]海德格尔以其当然是根本不同的方式，通过最终求助于"它给出"（es gibt）而操作一种相似的置于情景之中。我不会在"它给出"问题上耽搁多久，而是要重新回到我们在此所评论作品的精彩陈述上。我仅仅就一点做出结论：根据现象学的两位伟大创立者，给予作为一种**合理性事实**（factum rationis）、

---

[1] 胡塞尔：《纯粹现象学与现象学哲学的观念》第 1 卷第 93 页（*Ideen zu einer reinen Phänomenologie und phänomenologischen Philosophie* §44, Husserliana III, 1, éd. K. Schuhmann, Martinus Nijhoff, Haag, 1976）(voir éd. W. Biemel, Martinus Nijhoff, Haag, 1950, p. 103)。
[2] 我应该把这一决定性的注意归于弗朗克（Didier Franck）的著作《肉和身体》（*Chair et corps. Sur la phénoménologie de Husserl*, Paris, Editions de Minuit, 1981）。

作为一种**事物的最终根据**(*ultima ratio rerum*)非此不可,而这一**事物的最终根据**,由于既是最终的又是最初的,作为一种权利规范而非此不可。这里涉及一种双重的既不可质疑又不可还原的规范:这一规范就是还原的结果,它抵制还原,或者说,它成了还原的剩余物。但是,如果人们承认这也是一种权利这一事实的话,人们由此就会理解,这一规范能够看起来反对任何中介,因此并不给一种或然的解释学留下任何影响。这里就产生了一个反复出现的批评,一种揭露被给出者的拜物教(它求助于解释学)的控诉,重拾瑟巴(François-David Sebbah)的话来说,为了达到"一种最终因为给予的纯粹性而变得成熟的现象学"。[1] 这一非常重要的反对意见已经被格勒斯(Jean Greisch)和格罗顿(Jean Grondin)作为显而易见的事实引入,而且广泛地被大家重拾,包括一些美国的神学家。但是,在读到最近种种的反对意见时,人们马上就看到了它们的局限:"由《既给予》(*Etant donné*)一书所提出的现象学的真正试金石,乃是给予的这种无条件的普遍性,没有什么可以成为这一普遍性的例外,而且它尤其使求助于解释学的必要性 [可以说

---

[1] 瑟巴:《体验界限:德里达、亨利、列维纳斯和现象学》,第 307 页(*L'épreuve de la limite. Derrida, Henry Lévinas et la phénoménologie*, Paris, PUF, 2001)。

可能性]失效。"[1]人们可以清楚地看到,反对意见在此假定应当证明的东西,亦即现象性的基础与其各种意义形象的差异化表述之间的不可兼容性。这一不兼容性只有当给予**一上来**(*d'emblée*)就给出一种一成不变的、换言之被对象化的且用一种单义构成的现象,同时只支持一种解释时,才能被设想。但问题就是要去知晓,给予是否总是且甚至有时给出这样一种因其完全是被决定的而只具有单义的对象。给予是否会与例如一种效力因果性(une causalité efficiente)、一种彻底的构成或一种进行着对象化的综合相混同呢?给出在胡塞尔意义上的给予(性)这一情形之中是否等于在一种注视下放置一个对象,或者,让我们大大方方地说,甚至等于把对象整理为一个现成在手的存在者(un étant sous-la-main)呢?人们只会看到,这样被还原为产生、效力、构成或综合的给予,恰恰不再**给出**(*donne*)任何东西,因为它不再给出,而是产生。海德格尔非常清楚地揭示了这种对于给予的误解,这一误解提前抵押了接近所涉东西的一切正确途径。这一抵押况且确认,**给予**(*Gegebenheit*)也介入其中,即便不算是绊脚石的话,也更多像一个谜团而非

---

[1] 赛尔邦(C. Serban):《现象学方法,在还原与解释学之中》,第88页(*Les Études philosophiques* 2012/1)。此后还有我们在《重拾被给出者》(*Reprise du donné*, Paris, PUF, 2016)一书中的回应,尤其参见第二章。

一种解决方法，总而言之，绝不是一种便利："如果它（cela）只给出一些事物的话，它难道给出了单独一个事物吗？实际上，在这一时刻，它绝没有给出任何事物，它甚至连无也没有给出，因为，在事物领域的绝对统治之中，它不再给出哪怕一点点的'它给出'（cela donne）。"[1] 问题就成了如何思考"它给出"（*es gibt*），以便人们不仅思考一种生产、一种构成、一种综合，而且也思考一种给予：当有人说给出一个事物时，所给出的东西如果保持为一个事物，它或许就不再是可给出的了（donnable）。为了让被给出的东西仍然在已经能被给出的被给出者的形象之下、在可给出者的形象之下被把握，它就应当不再在事物或对象的现象性之中显现；这也是为什么给予对于那些并非真正现象学家的人（就是海德格尔口中除了他之外的所有人）而言乃是一块绊脚石。给予已然构成了马堡学派的一个范畴，它在那托普（Natrop）、李凯尔特（Rickert）、拉斯克（Lask）等人的作品之中，简言之，在胡塞尔和海德格尔的所有同时代哲学家的作品中都出现了；尽管如此，当它被例如李凯尔特看待为一个范畴（**给予这一范畴**[2]）时，它就给出了一些对象（例

---

[1] 海德格尔：《论哲学的规定》，第62页（*Zur Bestimmung der Philosophie* 1919, Gesamtausgabe 56/57, her. B. Heimbüchel, Vittorio Klostermann, Frankfurt am Main, 1997）。
[2] 海德格尔：《现象学的基本问题 1919/1920》，第71页（*Grundprobleme der Phänomenologie* G.A. 58）。

如在那托普作品中），从而根据海德格尔的看法，它就成了一块绊脚石，而不再是一个神奇的解决方法、一个**神奇的词汇**，同时仅仅强调指出，**给予**或者"它给出"并没有得到理解：如果**给予**只给出一些对象或一些**事物**，那么这里就没有**给予**。因此，问题并不等于把**给予**当作或不当作直接可智识的，犹如我们一上来就知道了它意味着什么。海德格尔把这一批评推进得更远，因为，根据科色尔（Kisiel）在其杰出作品中所发布的一条学生笔记，他本来就说"当它只给出一个'它给出'时以及如果它只给出一个'它给出'，它给出了一个'它给出'了吗？（*Gibt es ein es gibt wenn es nu rein es gibt gibt?*）";[1] 换句话说，"它给出"或者**给予**并不提供另一种言说方式如"人们发现……"、"人们构成……"或"人们产生……"，而是在说根本不同的某个事物（或者在说的**不是**一个事物）。或者**给予**表示人们不知道自己所说，或者**给予**确定了以下迹象（indice）即人们还没有思考当它自身给出时所发生者。我们或许可以把给予问题当作关于一个谜团的问题来提出：给予由那种并不致力于**立即且一上来**就去思考的东西所组成。再强调一次，

---

[1] 科色尔（T. Kiesel）：《海德格尔的〈存在与时间〉的起源》，第 42 页（*The Genesis of Heidegger's Being and Time*, Berkeley, Los Angeles, London, University of California Press, 1993）。

在批判一个概念之前,尤其在现象学中,首先应当确保已经辨别出这一概念,而我们经常浪费大量时间在还没有获得一个概念的情况下,换言之,在没有将它足够现象化的情况下,在还没有查实我们通过这个概念所理解的东西的情况下,来批评对这一概念的某种理解。正是在这里我想回到被给出者这个难题。

被给出者是直接的,**可是**它却已经给出了一个为理论认知所预备好的对象,这就是被给出者神话(le mythe du donné)而且**也是**对它的批评所预设的著名的自相矛盾的说法:就如塞拉斯(Sellars)所说,"概念,正如我称之为被给出者神话,就是为了解释径直考虑直接经验(*direct account of immediate experience*)的可能性而被援引进来的"[1]。在这样的理解下,被给出者首先是非间接的,就像给予性这一哲学观念一样,或者用黑格尔的话来说,就像直接性这一哲学观念一样,而且,在这种情况下,被给出者就会被设想为一种洛克式经验主义经典意义上的**感觉材料**(*sense datum*)。这就不可避免地引发一种反对意见,即保持为直接的被给出者仍然没有提供任何对象,

---

[1] 塞拉斯(W. Sellars):《经验论与心灵哲学》,第58页(*Empiricism and the philosophy of mind* §26, Cambridge [Mass.], London Harvard University Press, 1997)。

也没有达到任何认识论上的有效性。但是，这同一个被给出者，因此也是属于"被给出者神话"的被给出者，会是直接的同时也会是**自身支持的**（self sustaining）、独立不依赖的；由此就出现了塞拉斯的决定性论据，即这样一种被给出者无法一上来就通过它自身被构成，而是从一种构成中获得其有效性，因此它就证明了一种偶然的依赖性，而正是在这种唯一的条件下它才具有了一种认识论上的地位。这一双重的反对意见在奎因独一无二的反对意见中被统一在一起：在所预设的各种直接**材料**（data）和各种基本命题之间的关联，根据一些语义学规则，如果不是通过一种不可避免地间接的组合（我们会说是一种构成），就绝不能得到保证。严格的还原主义在没有一种构成的情况之下是无法设想的。换言之，就像诺拉斯（Neurath）所说，并不存在直接的合规陈述："从一些纯粹原子性陈述出发而构成的一种理想语言（langue idéale）这一虚构，与拉普拉斯（Laplace）的**精神**（l'Esprit）这一虚构同样是形而上学的。"[1] 这样一来，对于被给出者神话的批评就使得这一被给出者的准确但又自相矛盾的定义变得明显，而这一被给出者为了起作用

---

[1] 诺拉斯（O. Neurath）：《协议书记录》，第204页，法译本第221页（*Protokollsätze*, Erkenntnis III, 1932-1933, trad. J. Sebestik et A. Soulez in *Manifeste du Cercle de Vienne et autres écrits*, dir. A. Soulez, Paris, Vrin, 1985）。

就被认为在自身中结合了以下两者：一方面是一种**感觉材料**的直接性，它被局限在本身限于感性直观的直观内，且由此被归结为一种无可怀疑却不可传达的纯粹主观性感受（affect）[与私人语言——即被剥夺了语言（privé de langage）——属于同一个范式]，另一方面是原初对象或已然可智识的明见性原子（atome d'évidence）在认识论上的有效性。除了由诺拉斯和奎因所揭示的这两种特性之间的相互矛盾之外，人们还能提出这两种特性任一特征的不可能性来反驳被给出者神话：首先，人们假定被给出者一上来就位于**现成在手**（*Vorhandenheit*）意义上的对象之域，而这一点是站不住脚的（我就不回顾罗马诺最近针对塞拉斯的各种新康德主义预设所做的论证了[1]），随后，人们与之相反地假定被给出者只能被思考为是外在于对象的存在模式的，它还没有构成这一存在模式而且它并不必然倾向于在这一存在模式中终结。对象性一旦伴随着其种种要求（持久、定义、普遍化、可重复性）出现，被给出者就已然消失不见。被给出者只有在其不可还原为对象性的不可还原性中才能被思考。因而，批评"被给出者神话"就给了被给出者保持为直接这种基本的（尽管是幻觉性的）特性，而在这种特征中，这一

---

[1] 参见罗马诺（C. Romano）：《在理性深处，现象学》第 19 章（*Au cœur de la raison, la phénoménologie* XIX, Paris, Gallimard, 2010）。

批评重新找到了一种在现象学的各种最常见阅读中广为流传的假设，那就是关于直接的被给出者和给予的概念的假设（因而给予对于包括现象学家在内的哲学家而言能够成为绊脚石）。但是反过来应当强调这样一个悖论，即从一种正确的现象学的观点出发，不仅抵制对象性是被给出者的义务，而且**不**（ne pas）直接地自身给出，尤其不在**感觉材料**的直接性中自身给出，无疑也是被给出者的义务——尽管被给出者在一种完美的偶事性（facticité）中自身给出，或者不如说，恰好因为被给出者作为一个未被构成的原初**事实**（*factum*）而自身给出。

让我们考虑一下从胡塞尔那里借用来的关于被给出者的非直接性特征的第一个论据："实际上成为绝对给予的，并不是位于心理的统觉与对象化之中的心理现象，而是纯粹**现象**，已还原了的**现象**（*nur das reine* Phänomen, *das reduzierte*）"[1]，以及更远一些提到，"关于一种**思维活动**的独特情况，例如关于一种我们正在经历的情绪，我们或许可能这么说它：它是被给出的，但是无论如何我们都不允许冒险提出一个更一般的命题：一种已一般还原了的现象的给予，是绝对不容置疑

---

[1] 胡塞尔：《现象学的观念》，第 77 页（*Die Idee der Phänomenologie*, Husserliana II, *op. cit.*）。

的"[1]。因此,关于一种**思维活动**,我可以说它向着我们被给出了,却不能对我们说它是一种现象的绝对不容置疑的给予;因为,只有一种**已还原了的**现象才是不容置疑的,因而才是不容置疑地被给出的。换句话说,只要现象仍然并且仅仅属于体验,因此只要现象事实上带有直接性的特点,那么它对于胡塞尔而言就是可疑的、未定的,因而实际上是没有被给出的。为了被给出而使得自身被感觉到以及被感觉到在感觉,这是不够的(否则,根据试衣间内照明光线的明暗而变化着的领带颜色,就已经足以提供一种确定的被出者了)。但是,被感觉到的东西和被感觉到在感觉的东西并不会自行变成一种绝对的不容置疑的被给出者,除非它们处于服从于还原的情况中,换言之,处于被间接化的情况中。这并不意味着,被给出者因为被间接化而不是仅仅在直观中被感觉到在感觉,就应当由此被构成为一个对象;这一点已经解释过了,而且,通过根据青年海德格尔的一种非常明确又非常具有说服力的分析,这将成为我的第二个论据:"因此,现象学的难题领域并不只是直接地预先被给出的(*unmittelbar schlicht vorgegeben*),它应当如此被间接化(*vermittelt werden muß*)。某个事物**只是**预先被给出的

---

[1] 胡塞尔:《现象学的观念》,第50页,法译本76页,有改动(*Die Idee der Phänomenologie*, Husserliana II, *op. cit.*, trad. A Lowit, Paris, Puf, 1984)。

（*schlicht vorgegeben*），这实际上意味着什么呢？这一点在何种意义上是一般地可能的呢？某个事物应当直接地且首先被带向给予，又意味着什么呢？"[1]在知晓什么是直接地被给出的或者什么是应当被间接化的这些问题面前，海德格尔惊讶于来自朴素意识的反应："朴素意识一上来做了太多假设和前设，而不是去考虑最初直接地被给出的是什么。直接地被给出的是什么东西呢？每一个词在此都有一种[重要]意义。"[2]这里采用的例子就是教授在讲台后面站着以德国方式来讲课的例子：学生们觉知到了什么呢？或者更确切地说，什么现象向他们显现呢？换言之，什么现象向着他们自身给出（用海德格尔的语言）呢？与建构主义的各种假设和经验主义的各种偏见相反的是，一些**感觉材料**，一些实际上抽象的和衍生出来的非固有的直接物，都并没有被给出，而是，显现者（ce qui apparaît），就是作为一种现象的自身给出者（ce qui se donne）。然而，在显现中的自身者并不是木头的颜色、支架的大小、晨光的各种效果或者各种嗓音的回声，而首先是，在对于讲台的体验之中（*im Kathedererlebnis*），直接向着我给出的东西，即讲台本

---

[1] 海德格尔：《现象学的基本问题 1919/1920》，第 27 页（*Grundprobleme der Phänomenologie* G.A. 58）。
[2] 海德格尔：《论哲学的规定》，第 85 页（*Zur Bestimmung der Philosophie* G.A. 56/57）。

身。[1]换言之，直接向着我给出的东西是一种含义，而不是**感觉材料**的直接性或者一个已经间接地被构成的对象。甚至那些不知道讲台、课程、教授、学生们或大学是什么的学生，无论如何也会看到一种**含义**（Bedeutung）（海德格尔谈到讲台时说，讲台对于一个塞内加尔人来说就是一个适用于泛灵论异教仪式的图腾，一个举行仪式的平台），而且，如果人们没有看到意义且感到惊讶，这是因为人们所期待的乃是一种含义——惊奇本身预设着一种含义。因此，在本义上自身给出的唯有一种具有含义的并且至少被含义间接化了的现象。人们可以从这两个例子中得出结论说，自身给出的唯有通过自身而突然来临者（ce qui advient par soi），因此，这一突然来临者由于其本义，或者被胡塞尔在《现象学的观念》中所赋义的那种意义上的还原所间接化，或者按照海德格尔的说法被它的固有含义所间接化——除非这种固有含义在实际上且在权利上都无法完成最根本的可能还原，即事物向着其自身的还原。

正是通过这些术语，就像海德格尔所说的那样，[2]应当把给予这一难题看作一个处在意识（无论是否是朴素意识）的各

---

[1] 海德格尔：《论哲学的规定》，第 71 页（*Zur Bestimmung der Philosophie* G.A. 56/57）。
[2] 海德格尔：《现象学的基本问题 1919/1920》，第 127 页（*Grundprobleme der Phänomenologie* G.A. 58）。

种二分法之外的谜团。被给出者既不是**感觉材料**、主观印象意义上直接的,也不是被建构的对象性意义上间接的。问题不在于在两个同样不适当的术语之间选择,甚至也不是找出一个折中的解决方案。最好是要明白解决这一难题是要受挫的(正如海德格尔在《存在与时间》第31节中针对解释学所说),因为,这一难题谜一般的特征(*Rätselhaftigkeit*)[1]将我们置于理解(*Verstehen*)原初者的路途上。对于"'被给出者的'意味着什么呢?'给予',现象学的这个神奇词汇,对于其他哲学来说成了'绊脚石'"这一问题,或许还是应当停留在谜团之中吧。被给出者的未定性(L'indétermination)提供了它的第一个正确的规定性,就是不做出决定的规定性:不决定被给出者是直接的还是因为仍有中介而并没有被给出者。就像瓦雷里所说,应当承认,"自然,即大写的**被给出者**(la Donnée),就是一切,就是任何开端性的东西,就是任何开始,就是任何精神和解的永恒的被给出者(不管各种被给出者或这一和解是什么),这就是自然,任何其他都不是它"[2]。被给出者的这种谜团特征既不是直接的也不是间接的,因此,这种谜性属于理解

---

[1] 海德格尔:《存在与时间》,第148页(*Sein und Zeit* §31, Tübingen, Max Niemeyer Verlag, 2006[19])。
[2] 瓦雷里(P. Valéry):《著作集》卷2,第574页(*Tel Quel, in Oeuvres*, t.2, "Pléiade", Paris, 1960)。

（*Verstehen*）。正是在此，解释学的问题找到了它与规定着被给出者的未定性之间存在着深刻关联。

我想把我的结论落在这一点上。不应该再将解释学的诉求当作一个**神奇的词汇**，当作在规定被给出者意义之中的普遍解决方法，同时假设这种解决方法是不言自明的且从理智的天空降落到一个模糊而成问题的被给出者之上；因为解释的行为并不比接受被给出者更加不言自明。解释学实际上既不在一些对象之上也不在一些**感觉材料**之上运作，它通过专断的权威会随心所欲地更改它们的意义；这种态度毋宁更适于定义意识形态（l'idéologie）。实际上，解释学在被给出者之上用一种适合于被给出者的意义实践一种意义之给予（une donation de sens），使得被给出者并不重返其匿名性且并不停留在遮蔽状态之中，而是在其坚定的显明中（manifestation délibérée）**如这样地**（*comme tel*）自身解放。解释学并没有通过将意义固定在被给出者之上和将意义强加给被给出者而向被给出者给出一种意义，而是向被给出者给出**被给出者的**（*son*）意义，换言之，就是使得这一被给出者作为其本身、作为一种**在自身中又通过自身**（*en soi et par soi*）自身显示的现象而显现的意义。就像巴尔巴拉（Renaud Barbaras）所说，解释学沿着虚线勾勒出意义的轮廓，但并不强加一种意义。解释学所给出的意义并不像被给出者本身为了自身现象化而**期待**（*attend*）的东西一样出自解释者的决定，解释学家保持为这一意义的发现者和仆从。在解释学家能够从这一被给出者中辨认出这一被给出者本身所要求的意义的范围内，现象自身给出。解释学不仅把被给出者解释为一种现象，并且，为了达到这一点，解释学应当让解释学家使自己被有待于现象化的被给出者所解释与引导。这一相互解释的结构已经被伽达默尔运用视域融合的论据（位于其他各种论据之间）清晰地展示出来。这也就是尼采在《不合时宜的思考》中标示出的历史的疑难：历史或者通过把自己包括进它所解释的东西的视域之中而摧毁了它所解释的东西，或者通过在它所解释的东西之中废除它自己的解释者、它自己的解释视域（其中一个视域，解释者的视域或被解释者的视域不得不消失）在此自身毁灭。实际上，伽达默尔回应说，一种解释学只有当两种视域相遇且相互交换时才是正确的："因此，当下视域要是没有过去就绝对无法形成。除了人们应当征服的各种历史视域之外，并没有更多的能够单独实存的当下视域。**相反地，理解就在于这些所谓的彼此独立的视域的融合过程之中。**"[1] 由此出现了第二个论据，它指出这一融合

---

[1] 伽达默尔:《真理与方法》，第311页，法译本328页（*Wahrheit und Methode. Grundzüge einer philosophischen Hermeneutik*, Gesammelte Werke I: Hermeneutik I, Mohr Siebeck, trad. P. Fruchon, J. Grondin, G. Merlio, *Vérité et méthode*, Paris, Seuil, 1996）。

本身预设了在被给出者即过去视域与现象即当前视域之间有一种相互的步骤。如何定义这种相互性（它将通过解释者用解释者自身的解释来重叠解释）呢？"因此，我们重返我们已经获得的东西上面：解释学现象把对话与问-答结构的源始性（*Ursprünglichkeit*）也带到自身之中……历史方法要求人们把问-答逻辑应用到历史传统之上。"[1]这涉及处于历史解释（它最终通向各种文本解释）之中的一种对话："我们所阐明的问-答辩证法使得理解作为一种犹如对话关系一样的交互关系而显现。当然，一个文本并不能像一个'你'一样对我们说话。总是对在理解的我们说话，总是通过我们自身让文本说话。然而正如我们已经所见，这种在理解中给出言语的方式并不是个人首创性的任意一种介入，它反过来就像一个问题一样与文本所期待的回答有关联。"[2]因而，询问被给出者意义的问题并不是从一个解释者，而是从被解释者、从文本——而这就涉及被给出者本身的意义——接受到意义（它使得被给出者像回应那样自身显示）。

因而，解释学依赖于问-答结构，换言之，更为根本地依

---

[1] 伽达默尔：《真理与方法》，分别为第375页和第376页，法译本第393页和第394页（*Wahreit und Methode* G.W. I, trad. fr.）。
[2] 同上书，第383页，法译本401页，有改动（*Wahreit und Methode* G.W. I, trad. fr.）。

赖于呼唤-回应结构（la structure de l'appel et de la réponse），由此依赖于凭借可见者而被表述的被给出者的结构。解释学本身在自身给出者与自身显示者之间、在被给出者的呼唤与对于自身显示者的回答之间构成了一个游戏情形。由此就是我们的论题：解释学应当根据在呼唤-回应的各种形象之下对被给出者的理解而被理解。解释学远远没有超越、取代或拒绝给予性[现象学]，相反，它差不多是作为自身显示者与自身给出者之间源始关系的一种特例而在此展开。我在这里本不想谈《存在与时间》第31至33节这一主要文本，它指出了解释如何不基于解释学的和断言性的"作为"（*en tant que*）之上，而是，这一"作为"本身以彻底的方式基于固有**此在式的**（*Daseinmäßig*）实存性的"作为"之上，后者本身则预设了"在世界中存在"，换言之，**此在**（*Dasein*）及其周围世界的呼唤-回应结构："我们称审慎的解释（ερμηνεία）的源始'作为'为实存论的-**解释学的'作为'**，以区别于陈述句的断言性的'作为'。"[1]而且海德格尔指出，保持为符号性的（signitif）而非实在的意义绝不能与一种实在现象相适应，假使人们并不处于这两种存在身份的异质性之中的话，那就是述谓关系之中的情形，就是断言性"**作为**"之中的情形。只有当断言性"**作为**"本身从实存性"**作

---

[1] 海德格尔：《存在与时间》，第210页（*Sein und Zeit* §33）。

为"中派生出来时,才有可能跨越符号性的东西与实在性的东西之间的这种断裂;那么只有呼唤-回应结构,因此只有解释结构,在世界的各种事物与**此在在世中存在**(*In-der-Welt-sein*)之间起作用,而后二者本身是同质的而非异质的。这样一来,就应当理解解释学本身以便接受和认同被给出者。由此到了最后一步:不仅如何能够理解解释学本身,而且如何能够理解它以便被给出者在其中被理解。

我做出我的结论。正如我在《既给予》一书中尝试指出的,如果说给予性问题与各种现象的显现问题并不混同,如果说一方面一切自身显示者都应当自身给出,另一方面一切自身给出者并不就此自身显示;换言之,相对于各种明显的现象,总有一种被给出者的保留;那么,我们是否应当询问,在被给出者与自身显现者之间的过滤和过渡如何进行呢?这里必须引入几个简单原则。第一,被给出者不是直接的,也不是直接可见的:只有当自身给出者的这一区域自身显示时,被给出者才成为可见的,而这一点要归功于把被给出者现象化的呼唤-回应结构。但是被给出者无论如何还是超越了任何可见的呈现。因而我引用《既给予》第30小节作为结论:"因此,我有困扰,因为我既不能也不愿任由自身显示。未被看到的、被给出的却又无需种类(在'种类'这一词的意义上)的一夜,包含了已然自身显现者的广阔白日。"[1]这一已然自身显现者只是对于呼唤，换言之，对于被给出者的回应的结果，而唯有这一回应允许被给出者成形和可见。位于自身给出者与自身显示者之间的间距规定了位于直观性被给出者（在这一术语最宽泛的意义上来说，它没有名字，因为它还没有概念或含义，或许永远也不能接受到概念或含义）与作为一种现象的自身显示之间的间距。如果不是唯有其才能实践一种解释学（意义之给予的另一名字）的沉醉者（l'adonné），谁保证被给出者会有这种含义和这种概念呢？向自身给出者给出意义，允许自身给出者得以自身显示。位于自身给出者与自身显示者之间的间距，如果人们在呼唤-回应结构的意义上来解释它，换言之，在直观与含义的结构意义上来解释它，那么它就会被解释学处理为一种远比对象之构成或康德意义上的综合更为多样化的、柔韧的、可塑的且因此更为有力的**意义赋予**（*Sinngebung*）。这种经由解释学获得的**意义赋予**，不仅不会由于被给出者而成为不可能的，而且由于被给出者而成为必要的，以便这个被给出者能够自身显示。被给出者的现象化与沉醉者的解释学能力成比例。因此，在给予性的视域之中解释各种现象的情形中，排除解释学的观点，就像坚决要求意义之给予一样，就成为一种完全的误解。但是，

---

[1] 马里翁：《既给予》，第 438 页（*Etant donné* §30, Paris, PUF, 1997¹, 2005）。

只有当人们拒绝预设对于"被给出者神话"的各种批评时，也就是说当被给出者与给予性都属于直接性时，才会承认这一后果。可是恰好不是这种情况：被给出者不是直接的，因为它通过我称之为或然能够自身显示者的"未被看到者"（l'*invu*）的东西，构成了既不是可见的也不是不可见的保留。这样一来，人们就能够指出，在给予性现象学的所有层面上出现了一种解释学的诉求，不过这一点我刚刚已经说过，就不再强调了。

评论及回应

莫伟民（复旦大学哲学学院教授）

各位同仁上午好，非常感谢马里翁先生的精彩报告。听了您的报告，我深有感触，颇有收获，因为您的报告探讨了我们共同关心的复杂理论问题。我们当年在撰写《20世纪法国哲学》时也面临着这些重要问题：譬如，如何论述法国哲学与德国哲学的互动关系，如何处理法国哲学各流派之间的异同关系。您的报告引导我做了以下几个方面的思考。

第一方面涉及论辩的策略问题。众所周知，哲学史是对话、沟通和论辩的历史。在我看来，面对您所说的哲学史上的"辩论焦点和断裂线索"，20世纪60年代以来的法国哲学至少采用了三种以上的论辩策略来加以应对。第一种策略：固守其中一个立场来反对另一个立场，譬如福柯用"知识考古学"来反对人类学主体主义，德勒兹用"彻底经验主义"来批判传统哲学的表象主义。第二种策略：避免在对立双方之间进行非此即彼的选择，而是对对立双方实施辩证综合，力图不偏不倚地处在对立双方的中间，譬如保罗·利科的"自身解释学"通过"语义学迂回"和"自反迂回"，把真理与方法结合起来，在笛卡尔式"我思"与尼采式反"我思"之间保持等距，最终通达一种并非海德格尔式的新存在论。第三种策略：回到在概念对于发生二分前的原初状态，譬如德里达的解构哲学诉诸原初痕迹、原初书写来超越语音与书写、理性与感性、普遍与特殊、先验与经验之间的对立，既解构意识哲学，也解构结构哲学；既解构在场形而上学，又解构海德格尔对形而上学的解构。而您的"给予性现象学"则诉诸原初的给予性来超越确定性与偶然性、内在性与超越性、绝对者与相对者之间的对立，旨在消除您所说的实证主义与形而上学之间的种种对立。我的第一个问题是：您认为您的策略与上述其他策略相比具有什么样的优势和有效性呢？

第二方面，现象学在法国哲学中的发展、定位甚至命运问题，确实如您所说，有较多争议。众所周知，20世纪三四十年代见证了现象学在法国发展的旺盛时期、活跃期，但从50年代中期开始，现象学就走下坡路了。如卡瓦耶斯早在20世纪30年代就批评胡塞尔现象学过分地使用了笛卡尔的"我思"，以至于没有为数学内容建立存在的必要性和改造的必要性，也没法把先验主体性与先验逻辑统一起来，他甚至还断言自己几乎是通过反对胡塞尔来设法定义和开展自己的工作的。福柯则认为自己这一代人从1955年就开始远离萨特、梅洛-庞蒂那一代人的现象学和存在主义，并断言语言学、精神分析、结构主义和尼采哲学都要比现象学更适合于解决语言难题、无意识难题和历史问题，从而分别替代现象学而获得了与马克思主义联姻的资格。利奥塔（Lyotard）在1954年出版的著作《现象学》中把现象学与马克思主义结合起来的尝试失败以后，坦言现象学相比于那些黑格尔式的哲学和马克思主义的哲学是一种倒退。而您则采取"逆意向性"思路，以"还原无需先验主体性""现象学并非直观哲学"为理由反对卡瓦耶斯等人把现象学归结为意识哲学、主体哲学，并敢于确信：随着形而上学终结，"哲学只有在现象学的形象之下才能真正继续前进"。我相信，您关于法国哲学乃至世界哲学前景做出这一排他性的论断自然有您的理由。可是，很显然，我们都看到法国哲学的其他流派现在仍在产生影响，而且将来还将产生重大影响，尤其是心灵哲学、人工智能哲学在当代神经科学、脑科学和信息科学的推动下正愈来愈趋于活跃并产生更大的影响。那么我的第二个问题是：您认为哲学是否也能在"实证主义"的形象下真正继续前进？

第三方面，现象学与解释学的关系非常重要。您的报告还通过谈论还原、给予、显现这三者之间的关系，致力于论证"给予性现象学"并不排斥解释学实践。确实如您所说，胡塞尔和海德格尔都认为给予是必然出现的，而且只有被还原、被间接化的现象才无可置疑地被给予。"有多少还原，就有多少给予"，由米歇尔·亨利总结的现象学的这第四条原则集中体现了您对改造和革新胡塞尔现象学所做出的重大创造性贡献。由于您创造性地认为有一种无需先验主体的还原，给予问题也处在意识的二分法之外，"给予"并不是产生、效力、构成、综合，因而"给予"不仅获得了一种神奇的力量，而且还是一个难解之谜，因为"被给予"既非直接，也非间接。由于所有"自身显示者"都应当给出自身，而所有"自身给出者"却并不自身显示，您就把具有"呼唤-回应"结构的解释学看作"差不多是作为自身显示者与自身给出者之间源始关系的一种特例"，从而解决了解释学实践与"给予性现象学"相契合的问题。我们知道，保罗·利科解决现象学与解释学之间关系问题的创新举措就是把解释学问题嫁接到现象学方法上去，把符号解释与解释者的自身解释结合起来，把自身当作他者来看待，使得解释学经由语义学和自反哲学的迂回，最终到达相互冲突的解释学理论的共同生存论根基。在这方面，我的问题是：首先，您如何看待利科这种处理现象学与解释学关系的方法？其次，您的"给予性现象学"强调现象主体的被给予性和应答性，从而凸显了他者的无限性和不可见性。那么，您谈论的"自身给予"是否就是"他者的自身给予"，而"自身解释"是否就是"他者的自身解释"？这几种关系您又如何看待呢？

第四方面，有关法国哲学与马克思思想的关系。您的报告把马克思主义与科学主义、结构主义、人文科学、认知科学等统称为"实证主义"。我们知道马克思思想并不等于马克思主义。而20世纪法国哲学与马克思思想之间存在着非常紧密的关系，像萨特、梅洛-庞蒂、阿尔都塞、福柯、德里达、利奥塔、亨利、巴迪欧等通过选取和读解各自所需的马克思文本，提出过与其哲学观、历史观和政治观相适应的马克思观。我的第四个问题是，您能否概述一下您对马克思思想的总体看法？我的思考主要就是这四个方面。

游淙祺（台湾中山大学教授）

实际上我很心虚，毕竟在法国哲学方面我是一个初学者。首先非常感谢孙向晨院长的邀请，使我能够坐在这个宝贵的位置上。刚才茶歇时和马里翁先生稍微聊了一下，不过我们使用的是德语，我的法语仅限于在巴黎问这条路可以去哪里，所以感到很抱歉。另外我有一个感想，从马里翁先生的论文中可以看出来，他不断在与德国的哲学家进行对话。刚才方老师提到了，我的导师是瓦登菲尔斯教授，他所从事的现象学研究是延伸到法国那边去的，马里翁教授的论文的第一页就提到了。那么换句话说，我们可以了解到德国、法国三百年多来一直在相互交流学习，从对方那里吸取养分，形成我们今日所了解的波澜壮阔的情景。换句话说，如果刻意把德国和法国哲学区分开来的话，对我们的理解会是一个自我设限的做法。我们在举办哲学活动的时候，可以说是偏重法国哲学或者德国哲学，但如果从思想内容来看的话，硬要在二者之间划出明显的界限的话，我认为是非常不切实际的。

我今天的评论是做了一点文本上的准备。我刚才听了莫教授的提问后，觉得非常汗颜，因为我没有他如此丰富的对于法国哲学背景的认识。我只能首先针对马里翁先生在论文中所提出的重点，算是帮助在场的各位理解他这方面的思想内容。他这篇文章非常长，内容非常丰富，我扮演的首先是一个学习者的角色，把我所理解的东西给各位做个报告。

首先，这篇文章的重点在阐述"被给予（被给出者）"既不是直接的感觉材料，也不是间接的对象或客体，而是透过还原或意指的中介所显示的有意义之物。文章的另一个重点则是说明给予性现象学和解释学实践之间的关系，他首先指出，被给予和现实性相关。其次，他进一步指出，解释学面对的是意义给予，文本与读者的关系有如对话的关系，具有呼唤-应答的结构，他将这个结构带到对于"被给予"的解释去，指出"被给予"只有透过呼唤和应答的关系才成为可见的。他特别强调，意义更多是来自于被解释者一端，故在呼唤-应答结构中意义之产生对呼唤的仰赖更甚于应答。接下来他也指出，"给出自身"不等同于"自身显示"，"被给予"则超越显现的现象，二者必须有所区隔。例如黑夜是被给予，但不显现，显现是对呼唤之回应的结果，这是"被给予"的现象化。但"被给予"总是有所保留，它永远是未见者。

我再做一些我自己的补充说明。说明之前，让我先陈述一段自己的经历。1994年，当时我还是博士生，在德国弗莱堡参加德国现象学的双年会，在一个讨论会上，黑尔德（Klaus Held）对着一位发表者指出，对胡塞尔的理解并非仅仅知识上的理解就足够。当时一位论文发表者指出，理解胡塞尔比海德格尔容易，因为理解胡塞尔只需要理论上的解析，不需要实存或生存经验的体会。黑尔德对此说法不以为然，他郑重指出，理解胡塞尔一样需要深刻的体会。为什么理解胡塞尔需要深刻的体会？这是值得深思的。就以"还原"来说，读者是否可以置身事外般地对它进行知识上的解析便能掌握其精髓要义？也就是说，如果自己不参与"还原"，如何能够宣称自己理解了"还原"？这意味着，人们往往不自觉地站在现象学的对立面看现象学，也就是站在自然态度的基础上理解"还原"。这样的理解方式或态度是恰当的吗？黑尔德提醒我们，如果不亲身涉入"还原"，我们如何能够真正理解"还原"的意义？

以黑尔德的意见作为参考点，容我在这个场合班门弄斧，重新述说胡塞尔的几个和"被给予"相关的概念，例如意向性、本质直观、还原，等等。下面提出几个问题：什么是被给予？如何知道这些被给予？什么因素阻碍了我们知道这些被给予？如何排除这些阻碍？从胡塞尔的观点来看，作为平常人的我们是意识的存在，我们总是已经拥有丰富的"被给予"。然而向来哲学或科学所提供的解释却阻碍了我们对这些"被给予"有适当的认识。就哲学来说，经验主义的感觉经验概念，把"被给予"拆解成原子式的当下感觉经验，并试图透过这些感觉体验去构造万事万物，把万事万物都看成唯心所造，也就是认为万事万物莫不是基于这些感觉体验拼凑出来的。就科学而言，自然科学的客观概念把人的心理体验自然化，看作仿佛建立在自然物质的基础上，导致人的心理或意识失去自主性、独立性。在此观点下，人的身体被当作自然宇宙的小末梢，人的心理意识更只是小末梢中的小末梢，十分微不足道。这两种概念都源自近代，分别成为近代哲学和科学的主流思想，但这些思想明显妨碍了我们去接近意识以及种种的"被给予"。为了阐明意识及种种的"被给予"，我们不得不采取必要的手段，胡塞尔称之为现象学方法，也就是还原。还原的首要含义是悬搁，亦即将前两种想法搁置起来，置之不理，使它们不妨碍我们去接近意识的"被给予"。肯定纯粹意识是我们探讨问题的唯一依据之后，接下来便是体认，意识并非自然的物质性存在，如同占有空间的物体那般。这意味着，它不可以被个别化或被看作单独的个别存在物。作为绵延不绝的时间流，我们无法对意识进行切割，所谓"抽刀断水水更流"。在并非个体化之物的意义下，胡塞尔说意识是本质性存在。在此本质性存在中，万物被构造。但通过什么样的过程或手段去进行构造活动？首先要留意的是避免掉入陷阱，落入近代哲学和科学的窠臼中去。避开陷阱的关键无非在于肯定意识的根本特质——意向性。

简单地说，意向性指"向外翻越"或"永不止于当下"。假如我们勉强地说存在一个个别的意识，则可以说每一个意识都向着另一个意识翻越，有如一滴水遇到另一滴水，随即混合成更大的水滴那般，而不像两个小钢珠互相排斥。意向性使得个别的意识翻越到其他意识去，也指向更远的地方——所谓"意象对象"，它指向感知对象、想象之物、理解之物、知识对象，等等。胡塞尔称它们为"超越对象"。超越指的是，它的意义不局限在当下而已，而是具有客观性，也就是可以被另一个当下意识所指认和肯定。不同的人，在不同的时候都可以认可 $2\times 2=4$ 的意义。两千多年前，孔子所说的"有朋自远方来，不亦乐乎"的心情可以在今天随时重新体认,便是意义的客观性发挥了作用,而这个作用是奠定在意识的意向性上的。意识的意向性使它远远超越自身,可以与上天下地的任何具有超越意义的客观之物相连接,只要得到适当的机会,例如远从法国而来的马里翁先生给了我们机会,使我更加清楚地了解现象学的"被给予"概念,在他不断反复的阐述中,我们明白了其客观价值。什么是"被给予"?从胡塞尔的现象学来说,无非经过还原而呈现在纯粹意识的意向对象,它也就是胡塞尔的现象学所要谈的现象或实事。它们不是当下的心理意识经验而已,更非依赖于物质自然的小末梢。它们是本质性的存在,可以被直观所把握。胡塞尔的现象学描述实事、描述现象、描述"被给予",并提醒人们避免偏离正确的道路。但如果我们问,为何会有这些"被给予"?我们不能不说,这是谜团,顶多只能如德文日常用语所说的"es gibt",给予者是匿名而无根源的,我们摸不着它的底细。正如康德在《道德形上学的基础》一书中最后提出的问题"为何人是自由的",人无法得知为何自己是自由的,只能知道自己的自由,并因此不得不服从道德法则。如何面对这个引发解释学实践的具有"谜性"的"被给予"?马里翁先生区分显现的现象与不显现的"被给予",指出现象不是一切,它只不过是回应"被给予"之召唤的产物,在显现的现象之外,我们更需要关注不显现的"被给予"。在此,解释学的理解与倾听的诉求贯穿了马里翁先生所提倡的"给予性现象学"。

那么,最后我们提出的问题,其实和莫老师的提问有一些相关,但讲述起来还是不太一样。我刚才听的时候感觉到,他一直在挑战马里翁先生,追问现象学有何种本事,得以在当代法国哲学中始终占有一席之地。那么我的角色则是站在现象学这边的,我想说,现象学真的还有机会吗?还能够燃起人们对现象学的热情吗?在经过了这么多的波折和种种挑战以后,还能够有这一机会吗?我的提问是:当代法国哲学的发展从20世纪60年代开始,是否可以被看作背离现象学的过程?我希望自己的理解与事实真相有所出入,但假如确实真的如此,则"被给予"的概念在现象学与当代法国哲学的对话中,扮演了何种角色?在何种意义上,它可以使人们在经过数十年当代法国哲学的发展之后重新燃起对现象学的热情?刚才我稍微和马里翁先生简单聊了一下,他信心满满,看起来是没有问题的。谢谢大家!

马里翁

我将用法语来作答。我想从游教授的评论开始,在他的评论中根本性的一点是,要求我们严肃对待这件事,正如他提到的黑尔德教授与那位发言者的对话。那位对话人就像不少现象学研究者、法国当代现象学研究者一样,削弱了特别是胡塞尔现象学道路中非理论行动(acte non-théorique)的重要性。人们很容易以一种被胡塞尔称作"自然态度"的态度去面对胡塞尔的思想以及现象学方法,亦即不做行动。而现象学哲学恰恰在于要做出行动,这并不是一种中性的哲学。正如笛卡尔已经提出的,思想乃是进行思想行动(faire des actes de penser)。第一个思想行动肯定就是还原。还原的对象和意图是什么?还原有什么用?还原在于尽量驱散知觉中的模棱两可。实证主义者、经验主义者并非批判的思想者,而是一些天真的思想者,因为他们相信人们自发觉知到的东西,一律都是真实的(uniformément réel)。如果对此有所怀疑,一律都是错的。实际上,我们很难知道真正知觉到的是什么。还原的目的总是要知道实际上被给出的是什么。我重拾海德格尔所说的讲台例子。当我看到一个讲台,我所看到的东西是一种含义(signification),而不是经验材料的集合体。经验主义者相信当我看到这支笔,我看到的是颜色和形状。实际上,一个受过教育的观看者看到的并不是颜色和形状,而首先看到的是这支笔。他们看到的是含义。还原就是允许我们去说这是一支笔,这并不是一件首饰、饰品之类,而就是一支笔。而我们并不总是知道我们所看到的东西。比如说,当看到一辆车,我们看到的并不是钢材、金属、塑料、电器之类,我们看到的是一个概念。

因此，还原允许我们进行区分。也就是在此，我想尽力确切地指出在以往现象学之中某种并没有清楚表达出来的东西，即真正被给出者。我强调这一点：当胡塞尔在 1907 年《现象学的观念》中引入还原概念时，他是在谈论"被给出者"时引入还原的，在同一个文本中，他把"给予性"（*gegebenheit*）和还原都视为主题。他想说的是，当人们进行还原时，人们将知觉和感觉的集合体重新导向（reconduit）真正被给出者。评论者们说在胡塞尔那里"被给出者"是一个不够明确的主题，事实上的确如此。但是"被给出者"乃是还原之后剩下的东西。这肯定不是一个对象，肯定不是一个存在者，也不是一个表象，它是我们一旦进行了还原之后留存下来的东西，是真正出现在此的东西。还原是一种非常重要的操作，它要求不把"未被给出者"当作"被给出者"，而同时不忽视"被给出者"。这是胡塞尔的传统。可以说，还原把各种混乱与不分明的知觉（后者混淆存在的东西与不存在的东西、对象性的东西与主体性的东西、持存的东西与非持存的东西，等等）独一无二地转换为纯粹的现象，它只在探究事实被给出与否的意义上产生纯粹的现象。

关于游教授的评论，我想指出的最后一点是，在他的发言稿的最后部分，他引了一句表述，我认为自己从来没有使用过，但这句话非常精彩。他说：现象并不是一切，它只是对被给出者之呼唤的回应。这一点是至关重要的，现象性和现象并不只是被动获得的，我们所看到的世界，并不是一个如其所是的物理世界，正是我们使得整个世界成为可见的。大家都知道关于颜色的知觉，世界上并不存在如我们所见的那样的颜色，而是我们的眼睛、大脑接受了光线，并且以颜色这一形式将它们组织起来。所以知觉已经是一种回应，从生理层面上说，知觉是对于外部世界发送给我们的各种符号所做的解释。因此，现象乃是我们解释的结果。这就产生了现象，这是真的。换言之，现象是一种回应，并且现象性比我们在对于自身给出者的回应中所产生的现象要更为广大。自身显示者乃是我们对于自身给出者的回应与解释，而在自身显示者与自身给出者之间总是有一个间距。这也是为何我们的知觉自身也历史性地演进，在个体的历史之中演进，在人性和文明的历史之中演进。这也使得我们能够理解现象学分析的严肃性，自身给出者总是比自身显示者要多一些东西。

接下来我对于莫教授的反思有几点回应。莫教授的第一个点评关于普遍的哲学状况特别是最近几年法国哲学的状况，对于三种策略的点评，福柯、德勒兹反对人类学主义或表象论的策略，利科从解释学出发抵达某种或许可以称之为"保持某种所提立场"的策略，以及第三种策略是回到一个更原初的出发点，这些都是很恰当的。而我认为，还应当参考法国哲学最近二三十年以来的一个根本规定性，亦即形而上学的终结。我们这里所提到的所有作者，从深层背景而言都有这一觉察。这也是为何这些年以来总是有哲学史与思辨哲学之间的关系问题。根本问题在于，由于尼采、海德格尔和其他哲学家，人们意识到了形而上学的终结。这也是为何在现代时期，存在着对于形而上学概念之构成的问题研究。形而上学终结的问题是一个普遍性的问题。因此，新开端（nouveau commencement）的问题萦绕不去，在福柯、德勒兹、解释学、现象学中都是如此。

莫教授的第二个评论是关于近几十年以来对于现象学的反对意见，在卡瓦耶斯、福柯、利奥塔等人那里都有。而非常有趣的是，这些反对建立在现象学五六十年代的研究之上，也就是说，实际上是在我们拥有胡塞尔和海德格尔的最终版文集之前。而理解法国现象学的一个要点在于，它有一个新的开端，因为从60年代到80年代，我们逐渐获得了《胡塞尔全集》和《海德格尔全集》，也因为法国人能够以德语阅读这两个人——以前，读胡塞尔的和读海德格尔的并不是同一批人，现在则是同一批读者了。他们通常不需要以翻译版来阅读，并且能以更全面的方式进行阅读。这改变了许多情况，尤其对一些批评来说，比如卡瓦耶斯把意识哲学和概念哲学对立起来并且认为现象学是意识哲学，或者陈德滔（Trân Đúc Tháo）、早期德里达、早期利科、利奥塔、阿尔都塞等人的反对意见，认为现象学不能思考时间，不能思考马克思主义者所谈论的时间性和历史，就如主体性哲学。所有这些反对显然都太弱了：当我们阅读现象学的全部文集时，在胡塞尔那里显然有对历史的思考，显然有对时间的思考，在海德格尔那里显然有时间和历史的概念。所以，这一反对意见在论战的层面上是重要的，而现在其意义则大大地变得狭窄了。我想说，有一种看待胡塞尔的观点，把他当成一个简单的笛卡尔主义者，事实上显然不是这样。所以，的确曾经有一种经典的对于现象学的批评，但现在已经完全过时了。

莫教授的最后一点评论是关于法国近年来现象学的发展遭遇整个法国哲学的问题。其共同点在于，人文科学、认识科学、解释学理论等，从现象学那里重新找到了最后的确认，即并没有自我建构的主体（sujet auto-constituant）。这非常奇怪，因为，当现象学从胡塞尔开始时，人们首先相信这是最后一个版本的超越论主体（sujet transcendantal），胡塞尔曾说，现象学乃是完成"我"的自我构成的形而上学梦想。相反，由晚期胡塞尔、海德格尔、利科、列维纳斯及其后继者构成的现象学历史却指出，主体总是一种内在于自身的操作（opération intérieure à lui-même）的结果。这或许就是胡塞尔那里时间意义上的原印象（Urimpression），或许就是海德格尔作品中的存在的呼唤（Ruf des Seins），或许就是列维纳斯的"他人的面孔"（visage d'autrui），或许就是利科解释学中的呼唤-回应结构（structure de l'appel et de la réponse），或许也是一般意义上的呼唤-回应结构，就像在让-路易·克里蒂安（Jean-Louis Chrétien）的作品或者我的作品中那样。呼唤的结构内在于意识，意识总是对于呼唤的回应。因此实际上，"我"（je）总是第二位的，人们可以去讨论其相对于什么是第二位的，但其绝不是第一位的。这种立场可能——我很确信——是笛卡尔的立场。笛卡尔的"第二沉思"中的**我思**（cogito），完全不是一种自我确认，不是一种自身意识（conscience de soi），而是对于有可能被某个另一位所思的可能性的回应，譬如全能的上帝或恶魔（malin génie）。我被思（suis pensé）。我并不因为我思而存在，而是，我确信我在思是因为我知道我被思。这是真正的出发点。因此这就是现象学所带来的一个对于**自我**（ego）概念的总体修订，也是由此，现象学或许对于一些看起来非常不同的学科而言也是一种有用的哲学立场，譬如对于认知科学、人工智能等。

下 编

马里翁访华座谈、采访实录

非理性主义及其他[*]
——中国人民大学座谈会纪要

冯俊

首先非常欢迎马里翁先生及太太来中国讲学。我知道,您上午已经在人大进行了一场学术讲座,根据我的学生反馈,讲座非常成功。中国人民大学哲学院与法国哲学有着颇为深厚的渊源,在这里首先让我想到的就是中国法国哲学研究的开拓者,同时也是中国人民大学哲学院的老前辈庞景仁先生。庞景仁先生是中国最早引介和研究法国哲学的学者之一。他于1942年从法国巴黎索邦大学获得哲学博士学位,其博士论文为《马勒布朗士的神和朱熹的理》,法国著名的哲学史学家、笛卡尔和马勒布朗士研究专家古耶(Henri Gouhier)先生是其导师之一,博士论文后来在法国出版(*L'idée de Dieu chez Malebranche et*

---

[*] 本篇为马里翁2017年11月13日晚在中国人民大学参加的座谈会纪要。座谈由李科林主持,郑鸣和郭真真现场口译,与谈人有冯俊、靳希平、欧阳谦、张生、黄作、刘哲、雷思温等学者,以及中国人民大学哲学院部分研究生。遗憾的是,由于录音设备意外损坏,只能根据录音开头一小部分以及部分学者和学生的回忆粗略整理成文。——编者按

l'idée de Li chez Tchou Hi, suivies de Du Li et du K'i, traduction annotée du livre XLIX des *Œuvres Complètes* de Tchou Hi, Vrin, 1942）。获得博士学位之后，庞先生先后在瑞士伯利恒学院和弗里堡大学任教，并于中国抗日战争结束后不久的1946年回到中国。在中华人民共和国成立之后，庞先生进入新成立的中国人民大学任教，庞先生的到来让中国人民大学成为中国法国哲学研究的重要基地之一，同时也奠定了中国人民大学法国哲学研究的传统。

庞先生逝世之后，在以北京大学杜小真教授为代表的一批学者的带领下，中国的法国哲学研究又有了长足的进展，研究的相关视域也从近代法国哲学拓展到了现代法国哲学，其后法国后现代主义等思潮又进入了学者的研究视域中。中法学者之间的交流也同时展开，我记得自己在英国和法国进修期间，第一次去巴黎，通过高宣扬老师介绍，到当时的法国哲学学会主席董特（Jacques D'Hondt）教授家中去，其中还谈了中国作为会员加入法语世界哲学联合会的事宜，回来后也想落实这件事情，最终由于民政部相关政策未能如愿。进入新世纪之后，随着互联网技术的发展以及中法哲学和文化交流的日益频繁，中国的法国哲学研究基本上已经能够做到与法国同步。

就我本人而言，我也是长期从事法国哲学研究的人员之一。我的博士论文讨论的就是笛卡尔的《第一哲学沉思集》(《笛卡尔第一哲学研究》，中国人民大学出版社，1989），其后我又对法国近代之后的各个阶段的哲学进行了研究，并出版了相关著作，包括主持翻译了十卷本的《劳特利奇哲学史》，今年刚好由中国人民大学出版社出齐。

中国人民大学与法国哲学的另一个渊源来自马克思主义哲学的研究。中国人民大学是中国马克思主义哲学研究的重镇之一，我们在研究马克思主义的源头时，总是将其追溯至法国18世纪的唯物主义，因此伴随着马克思主义哲学的研究，我们对18世纪的法国哲学的研究也得到深化。

这次能邀请到马里翁先生来中国，是我们法国哲学学界的一次盛事。我知道马里翁先生接下来还将在上海、广州等地进行演讲，并同相关学者进行座谈交流，我预祝您接下来的行程取得圆满成功。

马里翁

非常感谢！我本人同冯先生有两个交会点：一个在笛卡尔的研究，另一个是马克思主义的学习和研究。在笛卡尔的研究方面，您刚刚提到了亨利·古耶先生，而我跟古耶先生也很熟悉，我的第一本书是研究笛卡尔的，叫《论笛卡尔的暗淡存在论》(*Sur l'ontologie grise de Descartes. Science cartésienne et savoir aristotélicien dans les* Regulae, Librairie Philosophique

J.Vrin, Paris, 1975），在芙林（Vrin）书店出版，而当时这一丛书的主编就是古耶先生。另一个是，您刚刚提到董特教授，我在普瓦提埃大学（l'Université de Poitiers）任教的时候，他就是那里的教授，在他的帮助下我参加过他主持的黑格尔和马克思理论研究的活动。

法国和中国是世界上最没有身份问题的两个国家，两个国家并不自我封闭，都具有开放性特征，这种特征应当促进两国在哲学、文化领域的交流，也应当使两国在世界文化的交流和发展中承担更多责任。法国与中国的相同之处就在于文化自信和民族自豪感，这是欧洲其他国家所不具备的。非常感谢冯先生对法国哲学在中国发展的历史所做的回顾。正如冯先生所言，法国与中国在哲学领域的合作有着美好的未来。

集体讨论

首先是非理性主义问题，理性与非理性问题。一般认为，近代是哲学高唱理性赞歌的年代，到了19世纪末20世纪初的现代社会，非理性主义哲学开始滋长、发展与壮大。譬如冯俊老师在后续的发言中直言：中国对法国哲学的研究的重大拐点是对非理性主义哲学的关注。90年代后期，在继续研究笛卡尔理性主义哲学的同时，也开始关注非理性主义哲学。马里翁先生对此有一个完全不同的认识，焦点集中在"非理性主义"这个概念上，他甚至不完全同意这一提法。他以为传统认为"非理性主义"哲学起源于尼采对理性的激烈批判，海德格尔的现象学还原理论为"非理性主义"哲学提供了方法，当代法国哲学进一步发展了这一哲学思想，从不同角度对传统理性进行了颠覆性批判。但是，这些批判是非理性的吗？例如德里达的解构主义是一个严密的逻辑体系，非常符合合理性（rationalité）要求。这个观点令在座的各位中国学者都感到很惊讶。有学者就提问：马里翁先生所用的是"rationalité"（合理性）一词，而非"raison"（理性）一词，这里是否有什么考虑呢？因为，如果从合理性的角度来看，德里达的解构主义当然是合理性的，是讲道理的，否则就是不合格的理论了。马里翁先生对此回答道："rationalité"（合理性）一词和"raison"（理性）一词都来自拉丁词语"ratio"（比例、理性、理由等），在法语中没什么区别，另外，"rationalité"（合理性）的含义绝不仅仅限于科学理智理性的含义中，所以"rationalité"（合理性）一词和"raison"（理性）并不截然分离，至于中文翻译过来，是不是可以有不同的翻译，这取决于具体文本和中文语境。又有学者表示，自己是从研究对象的角度来理解"非理性主义"的，17世纪的理性主义哲学关注科学认识和理性观念，甚至试图用科学理性来解释信仰问题；但是从19世纪末开始，哲学开始关注那些不属于理性范畴的对象，如直觉、疯癫、无意识等。马里翁先生则表示："我理解您的意思，但是我并不认为对这些对象的研究是非理性的，相反，当代法国哲学的总体目标是要突破传统理性主义的界限，重新诠释与构建理性。"又有学者追问：但是当代哲学研究无论从对象和方法上都与17、18世纪的哲学研究有明显区别，这是一个事实。马里翁先生回答道：我要指出这一区别并不说明哲学要放弃理性，在我看来，人们对理性的理解在19世纪末已经变得非常模糊，当科学主义宣称"我们要信仰科学"时，理性和信仰之间出现了模糊性，这一模糊性说明之前关于理性的理论已不再成立，哲学必须建立关于理性的新理论。上个世纪哲学的发展，结构主义的发展让我们在反现代性的思潮中更加清楚现代的含义，那就是重新理解理性问题。马里翁先生对于理性概念的新理论的阐述和展望可以说是当场座谈会中最精彩的部分，令人印象非常深刻。

最后，冯俊做了小结："马里翁先生对当代法国哲学的解释非常深刻，当代法国哲学对理性的重构打开了诸多可能性。这些可能性也为中国新一代学者创造了机会，我相信越来越多的中国学者将加入这一研究，与法国学者共同面对新时代对哲学的挑战。"

之后，大家围绕着现象学与当代法国哲学的关联、当代法国哲学解构传统的积极意义、当代哲学对整个哲学思维传统的变革、哲学的前景等重要问题进行了深入讨论。

  最后,马里翁先生再次表达了对主办方的感谢,另外还强调中法两方的哲学交流和合作会更加深入地继续下去。

笛卡尔与法国哲学的复兴
——马里翁澎湃访谈录*

第一部分 时事——中国有可能创造尚未有先例的东西

杜甦

听说您之前来过中国?

马里翁

2000年我去过北京,到过北京大学,还到过上海复旦大学,只待了十天。

杜甦

您这一次来中国讲学的旅程要长得多,注意到什么大变

---

* 本文是澎湃新闻于2017年11月17日在上海对马里翁所做访谈的记录。采访人为杜甦、黄作和邵奇慧,采访语言为法语。第一部分"时事"由澎湃记者杜甦整理成文,第二部分"哲学"则由黄作整理成文,最后由黄作完成统稿。本篇内容曾刊布在澎湃思想栏目上,在此感谢澎湃新闻授权收录。——编者按

化了吗?

马里翁

当然,中国的变化令人叹为观止,包括这次在上海也看到很多不一样的地方。中国近年来的变化让我想到"二战"后的美国,科技和经济在短时间内飞速发展,这一点非常相似。不过作为外国人很难去了解,是整个中国都在发生改变,还是只有类似这里的局部区域;此外,中国的变化是否意味着这将是全球化在全世界的未来趋势,还是仅仅在为她奠定国际地位以跻身发达国家之列打下基础,这是我和不少人的疑问。中国能带来新的契机,还是成为又一个"西方国家"?中国克服了前两次鸦片战争以来的发展延迟,只是为了能在"第三次鸦片战争"中取胜,还是正在试图创造某种前所未有的可能性?我觉得尽管中国现有的创造都是在复制已有的模式,但她很有可能创造出尚未有先例的东西。但我并不清楚应该去期望些什么,因为中国正以更快的步伐,完成前人做过甚至是想做而没做到的事,这是在瞻望未来,还是仅仅在弥补过去的差距?这是我常常自问但还不得其解的问题。

杜甦

生态环境是您近来非常关注的话题,这次中国行在环境方面的感受如何？

马里翁

和2000年的北京相比，我感到环境有了很大的改善。令人奇怪的是，中国关注环境的时间并不长，但对此非常重视，而美国明知其重要性却置之不理，在欧洲这是大家普遍关心和重视的问题。中国在这个问题上的立场很值得称道。因为全球化并不仅仅是一个经济问题，同样是一个生态问题。这和挑起核战争得不偿失的逻辑相类似，对环境问题负责在今天是经济发展不可或缺的条件。过去认为经济发展与环境保护两者不可兼得的理念是完全错误的，不去承担生态保护的义务，经济增长就是无本之木。中国人能比美国人更深刻地理解这一点是很好的。

杜甦

您今年在贝桑松做的讲座中提到，生态环境属于公有财产的范畴，而"财产公有"的概念与天主教价值观有渊源，是这样吗？

马里翁

生态问题的确可以这样去理解，不过有关它与天主教价值观的表述不太准确。"公有财产"的概念是指即使与私有财产、个人利益相违背，人们也必须去尊重和保护的一类财产。之所以要保护，是因为某些"公有财产"如果遭到侵犯，私有财产就失去了存在的条件。比方说，如果（一个国家）不放弃行使不计代价的军事权利——也就是使用核武器，就会连国家主权也无以维系，因为世界已经毁灭了。从这个意义上来说，生态环境是维系经济增长的基础，如果任何人都不节制其经济行为，生态灾难将会消灭一切经济行为。我最近谈到"公有财产"这个概念，是因为它以普世价值为前提。对有些国家和民族来说是没有普世价值的，他们以自我为中心，看不到他们的成功是普遍规律决定的。（在之前的讲座里）我想要指出的是，在当今的法国社会，天主教徒扮演了维护普世价值的角色，因为他们从小接受的是普世价值、财产公有的思想教育，这是他们宗教信仰的基本形式。所以并不是说"公有财产"是天主教的价值，而是它是一种普世价值。天主教（Catholique）从其希腊语词源来说，的确与总体性、普遍性有着内在的联系。

邵奇慧

如果说在法国，"公有财产"这个概念是与某种宗教层面的信仰——比如天主教——相关联的，而对中国人而言，可以说我们没有这种严格意义上的宗教信仰的力量。那么这种状况是否可能会成为中国经济或者其他方面发展的某种阻碍呢？

马里翁

我觉得一个国家民族共同体得以成立的前提是具有统一性，这种统一性不在于拥有共同的利益，因为在一个国家里可能存在互相排斥、互相抵触的利益群体，来自东西南北不同地域的人有不同的利益，尤其是中国内部文化这么多元的情况。那么是什么让一个社会群体形成一个整体呢？以法国的国家格言"自由、平等、博爱"为例，我们会发现每一条实现起来都很难：自由，首先无法确定是实质上的自由，还是形式上、法律上的，此外自由到底可以走多远，因为自由并不意味着谁都可以为所欲为，给自由下定义已经不简单了；然后是平等，要想定义它也不容易，这个平等是经济上的、司法上的，平等有可能会与自由背道而驰吗？当然有可能；最后是博爱，定义所谓博爱（法语 fraternité 可直译为"兄弟情义"）那就难上加难了，因为要和某个人真正意义上亲如兄弟，仅仅做到相互友好是远远不够的，必须要和他有一个共同的"父亲"，而如果是一个社会要有共同的父亲就很棘手了，显然这个父亲可能是一个统治的独裁者或是总统，这就是政治意义上的兄弟情，尽管这层关系很脆弱。如果是在种姓制的社会，博爱就更不可能了，而在非洲或部分阿拉伯国家的部落联盟制社会，要讲究博爱也很困难，为什么我们的社会要禁止奴隶制，与奴役行为作斗争——在任何社会形式中都有容许奴役现象存在的倾向，要在任何社会中实现博爱，必须满足一些非政治的条件，这些条件是精神上的，甚至可能是宗教上的。而我作为一个基督教徒，用基督教的术语去思考的话，那就是如果没有超验的父权存在，就谈不上博爱的可能性。对中国我不太熟悉，且不去讨论，在法国肯定是这样。法国的情况很有意思，法兰西共和国是在消灭王权的情况下建立起来的，国王不算是一个"父亲"，但他是父权在现世的表现。我们都知道没有了"父亲"，法国人之间很难有真正博爱的兄弟情，今天的法国之所以常分裂成两个甚至更多个阵营，正是因为存在父权归属的问题。保留王室的国家在这一点上有优势，尽管王权在今天主要是象征性的，但国王的身份在本质上凌驾于各个分支之上，哪怕这些国王显然是表面而肤浅的。与博爱的先验维度相对立的是围绕全球化的讨论。谈论这个问题要特别留意，否则后果会非常严重。我们说全球化先是一个经济问题，其实一开始它就是世界大战本身，第一次划定全球版图有了"一战"，然后为了让它为全世界接受，又打了第二次世界大战，当大家都明白了"全球化"是什么，我们就从暴力的全球化，进入了经济全球化的阶段。但这样的全球化仍然是不够的，接下来还需要进行一场精神上的全球化，这是我们都要面对的难题。而要想实现精神领域的全球化，靠联合国秘书长下一个行政命令显然是不够的。

黄作

您在前几天的演讲中也常常提到"普世性"这个词，您觉得法国和中国在这一点上有相似性吗？

马里翁

在我过去的经验中，对美国的了解对我的触动很大。过去的二十五年以来，我每年至少在美国待三个月，慢慢地对这个国家有了一点了解。美国是世界上最强大的国家，然而他们并不认可普世价值。不知道为什么，美国人并不理解美国以外的世界——并不是说他们不知道（域外世界），他们也有（研究世界各国的）专家，但他们并不理解这个世界。在国际会议中，美国人只会用美语发言，不会说任何其他语言，而其他国家的代表会以多种语言交流。美国最大的问题就在于它处于支配地位，却并不具有普遍性。我是一步步发现这个现象的，因为这是一个悖论，从本质上来说只有普世的国家才应该能主导世界。于是我开始思考，是否有一些国家内在地就具备（或者有可能具备）普遍性。在欧洲，我觉得法国是可以考虑的，它比英国、意大利、德国、西班牙都更普世，也许是因为它地处欧洲中心，也许因为移民众多、文化多元，等等，所以法国至少是可能有普遍性的。再看东方，日本是以维护自身为核心的，所以不可能有普遍性，印度的社会组织结构太过特别，俄罗斯一是不知道自己到底算是欧洲国家还是亚洲国家，二是至今仍在为政治制度上的抉择而纠结，不知道他们是否可以成为民主制国家，到底要不要民主制，所以他们的基础很不稳固，很难起到典范作用。剩下的显然只有中国了，中国太古老了，它不需要去捍卫一个单一的身份，也从来没有怀疑过其同一性，与日本不同，中国没有亡国灭种之忧，有稳定的中央政权，子民遍布世界各地，如果说在东方有那么一个具有普世性的中心，那就应该是在中国。这是我对于中法两国的相似性（大概略有些肤浅）的认识。

杜甦

尽管中国不像法国那样有天主教传统，大多数国民也基本不信教，但仍然有可能找到具有普遍意义的共同价值吗？

马里翁

没有人可以说一个国家是没有宗教信仰的。今天的中国人不信教的原因具有多重性，一方面是历史上中国的精神世界没有超越一切的唯一神，无论是在佛教、道教、儒教中都不存在，不过基督教和中国的渊源也是很久远的；另一方面，现在的中国是唯物主义国家，这是因为中国社会出于积累一定社会财富的需要，有必要在一段时间内保持唯物主义的主导性，在几代人之内大多数人都会是唯物主义者。但是这并不只是中国所特有的情况，今天的西方国家同样因为消费型社会而笃信唯物论，所以并不是中国的命运如此就决定了中国是不信教的国家。现在我们说中国不信教，我们也很难去确定中国有多少基督教徒，因为这其中还有一些有待解决的制度性问题，如果今后更公开透明的话会发生什么很难说。我的好友巴黎枢机主教吕斯蒂热（Cardinal Lustiger）曾说过，很难知道一个国家的人民是否信教，这是一个没有正确答案的问题。受政治环境的制约，社会学调查也无法给出答案，因为首先人们并不总是说真话，其次有些人甚至自己都说不清自己是否信教，也有人今天信明天又不信了。即使在法国，宗教信仰的公开程度更高，我们仍然很难知道，法国到底是有60%的信徒，还是只有5%，数据差距和评判的标准有关，每周日都去望弥撒的大概只有5%—10%，但公开宣称自己是天主教徒、穆斯林或者东正教徒的人，则达60%—70%。在日本也有这样的人，在婚礼上信天主教，葬礼上信神道教，所以这很难说。

杜甦

在今天的中国，一方面很多没有接受过系统哲学教育的普通人，习惯于以唯物的世界观去思考，而一些与之相抵触的哲学思想和宗教理念——哪怕源自中国传统思想，在基础教育中都很大程度上被边缘化了；另一方面，一部分人到了国外很快地皈依西方宗教，另一部分人选择承袭家族曾经有过的儒道释信仰，似乎有一种宗教饥渴在困扰着这一代人。这样的社会大环境之下的个体，怎样才能建立起一种个人信念？

马里翁

这不只是存在于中国的问题，而我的回答很简单。

首先，工业与后工业时代有一个显著的特征，就是世界在物质层面过度畸形发展，这是相对于知识、精神领域的滞后而言。一旦人们不能再随心所欲地生产物质产品，其经验认知就会引导他逐渐远离唯物主义，这是新近才出现的现象。工业革命以来，我们都变成了唯物主义者，因为我们开始大量地生产物质产品，物质产量越来越大，直到让人觉得物质是唯一真实的东西，这是全世界都存在的问题，不是中国所特有的。

其次，当我们成为唯物主义者之后出现了一个悖论，那就是我们对于物质的概念不再那么确定了。很让人惊讶的是，在古代，人们都知道物质就是物质（敲桌子），而现在的基础科学解释说没有物质只有能量，宇宙是由能量构成的，而其中绝大部分的能量是没有物质化的，是不可见的。所以（传统意义上的）物质并不存在，这才是真实的，而物质世界只是一个幻象，是一种表述方式。这颠覆了人们对精神世界的认知。直到17—18世纪牛顿的时代，人们都相信无形的思想与有形的物质是分开的，从爱因斯坦开始，人们不再确定物质是什么，但知道它没有那么"物质"，这是一个重大的变化。所以唯物主义并非是研究现实的哲学，而是对于现实的虚假阐释，是把现实作为有形物体来思考。列宁曾经在《唯物主义和经验批判主义》里提到（批判）德国物理学家恩斯特·马赫的理论。马赫在当时已经提出物质即能量，从严格意义上这是对唯物主义的一种否定，这让列宁非常震惊，然后他就论证了即使不存在物质，唯物论也是成立的，有趣的是，这从某种程度上承认了问题的存在。不是我站在资本家的唯心论立场上去否定列宁，而是他自己阐述了唯物主义中存在的不合理性，然后再去论证在物质不存在的基础上坚持唯物论的可能性。

第三，选择信仰宗教，或者成为唯灵论者、理智主义者，等等，这都只是理性的思考方式。譬如当我们刚才谈到全球化的问题，谈到公共财产的问题，很明显现实的精神层面、伦理层面是真实存在的。如果说人类社会发展以某种形式的道德准则为前提，它的表现可以是对生态环境的尊重，是最基本的公正道义，是反对贫穷与奴役，追求和平等等，这些都是非物质、非经济层面的考量，它们并不是次要的、非强制性的准则，而是具有决定性的。因此所有确实属于精神层面的事物同样具有实在性,也就是说,无论进行哲学思考还是信仰宗教,都不是什么奢侈的事情,而是人必不可少的需求,当习近平主席提到"要使国际合作达到互利双赢",或者"要让所有人享受社会进步的成果"的时候,这都不是唯物主义,照唯物主义的观点立场他也许会说"以中国成为世界第一强国为唯一目标"。在他的言论中,有着宗教的或者说是精神的方面。如果说很多人都感受到了自身在哲学性或宗教性思考上的缺陷,那是因为这是事实,而不是他们都痴傻了。

在后现代社会中,伦理问题不再是次要的,而将在未来占据讨论的重心。无论是马克思主义还是资本主义,在过去对社会定义上是统一的,物质与经济是一切的基础,而意识形态是相对次要的上层建筑,即使在大学里,更多的经费也是流向与经济基础相关的研究方向,而不是哲学、社会科学。今天的现实正越来越颠倒过来,因为在基础层面没什么神秘的,无论中国、美国还是欧洲的国家,所有国家能做的都是一样的事,能造成不同的是上层建筑、政治结构、国家形态、教育水平等。政客们也开始慢慢明白,具有决定性作用的是上层建筑而非经济基础,其结果自然是宗教信仰、思想精神、伦理道德一类的问题越来越多地涌现出来。

第二部分　哲学——真正的"赠予"并没有给出任何东西

黄作

我们现在开始谈点哲学吧。我们知道，您的哲学是从笛卡尔出发的。在前几天进行的报告中，您甚至强调您从未离开过笛卡尔。20世纪以来，我们看到，法国的笛卡尔哲学研究出现了某种复兴，产生了像吉尔松（Gilson）、盖鲁、古耶、阿尔盖（Alquié）、罗迪斯-刘易斯（Rodis-Lewis）等研究大家。您是否认为笛卡尔研究在20世纪法国的这种复兴有着某种特殊的土壤呢？

马里翁

让我们从简单的东西开始说吧。如果您是德国人，您做哲学，您就写关于康德的书；如果是英国人，您做哲学，您就写关于休谟的书。在法国，如果您要开始做哲学，您就干关于笛卡尔的活。因此，我们可以说，笛卡尔以来的任何法国哲学史，都是在首先解释笛卡尔的过程中形成的。如果您想知道法国的哲学研究状况是什么，那么就应该问一问，所问的那个时代中对笛卡尔的最重要的解释是什么。20世纪对笛卡尔的解释就是当时法国哲学状况的征兆。那么，我研究笛卡尔，因为他是我们的问题之来源,或许也是某些可能出现的解决方法之来源。

另一个研究笛卡尔的理由是,法国大学的哲学研究是在那些来自笛卡尔的问题之上建立起来的。比如主体的问题,上帝实存的证明问题,对外在物质世界的解释的问题,技术的问题,等等,所有这些都来自笛卡尔,至少对我们法国人而言是这样的。而现代哲学中很大一部分也是来自笛卡尔本身,比如康德那里显然就是笛卡尔的问题,某种意义上尼采那里也是笛卡尔式的问题(否定的意义上),胡塞尔也是,甚至海德格尔也是,因为他是从批判笛卡尔开始的。因此,如果我们想理解代表着形而上学终结的当代哲学的哲学问题(隐蔽的也好,明显的也好,背景也好),那么就应该研究笛卡尔,因为所谓的形而上学,其中很大一部分恰恰来自笛卡尔。这些形而上学有这样一些观点:"凡是不能作为对象成为可智识的东西(intelligible)都不是实在的(réel)""一切事物的可智识性假定了自身(l'auto-),自身意识(la conscience de soi)和主体的自身可智识性(auto-intelligibilité)",这些都来自笛卡尔。如果我们思考神圣者(le divin)的问题、上帝的问题,也就是第一因、第一原则的问题,这也是来自笛卡尔的问题。因此,在某种意义上,对形而上学的超越、批判和解构,都是笛卡尔式的问题。这就是我为何要研究笛卡尔。

说到笛卡尔研究的革新,这是一直存在的,但如果说这一进程加速了，主要出于两个非常不同的原因。第一个原因恰好是由于海德格尔，由于胡塞尔。在法国，也可以说由于我的解释，我们理解笛卡尔研究也是一般形而上学的研究。这并不是对某一个特定作者、特定传统的研究。笛卡尔之所以有意义，是因为他是康德，某种意义上是黑格尔，还有我刚才说的尼采和海德格尔的出发点，因此这甚至不是一个随意就能被拿来加以研究的作者，而是这里涉及进入一般形而上学问题的方式。第二个原因是，哲学史——我说的是作为一门特定的哲学性科学——在近三十年以来，大大发展了，大大精细化、技术化了。首先有了数字化，文献大大精细了，有了自动索引，有了新的图书版本，有了对历史细节巨细无遗的了解；接着，也有了笛卡尔研究的非凡的国际化，笛卡尔成为了一个世界性的作者，比如在笛卡尔的大的周年纪念日，都会有全世界范围内的一些研讨会，这些完全是新的，因此笛卡尔成为了不仅仅对法国人而言的作者，而且成了世界性的作者，以至于法国人要非常努力才能保留住自己在笛卡尔研究上的中心地位。

我举个例子来说明。关于笛卡尔的研究，有一个叫主体性问题。问题涉及"自我"（l'*ego*），涉及意识，或者说涉及自身意识（conscience de soi）。对我而言，在笛卡尔解释中一个根本的发现在于，笛卡尔并不是一位把主体思考为自身意识的思想家，笛卡尔从来不用主体（sujet）一词，也从来不用主体性（subjectivité）

一词，笛卡尔不说"自我"就是对自身的意识。笛卡尔在"第二沉思"中发现"自我"，这根本不是因为"自我"思其在思——当然，他必然思其在思——而是说，思者实存的根本经验是，他思其被恶魔（malin genie）或全能的上帝所思。他说的是，"如果他骗我，他就思我，而如果他思我，我就存在"*。这非常奇怪，笛卡尔并不是一位思考自身之思（pensée de soi）的思想家。因为我被另外某一位所思，这真是太新派了！这不是一位唯我论思想家。传统笛卡尔解释认为笛卡尔是一位唯我论思想家。康德解释人们不能思自身，或者说，假如人们思自身，人们也无法证明其实存。尼采解释了这里不可能有所谓的自身思想，这些都很好。

但是笛卡尔其实并没有这么说，也就是说，通常对笛卡尔文本中的主体的批评，是一种针对某种立场的批评，这种立场并不是笛卡尔本人的，而是人们理解笛卡尔的方式。我认为，无可置疑的一点是，在"第二沉思"中，笛卡尔思考的是，"我在，因为我被一个别的东西（ailleurs），被另一个东西（autre chose），被我所不知的不管哪一位所思"。这也是列维纳斯的思想，总之不是传统意义上的笛卡尔主义的思想。这是一个很好的例子。另外，例如，笛卡尔也是一个思考对象、思考被还

---

*　"第二沉思"的原文为："如果他骗我，毫无疑问自我同样存在。"（AT VII, 25, 7-8）——编者按

原为对象集合体的世界的思想者,而对象就是指在经验中可智识的东西,不可智识时就放在一边。

而且笛卡尔也说,我具有的第一个观念,并不是一个"有限对象"的观念,而是一个无限观念。在"第三沉思"的最后部分,他说,"我在有自我的观念之前,在自身之中至少拥有一个无限观念"*。这简直令人难以置信。因为在传统的解释之中,我首先有自我的观念。对笛卡尔而言,自我的观念属于有限思维的观念。我只有通过对立于作为第一个域(horizon)的无限,才具有一种有限观念。第一个域就是无限。因此笛卡尔说无限观念最后对他而言就是上帝观念。无限观念比我之中的自我观念更为原初。而这是圣·奥古斯丁的立场。圣·奥古斯丁曾经说,上帝比自我更内在于我。因此,笛卡尔在此来自圣·奥古斯丁。你们看,有趣的是,笛卡尔是一个有原初性标记的思想家,是因为,显然他有两种立场,一种普通的、平常的、大家都在重复的立场,一些人证明它,另一些人反对它;此外还有一种非常原创性的立场。而我感兴趣的则是重新找到这种原创性立场。因此笛卡尔是一位非常有意思的作者,比其

---

* "第三沉思"的原文为:"在自我中我以某种方式先具有对于无限的知觉,而非对于有限的知觉,这就是说,对于上帝的知觉,而非对于自我本身的知觉。"(AT VII, 45, 28-29)——编者按

他那些只具有一种看法的作者更加有意思。斯宾诺莎是一位简单的作者，莱布尼茨在某种意义上也是一位简单的作者，他们只有一种看法，笛卡尔则总是至少有双重看法，甚至三重看法。

黄作

可是在 19 世纪，笛卡尔哲学并没有得到复兴，相反，康德哲学一直支配着法国的哲学界，您认为笛卡尔哲学的这种复杂性就是笛卡尔哲学无法在 19 世纪复兴的原因吗？

马里翁

19 世纪法国哲学界对笛卡尔的解释被康德哲学所支配。

黄作

为什么在这一时期没有出现伟大的笛卡尔哲学的法国解释者呢？

马里翁

因为那时没有出现伟大的法国哲学家啊，非常简单嘛。

黄作

后来为什么会有复兴呢？

马里翁

因为柏格森的出现,在第一次世界大战时期,一切都改变了。后来,法国人又读到了胡塞尔和海德格尔的著作,那时候,法国哲学有了一种重新启动。因为在19世纪的法国,阻碍哲学发展的乃是与哲学传统的断裂,这种断裂来自法国革命。这一现象18世纪已经有了,那时候人们不再阅读古代作者,不再读古希腊,也不再读中世纪。之后就是政治审查。不要忘了,法国大革命,拿破仑,然后是王朝复辟,这是一个政治审查的时期,因此,在某种意义上,没有哲学研究的自由,至少大学没有。因此当第三共和国来临时,这是1870年之后的事了,对普鲁士战争的失败,共和国的法国成了一个军事化的国家,它只想一件事,那就是与德国人开战。我想说,一切都是政治性的。甚至哲学也是政治性的,哲学成了民族主义的,这就不好了。

只有在第一次世界大战之后,哲学在法国才重新成为思辨性的。有很多理由,因为出现了理性的危机。人们不再以过于简单化的方式相信文明了,有了马克思主义,社会主义思想(这是持不同政见的一种形式),精神分析学,第一代现象学,因此,这是动荡不安但非常丰富多产的时期。渐渐地,哲学重新开始了,尤其在第二次世界大战之后。在这一时刻,对笛卡尔哲学的解释和一般哲学一样都获得了解放。

有趣的是,我们看到,例如福柯,他批评笛卡尔。对法国人来说这一对笛卡尔的批评并不太重要,因为这与尼采对笛卡尔的批评是一样的,但比尼采的批评要弱,意思差不多。德勒兹也批评笛卡尔,非常有洞见,但实际上在某种意义上是一种精神分析的批评。拉康,倒不如说是支持笛卡尔的,看到这一点很有意思。因此,在那一时刻,笛卡尔以远比以前更为自由的方式成为中心。例如盖鲁,对笛卡尔做系统性的解释,但那是错的。他的解释曾经非常有影响,他不是马克思主义者,更确切说是右派,但马克思主义者对盖鲁所做的对笛卡尔的解释非常满意,因为这是一种系统性的解释,是马克思主义者中意的那种解释。这很古怪。

邵奇慧

仅仅是因为这种解释是系统性的吗?

马里翁

是的,因为这种解释是系统性的,是实在论的,有点物质主义色彩,也是科学性的。

黄作

盖鲁是布伦茨威格(L. Brunschvicg)的学生吧?

马里翁

布伦茨威格,对的。盖鲁是从做关于费希特的博士论文开始的,论文太系统性了。

黄作

那么古耶先生的笛卡尔解释又如何呢?

马里翁

古耶没有对笛卡尔做出解释。古耶是历史学家,他并不是真正的哲学家。他非常认真地对待文本,非常正确地阅读,看手稿,等等。他对笛卡尔做出的说明,有点像文献专家。他有很大的影响,但更多是在文献学上的,而非哲学影响。

邵奇慧

对中世纪思想和笛卡尔哲学之间的关系做过研究的也是他吧?

马里翁

您说的是吉尔松吧。他做了很多这方面的工作。之后把笛卡尔和中世纪思想联系起来加以研究的,那就是我了。

黄作

您的导师阿尔盖呢？您可以说一点吗？

马里翁

他的解释是最具思辨性的，可以说是野性的解释。野性，就是阿尔盖的出发点。他曾经是超现实主义者的朋友。

黄作

我想他也是拉康的一位朋友吧。

马里翁

是的。不过他更是布列东、艾吕雅等人的朋友。他的出发点就是超现实主义哲学。他以超现实主义的方式来解释笛卡尔。一开始有意思的地方是：笛卡尔文本之中梦的经验，梦和醒的区分的经验。

黄作

这种解释是从阿尔盖开始的吗？

马里翁

对的。他认为笛卡尔在某种意义上是精神有病的人。笛卡尔总是谈论疯狂，阿尔盖就是这样开始的。我们可以说，笛卡尔实际上就是一个疯子，而阿尔盖要超越疯子。很显然，这是与人们经常赋予笛卡尔的如理性主义的一面相反的一面。阿尔盖有个绝妙的观点：如果笛卡尔是一个理性主义者，是因为他同非理性主义做斗争，换言之，正常的状态并不是理性主义，而恰恰是我们不知道自己是疯的还是有理智的，不知道自己睡着了还是醒着，不知道这是真实还是幻想，我们研究哲学就为了在其中划出一条边界。因此，阿尔盖是天才：他把笛卡尔倒过来进行研究。笛卡尔不是拒绝其余一切的理性主义者，而是某个并不处于理性状况之中的人，他尽力去成为一位理性主义者。转了一圈又回来，这是很好的做事方式。笛卡尔就是努力要成为有理性的人。笛卡尔之后，人人都觉得他是理性主义者，因为那是自然状态。

但是，譬如文艺复兴时期的哲学，则是人人都疯狂的哲学，有魔鬼，有魔术，有稀奇古怪的东西，等等。15、16世纪的思想都是疯狂的。中世纪本身则有足够的理性，有上帝，上帝强加了理性。从那一时刻起，出现了巫师、魔术师，反对巫师、魔术师的斗争不在中世纪，而是中世纪之后。非理性之空间打开，是在中世纪之后开始的，尤其在我们重新发现希腊和拉丁的神话学的时候。

黄作

这就是文艺复兴时期了。

马里翁

这就是文艺复兴时期，15、16世纪。因此笛卡尔是从非理性的东西、从理性与非理性之间的区分出发的。这就是阿尔盖的发现，这太正确了。因此笛卡尔就是形而上学现代含义的源头。

黄作

是的，非常有道理。

马里翁

就是为此，阿尔盖在一开始极少用专业技术词汇，而最后在笛卡尔哲学研究的历史中却获得了最大影响，他是之后一代人中最杰出的。

黄作

您曾经指出，在对笛卡尔哲学的解释历史之中，一边是平庸的符合规范的解释，尤其对于"我思故我在"；另一边是新解释，譬如您认为，在"第二沉思"中，存在着"自我"与另一位（别处或他者）的一种对话，这种对话解释是否受到了列维纳斯的影响呢？

马里翁

是我本人认为这与列维纳斯有某种关系。

黄作

是您？

马里翁

是的。列维纳斯并没有这么说，是我说的。我说，列维纳斯在某种意义上就是笛卡尔的一个门徒。这个观点是这样形成的，即笛卡尔说，首先并不是"我在"（*ego sum*），他在文本中说的是"我实存"（*me exisitere*），是以宾格形式出现的；"自我"说：他人欺骗我使得我实存*，"我"不是以主格形式出现，就像一个主体，而是以宾格形式出现。你们知道，列维纳斯认为，主体处于宾格的形式之中，首先并不是主格，主格只能是

---

* 在"第二沉思"得出"我存在，我实存"（Ego sum, ego existo）结论之前，笛卡尔这么说，"因此，如果他骗我，毫无疑问自我同样存在"（« haud dubie igitur ego etiam sum si me fallit / il n'y a donc point de doute que je suis, s'il me trompe », AT VII, 25, 7-8=IX-1, 19）。马里翁先生在后来的（转下页）

之后出现，结果就是，人们用主格重新标注宾格。主体的第一种格就是宾格，这是列维纳斯说的。

黄作

我们在笛卡尔文本中可以找到一个证据，应该是麦尔赛纳神父问笛卡尔，当笛卡尔讲"我思"时，是否受到了圣·奥古斯丁相关思想的影响，因为圣·奥古斯丁曾经也讲到过"我思"问题。笛卡尔回信说，他还没有读过圣·奥古斯丁的相关论述，所以专门去了趟城市图书馆，找来文本读，结果发现自己的"我思"理论与圣·奥古斯丁的"我思"理论是截然不同的。是这样的吗？

马里翁

是的。

（接上页）回信中解释道，"关系不是通过反思或自身等同于自身的自身意识而得到的自我＝自我（*ego=ego*）的关系，而是，从'某种不同的东西／某位上帝'（quid diversum/aliquis Deus, VII, 24, 19 et 21）到自我（*ego*）的关系，自我（*ego*）相对于这一仍然是未定的他者（autrui）而言是第二个来到的"。另外他还说，他参照了"*me exisitere*"（我实存）这一表述形式，而这一非反思性的表述最早可以追溯到笛卡尔早期作品《指导精神的规则》中（« *se existere, se cogitare* », *Regulae*, p.368, l.21）。
——编者按

黄作

在笛卡尔和圣·奥古斯丁的"我思"理论差别中,主体位置有什么不同呢?

马里翁

当笛卡尔找来《论三位一体》的文本阅读之后,给麦尔赛纳神父回信说:这并不是相同的论证,因为圣·奥古斯丁寓于其中以便找到三位一体,而我则要找到思维的实存。况且这已是另一种差别了,笛卡尔是正确的,因为圣·奥古斯丁的文本是关于三位一体问题、关于类比问题的。这与宾格的问题有一点点不同。

黄作

您在近著《论笛卡尔的受动性思想》(*Sur la pensée passive de Descartes*, PUF, 2013)中还谈到第三种东西,您讲到,思维活动(*cogitatio*)首先是一种自身之思。我们知道,这与您的朋友米歇尔·亨利的"自身感受"(auto-affection)理论相关,因为正是米歇尔·亨利在笛卡尔谜一般的表述"我感觉到看到"(*videre videor*)中发现了它的重要性。您可以谈一下这一点吗?

马里翁

我先设想一下随后的问题。一般而言,除我以外,当人们做笛卡尔哲学的解释时,没有一个人解释笛卡尔是从早期一直做到晚期的。这就是说,在大部分时间,有些解释《沉思集》和科学理论的,对于笛卡尔的晚期研究则很弱;有些做形而上学和晚期思想研究的,如罗迪斯-刘易斯女士,在早期研究就弱了;或者像盖鲁只做中间一段即形而上学研究。这是有道理的,因为在三种情况中,"自我"不是同一个"自我"。第一个"自我"朝向世界,关于科学认识,这是来自康德的一种"自我",超绝的"自我",属于新康德主义的"自我",是一种无法认识自己的"自我","自我"并不真正存在,但认识剩余的一切,认识世界。

随后,有一种完成了这一功能的"自我",而为了完成这一功能,"自我"就应该成为术语"在思的东西"(*res cogitans*)形而上学意义上的"自我",这就是《沉思集》的"自我"。表述这两者,就已经不太容易了。马堡学派理解的只有第二个"自我"。当胡塞尔开始《笛卡尔式的沉思》时,很清楚他接受了超绝的"自我",但他批评作为"在思的东西"的"自我",他不想要第二个"自我"。当人们有能力拥有两种"自我"时,阿尔盖能够创造出两种"自我",盖鲁不能,他只有第二种"自我"。在那时候,有第三种"自我"是非常困难的,那就是道德的"自我"。为什么突然有了道德呢?为什么笛卡尔说有第三种原初概念,它独立于前两种原初概念,让人觉得有完全自相矛盾的印象?就是这一点让我感兴趣。我首先尽力去指出,第三种原初概念已经出现在第六沉思中,那就是吾身(*meum corpus*),已经是身体本身(corps propre),即当代现象学所谈论的肉(Leib)。因此,我跟随所有这一切。问题在于这是自相矛盾的,还是连贯的?笛卡尔有非常好的理由认为有一种可感的自我。他所发现的是,"在思的东西"有一些模式。所有思的模式都是主动的,除了感觉。我感觉,当我感觉时我思,我思时,信息和数据都是从外部世界来的,我在接受时是受动的。我根据接受性进行思。笛卡尔真是天才般的人物,他解释了自我如何能够是受动的。他最后构造了一种受动的自我。这很难做,因为,哲学家们从来没有这么做过。譬如斯宾诺莎,他认为受动性不好;在某种意义上,马勒布朗士也是,感觉在他那里是被去掉的;我们可以想,在莱布尼茨那里,感觉和受动性是非常第二性的,因为根本的是单子的主动活动。在康德那里,当然有受动性,但是他把它放在可感性一边,理智并不是受动的。而在笛卡尔那里,理智在某种意义上是受动的。

黄作

理智是受动的?

马里翁

这是说,"在思的东西"是受动的,思维本身是受动的。而对于康德来说,思维总是主动的和自发的。在笛卡尔之后重拾这种受动性思想的第一人乃是卢梭,他受动地进行思考,《一个孤独漫步者的遐想》以受动性模式来进行,这来自笛卡尔。这一点是古耶指出的,太有智慧了。因此,有笛卡尔,还有尼采,后来还有胡塞尔谈论被动综合问题,或者还有海德格尔的现身情态(*Befindlichkeit*)学说或情绪(*Stimmung*)学说,在此受动性成了一种新的原初性的东西。但是笛卡尔时代绝大部分哲学家还是赋予主动性以特权。因此笛卡尔在这一意义上说是杰出的。还有一点我还没有展开,那就是,他在这里与亚里士多德非常接近。因为是亚里士多德区分了主动性精神与受动性精神,在亚里士多德那里,受动性精神(*noûs pathêtikos*)与主动性精神(*nous poiêtikos*)同样重要,对于他来说,受动性精神是主动性精神的可能性条件。笛卡尔有点重新找到这一立场的味道。

黄作

他在《指导精神的规则》一文中讲到精神"时而主动,时而受动"。

马里翁

对的。在亚里士多德那里,对于我的精神而言,为了成为主动性精神,首先就应该有受动性精神。笛卡尔在此重新发现了这点。但是他从没说过这点,他自己没有感知到。他重新发现了亚里士多德,这非常有意思。

黄作

因此在笛卡尔哲学研究的评论历史中,您是唯一一位把笛卡尔思想从头到尾都研究了的学者吧?

马里翁

我认为是的。或许这也说明我所说的都是真的,它涵盖了全部领域。

黄作

这或许就是您对笛卡尔哲学研究的特殊贡献吧。

马里翁

我希望如此。

黄作

那么我们再说说您的"给予性现象学"吧。"给予性"（donation）这个词首先来自胡塞尔的文本，但是他并没有"给予性"的专门学说，而您认为是海德格尔看到了其重要性，是这样吗？

马里翁

这么说吧，我正是在研究胡塞尔的时候，发现胡塞尔一开始就超越了直观（l'intuition）和意义（la signification）之间的对立关系，他是用了一个对于二者而言共同的概念来完成这点的，也就是说，这两者中的一个和另一个都是"被给出的"（donné, gegeben）。我的朋友法朗克（Dédier Frank）对胡塞尔有个评论给我的印象很深刻，他指出，在《观念 I》中，胡塞尔提出，有一个不可跨越的基础性、根本性的差别：胡塞尔把意识领域与世界领域（对象领域）对立起来，他认为，这两种领域是以两种完全不同的方式被描述的；但同时他也说，这两者各自有不同的给予性模式（mode de donation），尽管世界和意识之间完全不一样，但这种差别乃是给予性模式之间的差别，因此在这两种情况中都有"被给出者"（le donné）。

黄作

这是胡塞尔说的吗？

马里翁

这正是胡塞尔所说,在《观念 I》的第 44、45、38 段等。我们重拾胡塞尔时,另一个关键性文本中的东西非常令人吃惊,那就是 1907 年出版的《现象学的观念》(*L'idée de la phénoménologie*),胡塞尔在其中解释了"还原"(la réduction):"还原"就是把事物还原为"被给出者",还原为那种被给出的东西(ce qui est donné)。只要没有还原,我们就真的不知道什么被给出了,什么又是没有被给出的。我们倾向于认为经验的某些方面被给出了,而实际上它们却没有被给出,其他部分,反之亦然。因此,只存在着还原为被给出者的还原。而且,在胡塞尔那里,这种还原为"被给出者"的还原乃是现象性(phénoménalité)的最终点,它并没有如这般地被主题化。他并没有说"给予性"究竟是什么。"给予性"解释了其余一切,但是他没有说它是什么。

而这之后,又令我非常惊讶的是,当海德格尔想要解释与"存在者"相对立的"存在"如何自身显现时,他说的是"它给出"(es gibt, cela donne)这一用语,并且最终,Ereignis(大道)被写成了"它给出"。因此可以说,"被给出者"的问题在海德格尔那里也是首要的。再后来我还发现,"被给出者"的问题其实比胡塞尔和海德格尔提出时还要更早出现,至少可以追溯到马堡学派,追溯到那托普、迈农(Meinong)、拉斯克、李凯尔特等人那里。

人们发觉有一些东西并不存在，但它们却是被给出的，譬如那些不可思之物（des choses impensables）。又譬如各种不可能性，古典哲学中的不可能者（l'impossible），就是指无法被思考的东西，因此就是不存在的东西。但是，不可能者指的是经验层面的不可能者，譬如金山，这是自相矛盾的，还有方的圆，或者是无意义的东西，譬如绿色的美德（la vertu verte）。这些都是不可能的东西，因此也是无法存在的东西，可是我们却可以谈论它们，可以区分它们——因此它们又是存在的。但是，既然它们不存在，我们就不能说它们"存在"，因此迈农说，对于这些东西，我们能够说的乃是："有一些现象，关于它们，人们应该说它们是不存在的。"（il y des phénomenes à propos desquels on doit dire qu'il n'y en a pas）因此，"它给出"就是用来思考那些并不存在的东西的，因此就有了"它给出"的一个奇怪的特征，那就是说，"给予性"（Gegebenheit）乃是一切并不存在却被思考的东西，因此，比存在更在先。所以我说，应当关注"给予性"问题，而就是在这一点上这些哲学家承认"给予性"是最为原初的规定性，哪怕并不真正明白这究竟意味着什么。而我正是在此重拾这一问题的，如在《还原与给予》一书中，以及《既给予》一书的开始部分，之后我力图尽可能地去写作"给予性"问题。

黄作

"被给出者"这一词语,我记得有研究者讲过,康德就已经使用它了,您怎么看呢?

马里翁

在康德那里,当然了。康德说,直观给予,"被给出者"就是直观的产物,但是在他那里,"被给出者"是有限定的,而我认为"被给出者"是普遍的,对于"被给出者"来说没有什么是例外。因此,我从哲学史中引出了"给予性"和"它给出"的疑问,然后试图以现象学的方式来看待意义问题,而这已经是第二时刻了。我还试图指出通常意义上经典人类学如马塞尔·莫斯的"赠予"(don)问题与"给予性"问题之间的关系。利科有一次对我说:"我永远不会把'给予性'和'赠予'这二者联系起来。"我对他说:"那咱们走着瞧吧。"德里达也和我说过类似的话。因此,应当把"赠予"还原为"给予性"。

黄作

这么说您同意把两者等同起来了?

马里翁

我认为,当"赠予"以非现象学的方式被描述时,它实际上并非"赠予",而只是一种交换,莫斯著作中所说的就是一种交换。当德里达解释说"赠予是不可能的,赠予的可能性条件就是不可能性之条件"时,他实际上是从交换的方面来思考"赠予"的,也就是说以非现象学的方式进行思考的,因为德里达并没有对"赠予"进行任何还原。而我所设定的问题是:在"赠予"中什么东西被给出了呢?为了提出这一问题,就需要开启一种把"赠予"还原为给出性的还原。当我们将"赠予"还原为给予性,就会很清楚地看到,"赠予"并不是一种交换。因为存在着没有赠予者的"赠予",或者没有受赠者的"赠予",甚至没有任何赠予物的"赠予"。在一种真正的"赠予"中,其实并没有给出任何东西,譬如,当给予生命(donne la vie)、给予死亡(donne la mort)、给予时间(donne le temps)时。

黄作

当您说没有给出任何东西时,这任何东西指出的是某种物质性的东西吗?

马里翁

这么说吧,当人们给予生命时,他给出的并不是某种东西,他并没有给出任何东西。如果您给予某人以生命,您并没有给出某种东西。

黄作

在这一意义上,您说的是某种物质性的东西吗?

马里翁

是的。但是,譬如,我为了某人而献出我的生命时,我其实没有给出任何东西。生命不是某种东西。当我把我的生命献给某人时,我放弃的是活着的可能性,为了向他给出活着的可能性。这是一种关于可能性的"赠予",而不是一种关于有效性的"赠予"。当您给予某人以死亡时,您干了什么呢?您杀死了某人,您给他以死亡,您给予他的并不是某个东西,您夺走了他某种可能性,您给予他某种可能性。因此,在所有这些情况中,当您把时间给某人,您什么也没有给他。

黄作

在中文里,"don"(赠予)一词往往也被翻译成"礼物",而另一个法文单词"cadeau"一向被翻译为"礼物",这里就有一个混淆。您认为这两个法语单词,"don"(赠予)与"cadeau"(礼物)之间有一个很大的不同吗?

马里翁

不,法语中也有同样的模棱两可。一个"don"(赠予)就是一个"cadeau"（礼物）。不过一个礼物并不总是作为某种东西的礼物。赠予是一个礼物，但也是移情的行为。因此，围绕着赠予、给予性等词汇的模棱两可，其实是实事（la chose）本身的模棱两可，模棱两可的是实事本身，它表明有一种转变，一种过渡。因此，在德语中，譬如，"*Gegebenheit*"（给予性）一词既意味着被给出的东西（ce qui est donné, *die Gabe*, la chose donnée），也意味着给予之行为（acte de donner, *Gegebung*）。在意大利语、拉丁语中也一样，譬如我们说"*il dono*"（赠予），"*il dato*"（被给予），因此可以说，"*il dono è dato*"（赠予是被给予了的）。这里就有区别。譬如圣·奥古斯丁，他在《论三位一体》中谈论圣灵，圣灵在传统的基督教神学中被定义为"赠予"。他就提出："赠予甚至在根本没有被给予的情况下，是否还是一种赠予呢？"回答是肯定的。圣灵在被给予人们之前，本身就已经是一种"赠予"了，因为它本质上就是圣父与圣子之间的"赠予"，因此它永恒地就是一种"赠予"，即使它并没有在时间中被给予人们。因此，一个并未被给予的"赠予"是可能的。而所有这些模棱两可都属于问题中现象本性的模棱两可。

黄作

因此您是在现象学意义上而非在交换意义上谈论"赠

予"吧!

马里翁

交换乃是并没有进行还原的"赠予"。因为，交换指的是，A把某物转交给B，而B又把某物交还给A。在这种情况下，有两个相向的位置，但是并没有"赠予"，因为A总是与B有着某种关联。而在一种真正的"赠予"中，接受者在某种意义上独立于给予者，给予者也同样独立于接受者。

黄作

那么在交换情形之中，被交换的是某种礼物吗?

马里翁

准确地说，在交换中，被交换的总是有某种商品，总是某种东西。而在"赠予"中，并不总是有商品。在"赠予"中，被交换的东西，被给予的某物，并不是"赠予"最主要的部分。例如，如果您送给某位女士一件首饰，那么重要的并不是这件首饰；而如果在卖淫嫖娼中，重要的就是您所给出的那个东西了。在爱情中呢，重要的并不是您所给出的那个东西，而是您给出东西这一事实，是给予的行为。这里是有根本差别的。在卖淫嫖娼中，重要的乃是金钱，但在表白爱意中，重要的是表白，而不是首饰。

黄作

是表达，也是行动吧。

马里翁

是的。我已经尽可能详尽地解释了所有这一切。因此，"给予性"这个概念，在其与"赠予"的关系中，在我看来乃是现象学分析的中心；这是一个绝对疯狂的概念，是一个根本性的原创性的概念。而有趣的是，这可以运用到许多不同领域，譬如可以运用到经济领域，或者主体间性领域，或者艺术领域，自然也可以运用到神学领域，等等。这使得我们譬如说可以去分析爱欲现象（phénomène érotique），而哲学家们却很少谈论爱欲现象。

黄作

他们不想谈论它们？

马里翁

他们不能谈论它们，他们不能够。

黄作

那我们再谈谈您所说的"充溢现象"（phénomène saturé）吧。我记得您在"贫乏现象"（phénomène pauvre）、"普通现象"（phénomène de droit commun）和"充溢现象"之间做出了比较和区分。在前两种现象之中，我们往往把现象考虑为一种对象，相反，在您的"充溢现象"学说中，您说我们其实无法对象化现象。在某种意义上说，您是不是认为所有现象（甚至科学中的现象）在根本上都有可能被视为一种"充溢现象"呢？

马里翁

有一种考虑现象的方式。当一种现象被一个相即的概念所包含和解释时，它就更能被当成一个对象。有一些"贫乏现象"，它们仅仅由概念构成，譬如数学和信息科学中的现象，我们只在概念上工作。接着您讲到我称之为"普通现象"的现象，这些现象是我们运用概念将其作为对象来控制的现象，尽管这里有一种直观的被给出者（un donné intuitif）。一个例子就是技术对象，譬如这个手机，它有很多种感性的、直观的规定性，但您并不能知道所有的规定性；相反，在概念中，或者在一个算法运算的整体中，您知道某些进行运算的算法使得您来使用它，这就使得这个东西（ceci）显现出来，实际上就是关于这个东西的一种现象，这就是"使用"（se server de），就是通过"利用"

使得这一现象显现出来。而"利用"乃是一个概念,我们是在学习使用某物的时候学习一个概念的。

那么,假设——我认为这可能是将来几年中会发生的一种情况——有一个博物馆,它使得这个东西被视为一件艺术作品,我们可以说它有一个令人赞赏的形状,可以从里面打开它,可以看到很多东西,有许多构成元件,都棒极了,等等。在这时候,它就成了一种"充溢现象",从它需要多个概念,或者说无数概念来理解它、来看它的那一刻开始,它就成为一种"充溢现象"。此时,"充溢现象"就是说无法用单独一个或者单独一套概念,而是需要无数概念、漫长的评论来解释的现象。

在此,我们完全理解,有时同一些现象既能被视为"普通现象",同时也能被视为"充溢现象"。例如,您在街上碰到某人,大部分情况下这是一种"普通现象",譬如您在火车站遇到很多人,对于这些人,您需要微不足道的概念去辨识他们,如检票员、旅行者等,这非常简单。但是,假设您开始和某人说话,他跟您谈论个人经历,那么渐渐地他就成了一种"充溢现象",也就是说,您和他说的越多,您对他理解的却越少。悖论就在于,如果我们和某人谈的不多,我们能够很好地理解他。如我们去火车站买一张车票,不需要说太多东西,您非常理解别人在做些什么,也知道自己要做什么,一切都很顺利,相互之间没有什么交谈,因此能够很好地理解对方。但是如果您开始和别人谈论很多，到最后您就什么也不知道了。他可能会开始和您说一些并不真实的事情，他会开始说谎，您也会说谎，最后谁也根本不明白谁了，这下倒好了。这就成了"充溢现象"。

我主张的是，当我们就"贫乏现象""普通现象"和"充溢现象"进行分类时，我们一开始并没有理解，实际上，大部分现象都可以被领会为"充溢现象"。甚至一个技术对象，譬如一辆汽车，如果它是新的，这是一个技术对象，如果我天天用它，这是一个技术对象，也就是说，关于"普通现象"的一个对象，但是如果我把它放在车库三四十年不用，然后再拿出来，它就成了可以拍卖的东西，它会比一辆新车更值钱，因为它成了一种收藏品，这是艺术作品的一种方式，等等。因此，一辆不再能使用的旧车就成了一种"充溢现象"。而这也是为何它可以在拍卖会上卖得很贵。

黄作

那么，这是否意味着看待现象的方式是依赖于"自我"的呢？

马里翁

没错，这依赖于"自我"。因为这是一种解释，一种解释学，因此依赖于"自我"。但是，在某种意义上，这又是不依赖于"自我"的。因为在解释学中，平庸的看法往往是说"自我"在解释事物，然而真正的解释学，乃是在"自我"所解释的东西和事物本身所要求的东西之间的一种妥协，以某种方式来说，想要被解释的是事物本身。我们回到前面说的在车库中放了三四十年的汽车的例子，某个愚蠢的人看到这部车，认为它又老又旧，想着那就把它给打碎算了，这是一种糟糕的解释，一种野蛮的解释。一个好的解释是，我要把它送去博物馆，或者以高价拍卖它。因此，解释有好坏之分。好的解释恰恰是事物所需要的、所要求的，因此，在正确的解释中，并非仅仅我一人在做决定，事物也在做决定，这就是伽达默尔所说的视域融合。换言之，这里实际上有一种妥协，因而有好的解释和坏的解释。

因此，解释学非常模棱两可，当我们说解释学时，实际上什么也说不出来。譬如，在宗教领域，有某种事件发生了。您可以说这是偶然的，也可以说这是个奇迹。那么，实际上，做出决定是非常模棱两可的，却也非常重要，因为它会带来完全不同的后果，因此这就是一个解释学的问题。那么，什么是信徒呢？信徒就是做出某个解释、认为其他解释都是消极的人。这些都是相互竞争的各种解释。因此，这也是为何某个信仰上帝的人乃是一个进行某种理性操作的人，他并不是做出非理性事情的人，这就是某个做解释学的人，解释学并不是强制性的，但这是一种带有全然理性标记的解释学。

邵奇慧

还有一个问题，是关于您的笛卡尔研究和现象学之间的关系。鉴于您在发展了"给予性"现象学之后，于2013年又回到笛卡尔研究，出版了《论笛卡尔的受动性思想》一书。我想知道您的现象学研究给了您的笛卡尔研究以何种灵感，您能够谈一下笛卡尔的身心合一的受动性主体与被给出的现象以及"给予性"现象学之间是否存在着某种关联吗？

马里翁

这个问题很复杂，我以两个要点来解释。一方面，关于受动性思想的分析接受了某些当代现象学家在一些论题上的证实，譬如，海德格尔在"上手"（*zuhanden*）和"在手"（*vorhanden*）之间所做的区分，列维纳斯关于疼痛问题的谈论，当然还有米歇尔·亨利，等等。因此，现象学已经证实了、明确了笛卡尔那里暗含的一些概念。另一方面，"给予性"现象学本身并不直接包含在对笛卡尔的解释中，但可以肯定的是：如果我能对我所做的事情下一个判断的话，在我而言，我有一个优势，运用非常复杂的哲学史背景，使得现象学能够直接朝向实事本身。我认为，如果在哲学史方面功底不够深厚的话，是没法做思辨哲学的。某些哲学家中很多的局限性在于他们在哲学史方面还不够强，他们以为自己发现了新东西，但实际上早已有了，他们看不到自己发现了新东西。这也是为何分析哲学没有成功，因为他们不知道自己在做的事情，倒不是因为他们没有思考各种可智识的东西，他们在做了，有时做到了，但是他们看不到这些可智识的东西或者新东西究竟位于哪里，因此他们不知道自己所做之事的意义。

海德格尔在哲学史方面的功底太强了，这是个很大的优势。胡塞尔以做哲学史来结束，这相当有意思，胡塞尔越是往前、越是推进，他越是去做更多哲学史研究。因此，总是要有掌控的能力。笛卡尔显然极其重要，在法国，所有人都知道的第一个哲学家就是笛卡尔，这对做哲学有很大帮助。另外，笛卡尔和现象学之间的关系，是一个非常复杂的问题，我已经在这次中国访问的一个讲座*中尽力去回答了。在现象学和笛卡尔之间是有一种关系，但并不是胡塞尔所设想的关系。胡塞尔其实并没有理解，他在什么意义上是一个笛卡尔主义者。因此，他认为他理解了笛卡尔，其实这并非他和笛卡尔之间的根本关系。

---

*　指 2017 年 1 月 8 日在中山大学的讲座。——编者按

一切真实的东西都是普遍的
——马里翁与中国学者交流会*

开场引言

马里翁

非常感谢大家的热情接待,这次来华真是令人印象深刻。对于作者来说,发现他写的书有读者总是一件很惊喜的事情。世界上有很多书并没有读者。当涉及难以阅读甚至无法阅读的书本时,当涉及它的读者又是外国人时,这就更加令人惊喜了。我的经验是,只有随着我的著作以母语法语的形式重印和重版以及在其他国家被翻译成外语,我才开始觉得自己所写的东西是有力量的而且是有些重要的。在某种意义上,对于一个像我这样用法语做哲学研究的人来说,我的那些难以阅读和理

---

* 马里翁与中国学者交流会,由《华南师范大学学报》主办,于2017年11月21日在华南师范大学举办。交流会由王建平、黄作、陈世放主持,张逸靖负责马里翁发言的口译,与谈人除马里翁外,还有贾江鸿、黄作、方向红、朱刚、徐晟、王恒等。马里翁发言由黄作重听录音整理成文,其他各位的发言经本人校对成文。交流会的内容已刊登在《华南师范大学学报》(2018年第6期),在此感谢授权收录。——编者按

解的著作能够被翻译为中文并且有人阅读，这是对我的工作最大的肯定。实际上，中国读者，首先是法国哲学著作的中文译者，他们对法国哲学感兴趣这一事实，差不多能够预见，在一种语言中言说的东西可能是普遍的，这是一种无可争议的证据。这意味着两点，第一点是，在一个观点的传播领域中，结果相对于原因而言总是先出现的，而不是原因例如所写的著作在先，也就是说，事实上，结果或者说被读的书、被翻译的书才是书中所表达观点的历程的开端。第一个到来的总是结果。使得出现在原因之中的东西有效的正是结果。当然，翻译正是这种悖论法则最完美的例子。这就是我要感谢各位中译者的第一个原因，我的著作的中译可以说是所有可能的翻译中最重要的翻译。此外，还可以从翻译现象得出第二个结论。就像我刚才已经说过的，如果读者，例如中国读者能够对用法文写作的书感兴趣，那是因为，一切可智识的东西（intelligible），一切真实的东西（vrai），或许都是普遍的（universel）。甚至可以说，一切真实的东西应该就是普遍的。在这一点上，我想提出一个对你们来说或许是自以为是的观点。我不认为在文化之间需要对话。让我来解释一下。当然，在不同国家中，有一些语言、一些文学、一些精神传统，人们可以称之为文化，譬如，有西方欧洲的文化尤其是法国文化，又有中国文化。令人惊奇的是，正因为我们是不同的，我们才能够相互理解，"相互理解"意味着构想相同的真理，意味着把相同的陈述构想为真的，意味着一致认为一些命题对于一些人和另一些人来说具有相同的意义。因此，研究不同文化显然是很重要的，每一种文化都应该知晓别人的文化。但是这一点还只是第一阶段和其中一种方式，其目标是，我们以一些不同的语言、文化、思维形式最终能够共同思考各种相同的真理。因此，问题在于要知道，人们是否可以通过以一种文化的方式来言说另一种文化中为真的东西。伊曼努尔·列维纳斯说过，欧洲的经验在于用希腊语、希腊语的词汇来思考希腊人并没有思考过的东西，即翻译犹太教的《圣经》。这意味着，在一种语言中翻译首先并没有在这种语言中被思考过的东西的问题，就是欧洲之定义的很大一部分。在欧洲发生的事情也是能够在欧洲与中国之间发生的。我想说的是，欧洲人最终能够在语言中思考中国人用中文首先思考过的东西，而中国人最终也能够在语言中思考欧洲人用希腊文、希伯来文和法文首先思考过的东西。我想通过提醒大家注意以下这一点来结束我的发言：我认为，欧洲的根本经验在全球化的过程中已经得到了检验，即一种语言的本质就是能够被翻译（pouvoir être traduite），就是能够自身进行翻译（pouvoir elle-même traduire）。我的结论是，危险在于一种语言不接受自己被翻译。中文和法文在这一点上无疑是深度同盟军。对于难以被翻译的语言来说，就存在着一点挑战，比如阿拉伯语和美式英语。谢谢大家。

一 永远的笛卡尔

贾江鸿

非常高兴见到马里翁先生,我正在翻译您的两部著作:《笛卡尔哲学问题:方法和形而上学》(*Questions cartésiennes. Méthode et métaphysique*)和《笛卡尔哲学问题:自我与上帝》(*Questions cartésiennes II. L'ego et Dieu*)。今天我有四个问题想向您请教。

第一个问题是关于笛卡尔的方法论和形而上学的。

您在《笛卡尔哲学问题:方法和形而上学》中完成了一项重要的工作,即考察笛卡尔的理性主义方法和他的形而上学思想,特别是考察二者之间可能的关联。通过回顾笛卡尔在1619年11月10日晚上做的三个梦,向我们展现笛卡尔的理性主义方法的一些基本的要素(比如对一种整体性的科学的追求;使得我们可以追求这种科学的基础,即一种明证性的准则;以及最基本的思维自身的觉醒,等等)。之后,重点讨论了笛卡尔的理性主义方法可能蕴含的形而上学内涵,选择以《谈谈方法》为突破口来展开这个问题。您指出,作为笛卡尔理性主义方法的具体运用的《谈谈方法》,实际上已经蕴含了一种形而上学的思想,即一种以思维自我为核心的存在-神-逻辑学(onto-théo-logie)。而接下来的章节进一步通过考察笛卡尔在《第一哲学沉思集》中的"简单性质"(les natures simples)的思想,试图为我们呈现笛卡尔的形而上学可能蕴含的与其理性主义方法之间的关联。您指出,笛卡尔在《第一哲学沉思集》中的形而上学根本不是要脱离他的方法论,脱离他所谓的理性的秩序,恰恰相反,是要去充分地、合理地实现它。简言之,笛卡尔的方法论在一开始就是处于一种形而上学的理论框架中的。这个工作是很有启发性的,一方面,极富创见地澄清了笛卡尔的理性主义方法的开端(无论是时间上的,还是思想上的),同时,也很有说服力地展现了笛卡尔的两种可能的存在-神-逻辑学思想;而且在另一方面,非常明确地提供了一个考察笛卡尔的方法论与他的形而上学思想的关联的可能路径。在这里我的问题的是:在理解笛卡尔的方法与他的形而上学之间的可能关联的同时,是否也应该注意到笛卡尔的方法与他的形而上学之间存在的距离?或者更明确地说,如果笛卡尔的方法是一种普遍的方法,即适用于一切科学的方法,而同时笛卡尔又极力强调他的形而上学(需要依赖我们的理智)和数学、物理学(需要依赖想象)的根本性差异的话,他的方法本身就会是一个需要我们再仔细分析和辨别的东西。具体来说,我们该如何看待您在这里所说的笛卡尔的理性主义方法(其核心是思维的觉醒)

与笛卡尔在《指导心灵探求真理的原则》中提到的"普遍的马特西斯"（mathesis universalis）方法之间的关联？我们是否可以说"普遍的马特西斯"是一种笛卡尔的思维的觉醒下的一种具体的可实施的方法，或者说是笛卡尔的思维的觉醒的具体的方法上的体现？如果答案是肯定的，我们就面临着如下的问题，即笛卡尔的"普遍的马特西斯"方法应该被翻译为"普遍数学"，还是"普遍科学"？进一步说，这种方法中的两个核心要素——度量和秩序——是缺一不可，还是可以是分离的（比如说在探讨形而上学问题时仅仅需要依靠秩序）？

第二个问题是关于笛卡尔的思维的觉醒与"普遍怀疑"的。

刚才的问题已经提到，您在《笛卡尔哲学问题：方法和形而上学》中呈现了笛卡尔的理性主义方法的一个基本的要素，即思维的觉醒，您在书中把这种觉醒，或者说笛卡尔的这种思路称作一种"思维的还原"（réduction cogitative）。在这里，我的问题是：一般而言，我们把笛卡尔的"普遍怀疑"看作一种开启他的第一哲学命题（无论是"我思，故我是"，还是"我是，我存在"），以及建构他的整个科学知识大厦的最主要的方法，那么，现在我们该如何来评价这种观点，或者说，按照上述理解，笛卡尔的"普遍怀疑"在这样的思想框架下，其意义又是什么？它和笛卡尔的思维的觉醒的理性主义方法具有怎样的关联？

第三个问题是关于笛卡尔的"自因"概念与因果性原理思

想的。

您在《笛卡尔哲学问题：方法与形而上学》和《笛卡尔哲学问题：自我与上帝》中（特别是《笛卡尔哲学问题：自我与上帝》），细致地考察了"自因"（causa sui）概念以及相关的因果性原理思想在笛卡尔关于上帝的讨论，以及形而上学的建构中的重要意义。对我们来说，这项工作是非常有意义的，它一方面向我们展现了"自因"概念显现和发展的历史，即笛卡尔在这里的关键性作用；另一方面又向我们澄清了"自因"概念在笛卡尔的神学思想中的主要内涵。我们知道，由于笛卡尔哲学中的"上帝是自因的"这个思想的提出是建立在他的因果性原理——动力因——的思想基础之上的，那么进一步思考动力因的内涵就是十分关键的，由此我们的问题就是：笛卡尔的动力因思想与亚里士多德著名的四因说（从根本上说是形式因）究竟有何区别，或者更明确地说，笛卡尔提出动力因，其本身有什么意义？

第四个问题是关于笛卡尔的"自由意志"概念的。

笛卡尔在《第一哲学沉思集》的《第四沉思》中探讨了自由意志的问题，即笛卡尔在《第三沉思》中为我们提供了一种关于上帝存在的后天证明，为我们确立了上帝的实体性内涵之后，他涉及了人的自由意志思想。在这里，我们感兴趣的是笛卡尔在开篇不久的这样一段话，"……而在仔细地追寻这些错误的原因时，我注意到在我的思维中不仅出现了一个真实的、肯定的上帝的观念，或者说一个至上完满的存在的观念，同时，我们说，也出现了一个否定的虚无（néant）观念，也就是说，一个与各种类型的完满性完全背离的观念。我就是介于上帝和这个虚无之间的，也就是说，我被放置在至上的存在和非存在（non-être）之间，这使得，就我是一个至上存在的产物而言，在我心里实在没有什么东西能够将我引导到错误上去，但是，如果我把我看作是以某种方式分享了虚无或非存在，也就是说，由于我自己并不是至上的存在，我处于一个无限缺陷的状态中，因此我就不奇怪自己会出错了"。[1] 我们的问题是：首先，我们该如何看待笛卡尔在这里提到的虚无概念，也就是说，在笛卡尔的哲学体系中，是否有谈论虚无问题的可能性？其次，既然笛卡尔在讨论人的自由意志时提到了虚无，那么我们是否可以这样来设想，即笛卡尔的自由意志，或者更确切地说，笛卡尔的最低程度的无所谓的自由是否和虚无具有某种关联？第三，与之相关，我们该如何看待笛卡尔在1645年2月9日写给梅斯兰的信中所提到的那种更为根本的积极的自由？谢谢。

---

[1] 笛卡尔：《第一哲学沉思集》，庞景仁译，北京：商务印书馆，1998年，第56—57页。

马里翁

我非常快地来回答一下。首先非常感谢您的问题,这些问题都很棒,非常明确,很有难度,因而并没有答案。

关于第一个问题,如何翻译"Mathesis universalis"这个术语。按我说,就不应该翻译。不翻译的第一个理由在于,笛卡尔自己就没有翻译。"Mathesis"这个词是一个希腊词语,笛卡尔保留了这个希腊词。如果笛卡尔没有翻译,他是有理由的。"Mathesis universalis"无论如何都不能用"mathématique universelle"(普遍数学)来翻译,因为笛卡尔非常清楚地解释过,数学只是"Mathesis universalis"的一种特殊情况。如果我们一定要翻译"Mathesis universalis"的话,那就是"savoir universel"(普遍知识)。笛卡尔的论题是,数学是"Mathesis universalis"的第一个例子,因为数学运用了次序和度量,而实际上,笛卡尔认为次序和度量能够在数学领域之外作为标准被运用。笛卡尔的"Mathesis universalis"有两个标准,那就是次序和度量。我们应该明白,度量考虑的是一切可以被量化的东西,不仅仅是数学的量,而且还包括我们现在称之为参量(paramètre)的东西,即一切都可以被度量,即使它不是物质性的、广延性的和可量化的。我们有这样的参量的例子,在计算中,把参量置于经济之中,或者,就像电子现象一样的物理现象,并不是广延性的能量,所有这一切都是一些和另一些相关联的参量。而笛卡尔称之为次序的东西，就在于根据我们现在称之为演算式的东西在各种参量之间进行组织，换言之，我们实际上有了一种模型，一种组织量化的模型，事实上笛卡尔正在写的东西就是我们现在称之为信息科学的东西。

您的第二个问题涉及的显然是方法和"Mathesis universalis"之间的关系问题。"Mathesis universalis"在某种程度上就是一切东西的信息化和数字化。但是，这里有一个领域是无法被数字化的，那就是形而上学领域。可是，形而上学仍然是关于方法的，仍然有次序原理（principe d'ordre），因此我们可以说，方法要比"Mathesis universalis"更加宽泛，在某种意义上说甚至包括形而上学。方法同样适用于形而上学，因为方法就是一种次序原理。

对于另两个问题，我不可能很快地进行回答。是笛卡尔创造发明了 causa sui（自因）这一术语，他之前的思想家们已经知道了这一点，但总是对它持批评态度，"自因"是一个逻辑上的自相矛盾，一种东西不可能是它自己的原因，因为它不能在先于它自己。笛卡尔意识到"自因"在某种意义上是不可能被思考的，尤其当人们证明原因总是一种"效力因"时。因此对于笛卡尔来说，"自因"总是不可能被思考的。那么，为什么笛卡尔要维持"自因"这个术语呢？在笛卡尔之后，只有斯宾诺莎沿用了"自因"这个术语，但他没有做任何解释。为什么笛卡尔要谈论"自因"呢?因为他已经预支了"自因"之外的另一种东西,那就是莱布尼茨的充足理由律,后者将由莱布尼茨所创立。2018年1月会有一个名叫文森·卡罗(Vincent Carraud)的教授来访,他来向你们解释这个问题,因为是他论证了"自因"和充足理由律之间的关系,也谈到莱布尼茨重新采用了海德格尔的一种分析。

最后,在自由和虚无之间是有一种联系,这种联系来自基督教神学。在笛卡尔时代,是红衣主教德·里尔(cardinal De Lille)把人定义为位于无限存在与虚无之间的一个中间,那就是自由,但是这一观点实际上来自圣·奥古斯丁。笛卡尔在此继承了这种传统。当然,萨特就笛卡尔文本中的自由问题展开过讨论和解释,但谈得不严肃,讲这一点就有很多东西要讲了。好了,非常感谢您准确的提问以及熟练的法语。

黄作

我有两个问题向马里翁先生请教。第一个问题涉及一个翻译问题。您在您翻译的笛卡尔早期手稿《在探究真理中指导精神的各种有用且清楚的规则》一书的第一个附件[1]中用各

---

[1] J.-L. Marion, *René Descartes. Règles utiles et claires pour la direction de l'esprit en la recherche de la vérité*. Traduction selon le lexique cartésien et(转下页)

种否定性的和肯定性的考量来解释为什么您建议要用法文的"regarder/regard"来翻译拉丁文的"*intueri/intuitus*",最后您指出:"应该添加上一个评论。笛卡尔的 *intuitus* 与以前思想中的任何其他比较术语都相反,并不力求达到清楚而分明地认识一种会为这种认识辩护、会招致这种认识且使这种认识成为可能的对象。它通过使用一种赋予次序(《规则》五、六、七)且最终把演绎运动还原为它自己的观看(《规则》十一),更多地停留在把任何知识形式还原为它自身;总而言之,它达到的并不是作为一种给予(don)——就是这样的东西在精神之中自行形成的给予——的明见性,而是作为由高级斗争且单单由一种'置于明见性'(mise en évidence)——就像《真理的探索》中如此适当地说的(AT X, 496, l.14)——的各种手段所征服的战利品。*intuitus* 在它的视线之下看管(garde)它置于明见性之中的东西,它在它的观看之下获得它;'*in-tueri*'的组成很好地保卫了监视在起作用以及'*tueri*'(看管)的警惕性,'regarder'用一种进行看管的观看,总而言之,用一种在其观看之下保持它'完全监视'的东西的看(vue),正确地保持着同样的第二种含义。非常确切的是,出自'*in-tueri*'的 *intuitus* 在

(接上页)annotation conceptuelle avec des notes mathématiques de P. Costabel, La Haye, Martinus Nijhoff, 1977, annexe I, pp.295-302.

一种看管对象的观看的意义上转换为一种观看。"[1]

在2003年出版的《情爱现象学》(*Le phénomène érotique*)之中,您直接连接了"*in-tueri*/re-garder"这一词汇的明见性与认识的确定性之间的关系:"确证(Certifier)意味着[**自我**]在其注视(regard)[再次监视(re-garder, *in-tueri*)]的监视(garde)下完全控制地维持(maintenir)一个对象。[**自我**]把对象解析至各部分(其中每一部分足够清楚和分明以便注视既不含糊又不留残余地占有它们)之后,在这一监视之下保持(tenir)对象就意味着能够构成对象和再次构成对象……这样的一些对象——一种方程式、一种逻辑命题和一种工业产品——的确提供一种'整体质量'且配得上形容词**确定的**。然而,只有在直观中显得如此贫乏的一些现象才能够在确定性中显得如此丰富。"[2]

由此出现了两个子问题:

1. 您说笛卡尔的*intuitus*不是理智直观(康德的或胡塞尔的),因为这涉及一种年代错误。然而,当您说"笛卡尔的*intuitus*达到的并不是作为一种给予的明见性"且"只有在直观

---

[1] J.-L. Marion, *René Descartes. Règles utiles et claires pour la direction de l'esprit en la recherche de la vérité*, pp.301-302.

[2] J.-L. Marion, *Le phénomène érotique*, Paris, Grasset, 2003, pp.28-29. 中译本《情爱现象学》,黄作译,北京:商务印书馆,2014年,第24—25页。

中显得如此贫乏的一些现象才能够在确定性中显得如此丰富"时，我们很清楚您谈论的是您的给予性现象学，根据这种现象学，把笛卡尔的 *intuitus* 置于明见性和把康德的理智直观或胡塞尔的理智直观置于明见性看起来并没有很大的不同，因为任何达到如对象一般的明见性的东西总是在直观（我们可以说是现象学的）中显现为贫乏现象。因此，把笛卡尔的 *intuitus* 置于明见性（作为一种对象而不是作为一种给予）能够成为证明笛卡尔的 *intuitus* 不是康德或胡塞尔的理智直观的一种有力论据吗？

2. 您对于笛卡尔的"*in-tueri*/re-garder"这一词汇的分析，与您所说的此后历史中任何符合规范的分析都不同，非常令人信服。"*in-tueri*/re-garder"的"*intuitus*/regard"转换为一种看管对象的观看，就像您所说"确证意味着［**自我**］在其注视［再次监视］的监视之下完全控制地维持一个对象"，而且在这一观看的监视之下的保持/维持能够构成且重新构成对象。那么，笛卡尔哲学中的这种构成对象的方式有它的独特性吗？或者说，在何种意义上它与康德哲学中构成对象的方式是不同的呢？您能稍微解释一下吗？谢谢！

第二个问题是关于笛卡尔的"*meum corpus*"（吾身）问题。在您的新著《论笛卡尔的受动性思想》一书中，您强调《沉思集》之中"吾身"概念的重要性，后者在笛卡尔研究的历史中长期被忽视,甚至我们可以说它从来没有被视为笛卡尔理论的一个术语。[当场插入询问:"在笛卡尔研究著述的历史之中您是否第一个把'吾身'当作一个理论概念来使用呢?"马里翁先生明确回答"我想是的"。]事实上,根据笛卡尔的学说,这一"吾身"代表人类灵魂的第二部分:"在人类的灵魂里面有两种东西,我们对其本性的一切认识依赖于这两种东西,一是灵魂在思,另一是灵魂与身体合一,它能够进行主动行为(agir)且和身体一起受动(pâtir)。"[1]而您同样指出了一个令人感兴趣且值得反思的现象,即差不多所有"思维活动"模式都能够自身重叠,如,怀疑能够自身怀疑,理智能够自身领会,意志能够自身意愿,感觉能够自身感觉,唯有想象不能自身重叠,既不能想象在思的**自我**(主动的),也不能想象"吾身"或"在感觉的身体"(AT X, 412, l.21)(受动的),因为想象只针对物体的广延。[2]您甚至利用这一例子以便将"吾身"考虑为现象学的"肉"而非一个一般物体。但是想象与"吾身"之间的关系无疑是复杂的,一方面,笛卡尔坚持想象的能力只针对物体的广延;另一方面,笛卡尔坚持感觉与想象的关联以及它们与

---

[1] Réné Descartes, *À Elisabeth*, Egmond du Hoef, 21 mai 1643, AT III, 664, 23-27.
[2] J.-L. Marion, *Sur la pensée passive de Descartes*, P.U.F., Paris, 2013, p.125.

"吾身"的不可分离性——其中的一个例子就是，笛卡尔在《论人》中这么说"想象和通感的所在地就位于其中的 H 腺"（AT XI, 176）。还有一个一般被忽视的文本，笛卡尔在其中认为人们能够通过"吾身"进而想象各种有形事物："我很容易智识到，如果某种身体实存，精神与它如此地相连以至于精神随其所愿地（pro arbitrio）自身运用（se applicet），犹如（veluti）要去察看（inspiciendum）它，我通过这一点本身去想象各种物体性东西是能够做到的。"（AT VII, 73, 10-13= IX, 58）

由此又出现了两个子问题：

1. 笛卡尔明确表示，通过精神察看"吾身"的这种方式，精神随后能够想象各种有形事物。换言之，想象和察看一般物体的方式是在精神以之察看"吾身"的方式之后来临的。由此出现了一个更难回答的问题：精神以之察看"吾身"的方式又是在何种方式之后来临的呢？在此看起来出现了某种循环论证：精神运用于"吾身"，就像在察看"吾身"，精神依据这一方式能够想象和察看一般物体；但是，精神以之察看"吾身"的方式看来又是在精神以之察看一般物体的方式之后来临的。

2. 如果您考虑"吾身"为现象学的"肉"而非一般物体，这是不是意味着在"吾身"之中没有任何物质呢？在 1645 年 2 月 9 日写给梅斯兰神父的第一封法语信中，当笛卡尔在"*corpus*"一词的第二种意义中解释身体的不可分性（l'indivisibilité du

corps）时，他强调，应该有"无论是什么的某种物质，以及关于能够存在的某种量或形象的物质"，因为，"只要物质同一个有理性的灵魂相连，我们总是将身体当作同一个人的身体，且将身体当作整个身体"。[1]换言之，为了解释圣餐（l'eucharistie）问题，笛卡尔不得不承认"吾身"的一片段物质的实存。而这一片段物质同样能够被认为是"肉"吗？您能不能稍微做一下解释？谢谢。

马里翁

谢谢您的两个问题。我先来回答第一个问题。第一个问题是关于笛卡尔所用的一个拉丁语词汇—"l'*intuitus*"。翻译这个词是困难的，在现代法语中它通常被翻译为"l'intuition"（直观或直觉）。这个看似显然的译法其实有两大不恰当之处。首先，笛卡尔本人从来没有在法语中使用过"l'intuition"这个词汇，除了在他晚期的一封书信中，他解释了作为"regard"（看）的"l'intuition"和"l'intuition"的神学概念——"l'intuition"的神学概念与上帝的显圣（la vision de Dieu）问题相关——之间的区分。笛卡尔回到这种表述，是要解释这种神学概念的"l'intuition"并不是他自己的。因此，我们在笛卡尔关于方法

---

[1] Réné Descartes, *À Mesland*, 9 février 1645, AT III, 167.

学说和科学学说的法语作品中看不到"l'intuition"一词。用一个笛卡尔在法语中并不使用的术语来翻译他的一个拉丁词汇，这首先是不合法的。

用"l'intuition"（直观）来翻译"*intuitus*"的第二个困难之处在于，在笛卡尔之后的哲学中，有一种直观学说（une doctrine de l'intuition, l'*intuitus*），后者成了康德哲学和胡塞尔哲学中的"Anschauung"（直观）。这与笛卡尔文本中的"*intuitus*"并不是同一个意思。在德国古典哲学中，在从康德到胡塞尔的德国哲学中，"Anschauung"（直观）意味着"直接的看"（la vue immédiate）意义上的"l'intuition"（直观）。空间的直观，时间的直观，可感的直观，就是我马上可用（immédiatement à ma disposition）。因此，"l'intuition"（直观）就是一种受动性（passivité）。这就意味着知性（l'entendement）或知性所发挥作用的能力的主动性。而在笛卡尔文本中，"*intuitus*"在我看来更接近它的拉丁语含义。"*intuitus*"，在拉丁语中就是，"in-"加上动词"tueri"，而"tueri"并不意味着"regarder"（观看），并不意味着"voir"（看），并不意味着有一种"intuition"（直观），而是意味着"garder"（看管，监视），就是人们看管一群动物的意义上的"garder"，就是人们在营地里看管俘虏意义上的"garder"，就是监视（surveiller）意义上的"garder"。因此，"regarder"是看（voir）的意思，但却是通过监视的方式有意地看（voir volontairement）。实施"in-tueri"行为的人就是"gardien"（看守员，看管者）。而在法语中，当我们说"voir"（看）——无论是谁都在看——和大家都没有观看意义上的"regarder"（观看）之间有区别时，就是这个意思。因此，"regarder"（观看）就是主动地看（voir activement）；"regarder"（观看）是一种行为，就是监视（就像福柯所说的监视、惩罚），就是"sauvegarder"（保卫、保护）；还有，当人们忽略观看时，人们不再看管，在法语中我们说"mégarde"（不留心），意思就是"la mauvaise garde"（没有好好看管）。因此，"regarder"（观看）首先就是"garder"（看管，监视），很好地看管，或者，没有好好看管，那就是"不留心"了。当笛卡尔说他"a l'*intuitus* de"某种东西时，就是说他构成了（a construit）知识。说"l'*intuitus*"，就是说使得一种知识成为确定的（certaine）。说"l'*intuitus*"，永远不会欺骗我。我通过"l'*intuitus*"所维持的知识总是确定的，就是确实被保卫了的（gardée）知识，是一种允许肯定地和确定地"garder"（保卫/看管）人们所看到的东西的看的方式。因此，这与康德意义上的"l'*intuition*"（直观）有很大的区别，因为这是主动的而不是被动的。在这一"regard"（观看）意义上的"l'intuitus"更多地接近于康德称之为"统觉"（aperception）的东西，统觉的主动综合（la synthèse active de l'aperception），或者概念中的综合（la synthèse dans le concept)。因此，应当保持这一概念的主动性，这就是为何这是方法性的。让我在这一点上吹嘘一下吧！当然，之后我在爱洛斯现象（le phénomène érotique）中重新发现了"观看"概念。因为，爱洛斯观看（le regard érotique）也是一种在看管、在占有、在攫取的观看，这不是一种简单的看。爱洛斯观看不是一种爱洛斯的视觉（la vue érotique），而是一种立场之采取（une prise de position），或许采取的是一种肯定的立场，或许采取的是一种否定的立场。因此这是可以被引导的，或者是类似于祈祷一样的冥想（contemplation），或者就是色情描写。因此爱洛斯观看是主动的，不是一种简单的视觉。

现在，我转到第二个问题，关于"吾身"（*meum corpus*, mon corps）。这一表述由笛卡尔本人在"第六沉思"中谈到，在发现（尽管是糟糕地）外部事物的实存之后，当他描述我的身体（le corps qui est mien）时。这一表达式实际上在第一沉思中当笛卡尔解释外感能够欺骗我时就已经出现了。因此"吾身"（*meum corpus*）是笛卡尔文本中的表述。但是我想我是第一个考虑这是一个概念的人。那么，允许我把这个看似平庸的表述转换为一个中心概念的理由有哪些呢？有好几个理由。首先，笛卡尔清楚地把"吾身"与各种其他物体（d'autres corps；*reliqua corpora* / 其余一切物体）、或是围绕着我的各种物体、或是他在一封信中所称的一般的人的身体（le corps de l'homme en général）对立起来，换言之，笛卡尔考虑到两种形式的"corps"，有一种"corps"绝对地且独一无二地属于我的"corps"，此外就是其余一切"corps"。两者之间的区别，并不仅仅是不同的占有（appropriation），其特性也是不同的。"吾身"的这些特征，首先是以下事实，即我不得不被这一"corps"所感（affecté），这一具有一部分广延、一部分世界的"corps"也是我感觉到在感觉（je ressens）的那个"corps"。"affecté（被感）"就是说，譬如这个茶杯是热的，因为茶是热的，但是茶并不知道它是热的，茶杯也不知道它是热的，只有我的手才知道茶杯和茶是热的。因此，有一部分广延、一部分自然直接对我的思维产生作用。因此广延只有通过我的身体才能使我进行感受（m'affecte），否则，广延并不使我进行感受。说到这一点，为什么笛卡尔的评论者们不承认"吾身"的重要性呢？因为笛卡尔的评论者们常常都不是现象学家，他们不知道胡塞尔，不知道胡塞尔在《笛卡尔式的沉思》的"第五沉思"中的著名分析，后者准确地区分了其他各种物体（他称为"Körper / 物体"）和我的身体（唯一一个能够进行感觉的"corps"，他称为"Leib / 我的身体"）。实际上，笛卡尔预料了，宣告了——当然他并不知道——胡塞尔在其他各种物体和我的身体之间做的区分。我通过对照胡塞尔与笛卡尔理解了"吾身"，这实际上就已是我们在法语中称为"chair"（肉）和德语中称为"Leib"（我的身体）

的那种东西，就是意味着"在感觉的身体"（le corps sentant）而不只是恒定的身体。这一点就允许我给出一个有关方法的建议：我认为当人们没有把哲学史、过去文本的历史和当代的思辨哲学分离时就会获得最好的结果。有些人常常认为，当我们做哲学史时，就应该不做哲学性的解释，应该保持为文献学家，仔细研究文本，等等。我认为，是应该有文献学家，应该仔细研究文本，但是，只有当人们辨认出概念时才有意义，没有概念性解释的哲学史是盲目的。这一点是最重要的。另一方面，"吾身"可以认识物体吗？当然，"吾身"可以认识它自身，换言之，我认识自身作为我自己身体，但是我无法通过一种表象来认识自身，我通过一种可感的经验认识自身。认识我的身体，就是认识我是身体所驱动的感觉。这不是"regarder"（观看），譬如，当我观看我的手时，我不认识我自己的身体，我看到我的手，就仿佛它是世界的一部分；我不认识我自己的身体；当我用手进行触觉时，当我用手触觉某种东西时，我认识到我所感觉的东西，我在循环中认识我自己的身体。这不是通过观看它的方式来进行认识的。同样，当我生病住进了医院，如果我有一个局部的麻醉，我会看到（je vais pouvoir...）有人给我的手动手术，我不疼，因为我将认识到它就像一小块物质，但认识不到这像自己的身体（corps propre）。

对于最后一个关于"圣餐"（l'eucharistie）的问题，我无法做出回答，因为笛卡尔本人没有推进他有关"圣餐"的解释直到他把它［与……］相同一的程度（jusqu'au point où il aurai identifier）。我想说，这是不同的术语。对于有些听到过17世纪拉丁语的人来说，有一件足够令人惊讶的事情。当笛卡尔说"meum corpus"（吾身）时，意味着我自己特有的身体（mon corps propre à moi），它们被退回到神学中被使用的、基督徒用来谈论"圣餐"的两个相同的词语，换言之，从面包和酒转变为耶稣基督的身体和血。在这一情形中，基督说，用拉丁语翻译的话，就是"corpus meum"（我的身体）。因此，对于笛卡尔的读者来说，当他看到"meum corpus"（吾身）时，他不能不把"meum corpus"（吾身）也理解为"圣餐"。再者，这就是为什么有人要问笛卡尔能否解释一下"圣餐"的奥秘。他勾勒了"圣餐"神学的草图。因此，对照是完全可能的。大家有权利这么做。只是，笛卡尔从未在"圣餐"也就是在"corpus meum"的表述中解释过他的"吾身"（meum corpus）学说。因此，人们可以想象一种笛卡尔的学说，但这一笛卡尔的学说却从未产生过。

二 现象学的呼唤－回应结构

方向红

我读了胡塞尔和海德格尔的书，与此同时我也读了中国学者的介绍和研究，但是让我惊讶的是，我的理解与很多中国学者的观点不同。我不确定究竟我是对的还是错的。于是我读了马里翁先生的书《还原与给予》，我发现马里翁先生在书中对胡塞尔和海德格尔的思想解释得非常清楚。它不同于通常对胡塞尔和海德格尔的理解，让我印象深刻。所以我决定把这本书翻译成中文，在翻译的过程中，我发现书中有一个非常有趣的现象，马里翁先生做了一个令人难以置信的转变。我只能这样来比喻或类比，对我而言就像是从牛顿体系向爱因斯坦体系的转变，这种转变不是否定或颠覆，而是一种范式上的转型。马里翁先生在现象学运动史上做了同样的事，我认为这是一个天才式的创举。

简短地说，我想提两个问题，第一个问题是，您把现象学归为"给予/赠予"（gift），在这种给予的理论中，您做了类似的还原，您把给予者、接收者，甚至是给予自身都还原为真实可靠的且可观察的东西，因此您提出了"内在性"（immanence）的观点。我的第一个问题是，如何识别内在性与超越性之间的平行或对立？如您所见，在胡塞尔与海德格尔那里也总是有这种内在性与超越性之间的矛盾。

第二个问题是，超越论与经验之间有另一个平行。您对于"经验"做过诸多讨论，并且您提过，您提出了新的直观理论，您说这与胡塞尔的直观理论完全不同，这与您讲的过度（excès）

概念有关。在这种情形中,是否仍为超越论或超越论性质留有空间呢?或者我们能否说,在这种意义上超越论性质已经被您的第三种还原放到了实践之中呢?

马里翁

非常感谢您的这些问题,它们确实都是一些核心问题,但我很难保证我的回答配得上您对我的称赞。我力图表述清楚。

实际上,关于内在性(l'immanence)和超越性(la transcendance)的问题与关于超越论(le transcendantal)的问题联系非常深。因为,在现象学中,在胡塞尔的第一阶段的文本中,甚至或许在海德格尔的《存在与时间》中,总是有一种超越性。要点是,对于胡塞尔来说,超越性就是意识领域相对于世界领域的超越性,而在海德格尔那里,超越性就是存在本身的超越性。胡塞尔说,存在和纯粹超越论(le transcendantal *schlechthin*),纯粹超越性(la transcendence *schlechthin*)。因此,总是有一种超越性的事实。在"给予性"(la donnation)和"被给出者"(le donné)的现象学的情形中,仍然有内在性与超越性相对立的场所吗?如果我们对胡塞尔的术语进行推理的话,内在性和超越性这两个术语就都失去了资格。譬如,就像胡塞尔所说的意识于本身的内在性(l'immanence de la conscience à elle-meme),对立于世界的超越性(la transcendence du monde），而在给予性现象学中，在某种意义上说，并没有意识本身的内在性，因为意识被定义为"l'adonné"（沉醉者），而"l'adonné"（沉醉者）的定义就是：它不仅接受"被给出者"（le donné），而且它自身在接受"被给出者"之前并不是已经可通达的。沉醉者是乐观主义的、根本性的和彻底性的，在这种意义上说，它在接受"被给出者"的那一时刻自身接受（se reçoit）。它并不是永恒的，并不是已经在那里了，并不是验前的（*a priori*）。"l'adonné"（沉醉者）和"le donné"（被给出者）同时浮现。正如儿童的意识在其经验到世上的事物那一时刻浮现了一样。因此，在这一意义上，并没有意识的内在性本身，意识本身突然来临（advient）。

以同样的方式，超越论的概念，超越论性质（la transcendantalité）的概念，因此就是验前（*a priori*）概念，是经验的可能性的条件。这一基本性的概念由康德提出——当然在康德之前就已经存在，但康德清楚地提出了——被一直保留到胡塞尔。这一超越论性质概念预设我们验前地认识经验的条件，因此就是验前地认识可能者的界限（la limite du possible）。我们可以说，您已经提醒注意，用有关直观对于概念的过度（l'excès de l'intuition sur le concept）的一种充溢现象（phénomène saturé）学说，维持一种"验前"相反地就成了不可能的了。换言之，在一种正确的给予性的现象学中，"验前"

总是能够被"被给出者"所超过、所反对。对此最佳的例子是，在古典哲学中，构想什么叫一个事件（événement）是非常困难的。因为，在古典哲学中，任何现象可以是一个对象，而任何对象都是可预见的。然而一个事件是不可预见的，事件不是一个对象，它不是可生产的，不是可重复的，因此，在古典哲学中，事件是不可智识的。另外，古典历史时期的整个哲学，从黑格尔开始，通过马克思主义的发展，都在于讲述各种事件都是可智识的和可预见的，因为他完全认识钥匙。换言之，事件在历史上的哲学之中并没有位置，总是有可生产的和可预见的对象。因此，一旦人们质疑"验前"，一旦人们质疑固定现象的可能性条件，超越论性质就会受到质疑。因此，在后现代哲学中没有超越论性质。因此，人们可以说——我将把它当作一种评论——今天或许已不再有超越论的哲学，现象学是一种非超越论的哲学，晚期的海德格尔在这一点上非常清楚，列维纳斯也一样，即我们不能固定预先经验的可能性的条件。海德格尔为何要谈论莱布尼茨，列维纳斯为何要谈论被选（l'élection）、谈论被抓为人质（prise en otage）等等，它们都是构成、预见的反面。我无法尽力进入具体的细节。而且，分析哲学本身也不再是一种超越论的哲学。它在逻辑实证主义时代曾是一种超越论的哲学，当美国的经验主义认为形式逻辑——这是弗雷格的概念，接着是一些真正的精神病学家，后来的维也纳学派的发展——可以是经验的"验前"。自从人们不再把形式逻辑陈述与经验联系起来，分析哲学停止成为一种超越论的哲学，这就是卡尔纳普的实证主义的终结。因此，理解以下这点是很重要的：后形而上学思想，后现代思想——如果我们能够粗略地保留这种表达的话——通过一种清楚的决定性至少表现出了自己的特征，并不是一种超越论的哲学。当代哲学，如果它是认真的话，就不是一种超越论的哲学。

我要说的最后一点，还是有一种关于经验的恒常的、根本的、决定性的超越论结构。这一问题太重要了。我们完全知道经验服从某种成为规则的东西。人们如何能够说，经验成了中心，成了超越论条件呢？回答是，事实上，每一种经验都有一些规则，即使在"给予性"现象学之中，这些规则就是呼唤-回应结构。换言之，任何现象都作为一种呼唤介入，包括充溢现象。譬如，事件总是一种呼唤，偶像（idole）也是一种呼唤，因为偶像就是我自己的像，他人（autrui）和圣像（icône）都是一种呼唤，我的肉（ma chair）也是一种呼唤，因为正是它使我立即接受到新的现象。任何现象，包括我无法预见、无法构成、无法将其转换为对象的现象，显现为一些要求回应的呼唤，因此，另外也是解释学结构的呼唤-回应结构，成了现象性的根本运作。现象性并不是对象之构成，而是对一些呼唤的回应。经验的形式的益处就是，这一形式（在这一意义上的是"验前的"形式）让一切能够来临的东西都成为可能的，包括不可能者（l'impossible）——如果我可以这样说的话。换言之，最卓越的超越论结构，就是呼唤的结构。而呼唤处于超越论结构的对立面。超越论结构就是那种验前地固定条件的东西，而呼唤是那种能够先于一切验前条件、能够摧毁一切验前条件的东西。因此，这里有一种关于"验后"（*a posteriori*）的超越论性质——如果我可以这样说的话——有一种反超越论性质（contre-transcendantalité），它就是呼唤-回应结构。那么，一个和另一个由于这种呼唤-回应结构异乎寻常地突出的特征，就是它重新统一了古典哲学所分离的东西，即理论态度（纯粹认识）和实践态度（行动、意志、决定和道德）。呼唤-回应结构对两者都有用。譬如，不要忘了列维纳斯仍然把伦理学与理论对立起来，而呼唤-回应结构对实践和理论都发生作用。

朱刚

我的问题很简单。您把您的现象学描述为被给予性现象学，根据您的这种被给予性现象学，我提一个关于"呼唤"的具体例子，即我们听到的"呼唤"。您认为"呼唤"作为一个纯粹的被给出者能够被我接受。在您对"呼唤"现象的现象学分析当中，您认为我们唯一确定的只有两方面，一方面是"呼唤"本身作为纯粹的被给出者；另外一方面是接受者，比如说我，作为接受者的我。您认为发出"呼唤"的给出者自身没有被给出，因为他给出的是"呼唤"，给出者自身没有被给出。所以我们无法以现象学的方式确定给出者自身。我的问题就是，如果是这样的话，那么我们如何区分海德格尔对"呼唤"的现象学分析和列维纳斯对"呼唤"的现象学分析？因为在海德格尔那里，"呼唤"主要是通过发出呼唤的主体来确定的，在他那里发出"呼唤"就是"存在"，向我们呼唤的人存在。在列维纳斯那里，向我们呼唤的是"他人"。这是第一个问题。第二个问题是，如果我们不能确定发出呼唤的主体，当我同时听到来自两个或两个以上的不同的呼唤，而这些呼唤相互冲突的时候，如果我们不能确定呼唤的主体来自哪里，我如何确定我优先回应哪一种呼唤？这就涉及一个正义的问题。亚伯拉罕同时听到上帝的呼唤和孩子的呼唤，那他首先回应谁？

马里翁

您提的问题太重要了。所提的问题在于想知道，是否我可以或者说我应该辨认呼唤的来源（l'origine de l'appel）。这是非常好的问题。我最后应该辨认呼唤的来源，呼唤的含义（signification de l'appel）以及它的可智识性（intelligibilité）。但是确切地说，当我接受到呼唤时，这一呼唤根本上说是匿名和不明确的。这一点清楚地显示出，人们有两种方式来进行相关的论证。第一种方式就是依据文本，我第一次理解这一问题，理解"呼唤问题的普遍性"（universalité de la question de l'appel），是通过阅读海德格尔的《什么是形而上学》（*Was ist Metaphysik？*）的一个章节来理解的。海德格尔提及了关于存在的呼唤问题，他称之为"存在的呼唤"（l'appel de l'Être, der Ruf des Seins），他还补充说，很显然，在另外的情况下，或许这是一种不同的呼唤，他马上想到了《圣经》，他说还有"天父的呼唤"（l'appel du Père, der Ruf des Vaters）。在《存在与时间》中，他以同样的方式谈到了"朋友的呼唤"（l'appel d'ami）。读了这些文本，我立即就想到，在这种情况下，呼唤要比"存在的呼唤"更为宽泛。这就是为何我在《还原与给予》这本书的结尾处谈到了纯粹呼唤的结构（la structure du pure appel）或纯粹的呼唤结构（la pure structure de l'appel）。这意味着，呼唤超越了存在问题，呼唤超越了父亲问题，呼唤甚至超越了他人（autrui）问题，这里有一个像这样的现象学的呼唤结构（une structure phénoménologique de l'appel comme tel），这一点既不是海德格尔，不是利科，也不是列维纳斯所说的，因为大家虽然都运用了一种呼唤概念，但总是直接与一种来源相连，"存在的呼唤""他人的呼唤""在解释学中做出回应的呼唤"，等等，如果可以这么说的话，我是第一个提出唯有"呼唤的结构"（la structure de l'appel）的人，但并非唯一的一个。因为，我的朋友和同事，让-路易·克里蒂安（Jean-Louis Chrétien）在他的一本名叫《呼唤与回应》（*L'appel et la réponse*）中——这本书很棒，应该翻译成中文——支持以下悖论，即呼唤只有在回应之中才是可智识的。这一悖论是根本性的，因为我们完全知道，当我接受到一种呼唤时，我们并不总是知晓呼唤的内容、呼唤的来源，甚至也不知晓这一呼唤是针对我的还是针对其他人的，即使这只是一个呼唤而已，换言之，譬如说在茫茫人海中我听到一个呼唤，或许只是有人大叫了一声，没有任何呼唤，或许是人们叫了一个人名，而那不是我，或者人们叫了一个与我同名的名字，可人们叫的不是我，或许这是一个一点都不重要的呼唤，或许就不应该回应这一呼唤，因为这是一种挑衅，或许应该回应这一呼唤，但我们不知道如何进行回应，等等。这就开始了呼唤的现象学（la phénoménologie de l'appel），后者需要解释。从来没有清楚明白的呼唤。

因此，总是这种情况，即呼应将解释呼唤。这里总是存在着解释的结构。那么，在某些情形中，呼唤就是存在的呼唤，如果我们读海德格尔，我决定（je décide）这是存在的呼唤；如果我们读列维纳斯，我决定这是他人的呼唤；如果我是一个信仰《圣经》的基督教信徒，我决定这是上帝的呼唤。但这总是由我来做出决定。爱洛斯现象（phénomène érotique）的情形非常有意思，因为我可以决定去爱一个呼唤我、来爱我的他人。

总是我对回应做出决定。在回应中，我决定呼唤的来源本身。这就是为何呼唤拥有现象学的价值（valeur phénoménologique），因为它通过回应呈现，成为可见的。

最后一点，当我引入纯粹呼唤（pure appel）的概念时，引入纯粹呼唤的形式性结构时，某些法国哲学家对我说这种方式退回到了上帝的呼唤，认为这是一种在现象学中做隐匿神学的方式。这是一种愚蠢的反对，当然，这里存在着可以被辨认为上帝的呼唤的呼唤，海德格尔提及了这种可能性，但这总是各种可能性之中的一种，这可能是一种"道的呼唤"（un appel du Dao），这可能是一种上帝的呼唤，这可能是一种他人的呼唤，这可能是一种存在的呼唤，这可能是一种金钱的呼唤，这可能是任何我们能够想到的东西的呼唤，因此，呼唤的结构本质上是匿名的。这就是为何它是普遍的。我们可以给予呼唤结构一种普遍性地位，以至于我说，主体，"我"（je）的主体性（subjectivité）总是呼唤的结果，"我"（je）并不像"超越论的我"（je transcendantal）所说的在主格（nominatif）上，也不像列维纳斯所说的只在宾格（accusatif）上，而是在呼格（vocatif）上，也就是说，主体是被呼唤的那一位。因此，被呼唤的那一位一般来说就是沉醉者的定义。当然，只有当呼唤是普遍性即匿名性时，我们才能因而普遍化呼唤的结构且使之成为个体化或个体的基础。应该称呼唤的结构或者是匿名的或者是主体性的定义。最后一个例子就是卢梭文本之中良心的呼唤（l'appel de la conscience），同样，在康德的第二批判中也有这一问题，费希特也有一个呼唤的学说，因此，呼唤的结构问题完全为西方古典哲学所知晓，只是它总是在与具体的存在、他人、良心、道德等的关系上得到规定，新的观点就是要得出一般的呼唤结构（la structure de l'appel en général）。

三 神圣者与艺术

徐晟

因为时间比较紧，加上前面有些同仁已经涉及我关心的第一个问题，我直接进入我的第二个和第三个问题。首先想请教的是，在您的文章《"基督教哲学"：解释学或考据学》（«"Christian Philosophy": Hermeneutic or Heuristic?»）中，您系统地回复了关于神学与哲学之间区分的问题。这方面的争论可能引发了您对"内在性"概念的重新阐释，而这种阐释显然构成对其正统理解的突破，许多学者，最著名的就是多米尼克·雅尼考，对此有所保留。您因此也求助于胡塞尔并表明实际上并非只有一种而是有两种内在性。对我而言，我相信您关于理解内在性之基础的强调应该是合理的，这使得您的现象学著作不同于任何神学，而是一种关于宗教的哲学，一种后形而上学的基督教哲学。通过引述那些宗教语境下可能性（而非实在性）领域中的诸多"充溢现象",我假定——如果我表述有误,您可以纠正我——您在努力将传统中的一些东西领回到哲学话语的秩序当中。自笛卡尔以来,传统中的这一部分,正在一步一步地被逐出哲学领域。是这样的吗？这是我的第一个问题。

我的第二个问题是关于艺术的,尤其是您的哲学中的绘画问题。许多现象学家会在他们的著作中谈论绘画和文学,显然您也是其中之一。在您与丹·阿毕巴（Dan Arbib）的访谈中,您说绘画可以帮助哲学家完成他们的工作。我们都知道,自从胡塞尔、海德格尔、梅洛-庞蒂、列维纳斯以及您以来,这已成为了一个传统。您是否可以简单讲一讲,绘画在您的工作中起着什么样的作用,是与梅洛-庞蒂或海德格尔一样,还是说,在您那儿有独特的意义？我始终关注您的现象学而不是那些关于库贝尔的书,您能否简洁明了地告诉我们,绘画在您著作中扮演什么角色,以及梅洛-庞蒂的、胡塞尔的道路与您的道路之间的差异何在？

马里翁

事实上,这两个问题是有联系的。为了简要地回答您向我提出的问题,我想说,古典哲学（形而上学）达到了它的局限,其中有一个迹象,就是很难来理解,差不多可以说不可能来理解一些对于人类经验来说是基本的领域，譬如神圣者（divin）的问题和艺术的问题（特别是绘画的问题），实际上还有爱洛斯现象。哲学对这一话题其实已经不再能够说任何东西了，因此，嫉妒地说任何神学都是非理性的，至于艺术，譬如说到绘画，认为这只是一个关于技术对象、成倍复制和流行艺术等的问题，而对于爱洛斯现象，它本应该说些什么但是却不再能够说任何东西了，而是说应该让精神分析来，让无意识来，或者让色情图画来，这一迹象表示，哲学不再能够思考了。我的工作就是要看看，运用一些后形而上学的论据和概念，是否可能重新使得这一领域成为可智识的。那么，很显然，运用呼唤-回应结构，"沉醉者"的概念在这一意义上就足够容易用来界定爱洛斯现象。至于爱洛斯现象，如果我们从一个关于主体的超越论的定义出发（如在萨特那里），它是不可智识的，但是如果我们从一个关于主体（如一位"沉醉者"）的非超越论的定义出发，它就是可智识的。

我补充说一下一般的艺术问题以及特殊的绘画问题。最大的困难在于要明白，画并不是一个对象。当代艺术的僵局在于，它设想，有一些艺术的产品，都是一些对象。然而，如果我们看形而上学终结时期的绘画，就像人们对库贝尔、塞尚、美洲仪式感兴趣，所有的画家都说，康定斯基很清楚地对我们说，他们全部都在探究一种画家的受动性（une passivité du peintre）。画家在某种意义上说并不是主动性的。他并不生产——"生产"或许是古典时期的情况——画，他在画的形状内对他所看到的东西（ce qu'il voit）和他所接受的东西（ce qu'il reçoit）做出反应（réagit）。有一种画家的基本受动性。这样一来，去看看他们在何种程度上对此是有意识的，这是很有意思的。而这种受动性，很显然，人们在"被给出者"现象学的情形中能够非常好地理解它。

最后来说两句关于神学的问题。对应于启蒙（Aufklärung，enlightenment，lumiere；用意大利语说就是 Illuminismo）的古典形而上学时期对于哲学而言就在于，被拷问的宗教现象的情况，就是犹太-基督教的启示，可是最后，犹太-基督教的启示不能像科学和哲学的对象一样被认识了，因此，应该从合理性的范围出发看管（garder）它。因此，人们不能对象化《圣经》启示的这一事实被认为正是证明《圣经》启示并不是理性的这一观点的证据。我们到达了这一过程的终点，因为，问题在于要知道是否必须对象性地构造《圣经》启示。如果认为这有意义的话，那就是傻子。或许没有理由或者说不再有理由来构造《圣经》启示为一种对象性的知识，但是把一张画构造为一个对象，或把一个爱洛斯现象构造为一个对象是有好处的。或许爱洛斯现象的整个好处正在于它不是一个对象，画的整个好处正在于它不是一个对象，《圣经》启示的整个好处正在于它并不引起认识一些对象（ne donne pas à connaître des objets）。或许《圣经》启示就是理性神学，一种理论性实践（une pratique théorique），就像法国20世纪70年代在马克思主义者之中说的那样，它首先是一种实践，这是一种感觉到（sentant）、这是一种理论性实践的认识。因此，在《圣经》启示被保留下来的东西，是一套思维的、理智的、精神的、身体的运作，就像舞蹈就是一套姿势，知晓舞蹈就是知晓姿势，这或许接近运动，运动就是做姿势。或许宗教被认为是在做姿势，知识（savoir）就是这个东西（cela）。很显然，这一点暗含着，拥有一种对于他所认识的东西的更大、更宽广的视觉/所见（vision）的能力。认识（connaître）并不总是对象性知识（savoir objectif）的产品，或许远远比这个更为宽广。这是我对哲学未来的乐观展望，哲学应该学习着扩大认识（connaissance）的概念本身，或许当代现象学能够对此有所贡献，至少这是我所期待的。

王恒

谢谢马里翁先生。过去二十多年中，在对胡塞尔、海德格尔、列维纳斯做了比较全面的研读之后，我现在正在翻译列维纳斯的《来到观念之中的上帝》(*De Dieu qui vient à l'idée*)。我的问题是，您对于异质感受的看法是什么？您对这个概念，尤其是基于米歇尔·亨利对异质感受（hétéro-affection）的使用与意义层面,您的看法是什么?

马里翁

关于这个问题,我在我的书《重拾被给出者》(*Repris du donné*)的第一章中解释了我对米歇尔·亨利的研究。我认为米歇尔·亨利是赞成以下原则的,即"还原越多,给予越多",但是他有所保留。这是基于他把还原视为意向性的一种特殊观看——被称之为主体与对象之间的出离(extase)——的观点之上。这一观点也是经典现象学包括胡塞尔和海德格尔等人的现象学最初的东西,这就是说,意识被不同于它自身的东西所感(affected)。对于亨利来说,现象学的核心就是以下事实,意识首先且自始至终(first and throughout)被它自身所感(affected by itself)。我在正确的方向中并没有走得足够远。因此这么来说吧,首先,亨利强调以下这点是完全正确的,即如果首先没有自身感受(self-affection)的话,就不会有可能的异质感受(hetero-affection),就是说,如果意识不能首先被感的话,这种意识就不会被其他任何东西所感,就不会对不同于它自身的任何对象有所意向。因此,感受(affection)首先是自身感受。这是绝对正确的。意识作为内在属性而被感,因此在它自身之内被感。在此,我的见解是,亨利得出结论说,自身感受的至上性包括且受惠于把异质感受排除出去。事实上,异质感受和自身感受两者都可以被理解为呼唤-回应的情况。因此，呼唤可以来自"我"（I）自身，就像它可以来自完全不同于"我"的地方。在所有这些情形之中，你都能遇到呼唤-回应结构。因此呼唤就是自身呼唤，海德格尔在《存在与时间》中就已经展示过。他在那里把呼唤解释为意识，作为自身给出的呼唤就是我对我自己的一种呼唤，这并不荒谬。我不知道在中文里是如何表述这种情况的，我们法语会说"负有……的使命/感召"（avoir vocation），我负有使命成为艺术家，负有使命成为哲学家，负有使命成为运动冠军，等等，这一种类的感召/使命（vocation）——"感召/使命"当然是一种呼唤——就是一种自身呼唤。因此，自身呼唤与异质呼唤并不矛盾，它们是相同的呼唤-回应结构的不同变化而已。因此我们可以记录异质感受或者自身感受其中任一现象，你可以用两种假设来描述它。没有任何东西比爱洛斯呼唤（erotical call）更加具有异质倾向（hetero-disposition），但是爱洛斯呼唤之所以成为可能，那是因为，没有比对于他者的欲望（desire of the Other）更为深沉的欲望了。因此，这是双方的事情。米歇尔·亨利在关于自身感受的至上性方面是对的，但是他的结论是错的，这种至上性会导向一种上帝的悲痛（a distress of God）或一种异质感受之失去资格。这是我现在的立场，我坚持了好几年，达到的还是这一同样的结论。

四 小结

方向红

由于时间关系我简单说几句。今天讨论了很多话题，我把它简单分为两块：开场引言可以概括为"真实的东西是普遍的"，真理和普遍性之间的关系。我们今天讨论了很多真实的东西——自由意志、自因、吾身、圣餐、事件、神、艺术、爱欲。我们讨论了很多普遍的东西——普遍数学或者说普遍知识更好些，还有就是呼唤的结构、礼物的结构，这些都是形式性的东西。至于它们两者之间的关系，马里翁先生给出了与传统哲学完全不同的方向。这个方向就是真实的东西并不是一直在那里，作为一个对象存在于那里，而是被普遍的东西回溯地、被动地构成。就是说因为有呼唤，因为有给予，因为有呼声召唤着我们，所以我走向他人，带着爱欲走向艺术，走向神，或者构造出我自己的身体。这都是在被动性中构造的。

第二点与传统哲学不一样的地方是，普遍的形式的结构不是先验的，而是后天的，是在实践中被给出的，但是这种后天的东西又不是偶然的。这就超出了传统哲学的偶然与必然，先天与后天，经验与先验的对立，他用给予性的现象学成功超越了这一点，已经回应了后现代对整个哲学传统的批评。我觉得这是非常了不起的。

心性与人性、天命与天道
——中法现象学的新世代对话*

方向红

尊敬的马里翁先生，尊敬的张祥龙先生，尊敬的倪梁康先生，各位亲爱的老师、同学、朋友，大家下午好。今天我们聚集在这个地方，共同参与、见证一场中法现象学新时代的对话。之所以说是新时代的对话，是因为今天我们非常荣幸地邀请到的这三位先生，都是现象学运动在中国与法国展开过程中的新一代的最杰出代表，接下来有请他们上台。

说他们是最杰出的代表，我有自己的理由，让我来简单地介绍一下。首先，马里翁先生是法兰西学院的院士和巴黎索邦大学的教授，我想用几句话总结一下他在学术上的成就，因为他在其他方面的背景我们在以前的场合已经介绍得比较多了。我觉得他的成就的第一点，是在国际学术界重新激活了对笛卡

---

* 本文为马里翁 2017 年 11 月 22 日下午在中山大学图书馆参加的座谈会纪要。座谈由方向红主持，与谈人除马里翁外，还有张祥龙和倪梁康，张逸靖做了现场口译并整理了马里翁的发言。——编者按

尔的研究；第二点，是他在现象学方面做出了突破性的贡献，应该说在胡塞尔和海德格尔之后，他与法国的同辈或早一辈的学者一起把现象学推向了一个新的高峰；第三点，是他从现象学的角度出发回应了后现代哲学的挑战，他指出了哲学或者未来形而上学发展的方向。马里翁先生这次做的是巡回演讲，在整个演讲过程中，同学或老师都亲切地称他为"马老师"。第二位嘉宾是来自我们学校的特聘教授，张祥龙先生。张祥龙先生曾在北京大学担任现象学研究中心主任，他在现象学方面也做出了突破性的贡献，他较早地把现象学作为一门学问、一种方法引入对儒家、道家特别是对中国天道的思考和探讨中，对中国哲学和现象学都做出了新的贡献，最近这些年他重点探讨孝道、孝敬这些儒家思想，对当今的现实也有特别重要的意义。第三位嘉宾倪梁康先生，也是我们学校的教授。他是长江学者，是中山大学现象学文献与研究中心的主任。他早年在现象学的汉语翻译方面做了大量的工作，我们在现象学领域内之所以能够说话，说什么样的话，以及怎么说，这些词语和语法一开始是由他所规定的，他做了很多奠基工作。最近这些年，倪梁康先生提出了"心性现象学"概念，他整合了胡塞尔的意识哲学、唯识学、儒学等方面的思想，这在中国现象学运动的历史上具有里程碑式的意义。

今天，我们对话的标题是四个关键词，就是"心性"与"神性","天命"与"天道"。这四个关键词,其中的三个分别对应对话中三位先生的主导思想,我想大家也和我一样,特别想听一听,各位先生自己是怎么理解自己思想中的这些关键词的。另外,这样一些关键词,比如倪梁康先生的"心性",马里翁先生的"神性"(与现象学中的神学转向有关),张祥龙先生的"天道",与现象学传统,特别是经典现象学有什么样的关系?这中间的学理过渡是如何可能的?接下来我想请他们简短地介绍一下。首先有请马里翁先生。

马里翁

我很高兴能够受邀来到这里,但是我对下午这场对话有些担心,因为我将要和两位非常杰出的中国专家对话,他们了解的东西是我所不了解的。如果我说的东西没有真正涉及嘉宾所提的问题,那是因为我可能并没有真正理解他们的问题,所以,如果这样的情况发生,你们可以打断我,帮我再重新解释一下。但是我首先要思考的是,为什么在今天比在过去更加有可能在欧美哲学和中国的思想之间建立起关系?中国的思想包括儒家思想、道家思想和佛教。那么,为什么说现在有理由更新关于西方哲学和中国思想的对话呢?从"二战"以后直到今天,探讨的问题主要是这两个方面:在欧洲这方面,哲学到现在为止主要继承了理性主义,即德国哲学的传统,还是以形而上学与观念论为中心,主要任务在于为理性制定规则;在中国这方面,包括现当代的中国思想家,他们把中国思想作为欧洲理性的对立面来看待,把中国思想解释为一种智慧,把中国思想当作不可被翻译为西方语言的思想。这么一来,迄今为止的中西对话就一直表现为一种对立和冲突。所以一直以来,主要是在法国,思想家、哲学家总是认为中国思想作为一个整体是完全不同于欧洲哲学的。这就导致了两种情况:一种是认为中国思想和西方思想完全没有关系,另一种是认为如果要思考中国思想,就不能以欧洲哲学的思维方式来思考,这也就假定了欧洲传统是一直不变的。这种想法表现在许多的法国汉学家那里,其中一个代表就是法国汉学家于连。于连也是我非常欣赏的一位汉学家。他认为中国思想,比如说"道",完全不同于亚里士多德所代表的西方思想传统。但我个人认为,欧洲哲学目前正经历着一个重大的转变,因为从胡塞尔、海德格尔以及他们的继承人开始,已经赋予理性一种新的意义,使它比传统哲学对理性的定义更宽广,数学在康德那里还是经验的条件,但这些东西已不再是经验的条件。传统形而上学有两个重要的概念,一个是同一性,一个是充足理由律,它们现在都受到了批判和理论上的超越,在现象学中,这种超越就表现为,把认为不能够被对象化的现象纳入到现象学的领域之中。所以现象不再只包括对象,它也包括"事件"和我所说的"充溢现象"。"充溢现象"

的意思就是说，直观是高于意义的，所以充溢现象扩大了哲学的舞台。我认为儒家和道家思想中的一些命题，实际上可以在欧洲哲学当中获得新的意义，中国思想和欧洲思想其实说的是同样的东西。举个例子，《道德经》的第一句话，"道可道，非常道"。在黑格尔看来，这样的话是毫无意义的，因为黑格尔有一句名言，"凡是合乎理性的东西都是现实的，凡是现实的东西都是合乎理性的"，这个在欧洲哲学家看来是显而易见的。但是从当代哲学开始就不这么认为了，海德格尔认为"道"就像他的"Ereignis"（中译"本有"），还有维特根斯坦的《逻辑哲学论》的最后一句话"凡是不能说的，必须保持沉默"。这两者就可以和中国思想联系起来，因为它们所表达的意思就是，知道的东西并不能够言说。在宗教思想，尤其在神秘主义神学中，也是这么看的。在神秘主义神学中，声音有三个意思：一个是言说，另一个是否定性的言说，最后一个是说不可说的东西。如此一来，就可以和道家的"道"联系起来。那么，在后现代哲学或现象学的语境中，欧洲哲学家就可以和中国思想家一道去思考同样的问题，现在的欧洲哲学也在试图理解《道德经》提出来的问题，而思考这样的问题在现象学之前是不可能的。

方向红

我本来想给三位先生一个命题性的问题，但是哲学家都是自由的，马里翁先生做了一个自由的发挥，我觉得非常好，从中引出了两个问题：一是，现象学在西方哲学史上第一次使得中国的思想和文化具有了自己的合法性；二是，现象学赋予中国的思考者一条道路——如何表达那种无法表达的东西，在这个方面，马里翁先生还提到了 Ereignis。我想，中国的两位哲学家有很多话要说。

张祥龙

非常高兴能够参与这次讨论，刚才马里翁先生讲的我基本上都赞同，他和于连先生不太一样，认为欧陆哲学中有一些新的进展，使得西方的思想和中国古代的思想能够进行某种深度的沟通。这个我是完全赞同的。我们中国从现代以来实际上不是于连讲的那个路子。我们基本上都是通过西方哲学的视野来看待中国古代的思想，只是在现象学引入之前，我们用的是比较概念化、逻辑化的方法，比如从柏拉图一直到黑格尔，这样就把刚才马里翁先生提到的"天道"或者"道可道"的思想概念化为万物的总规律或物质实体，完全忽视了老子讲的"道"有不可对象化的重要的一面。在现象学引入之后，对这种思想就有了一种矫正，而且开辟了一个新的理解方向。比方说，首先我们就会意识到,在理解哲学的时候,要从人的活生生的经验出发。所以我们去理解那个终极的"道"或终极的实在的时候,总有一些必要的盲点,我们思想的身体永远要投出一个阴影,使得这种理解不可能是"逻辑大全"的。刚才也提到,现象学的海德格尔也好,分析哲学家维特根斯坦也好——他也有现象学的特点——都有这个看法。这些都是传统的西方哲学中所没有的意识,也就是一种"不"的意识,或者说是必要的缺乏。"不在场"是摆脱不了的,这对我理解中国的天道有很重要的刺激作用,但是这并不是说老庄的道是神秘的。孔子不直接讨论"性"与"天道",或"仁"的意义,但是天道对于老庄,对于孔子,恰恰是所有意义的源头,问题是我们怎么去领会这个源头?这方面现象学又给了我们一些肯定性的重要提示和开启,比如说,我们只有通过"直接经验的发生维度"才能去领会这个无声无臭的天道。又比如说,儒家把"天道"就看作"天性","天命之谓性",它直接体现在我们人的身上,而且体现在我们的天性中,而这个天性就可以"发生"出来,表现为良知、良能,甚至是至诚,所以对于儒家来讲,这种不可对象化的天道完全不抽象,而是离我们最近的东西。

儒家理解"良知""良能",或"天性",要通过"孝"的经验,也就是家庭关系的经验,尤其是亲子关系。在"孝"的经验里面,虽然儿女无法直观到父母是如何生养他的——作为对象化的经验，这是缺失的，但是，一个孝子，他确实是可以以某种方式直接体验到父母对自己的养育，乃至体验到这种养育中蕴藏的恩情。这不能靠他/她的出生证明，或者是靠父母或他人的复述来做到，这些并不能让人直接体验到父母的养育之恩，但是还是有一种直接体验的可能。我在读马里翁先生的著作时，也很受启发，比如说讲到不可见和可见的关系，那不可见的凝视，恰恰是从圣像的瞳孔中向我们发出，这种不可见重新组建了我们可见的理解和实践。我感到孝顺的儿女恰恰是通过不可见的和可见的这种交织，比如当他/她自己去养育儿女的时候，形成某种回视或回看，或者是回想，这使他/她能够直接体验到父母当年养育他/她时的那种过程和经验，从而对父母的养育之恩形成一种自觉的意识，进而产生一种传承与开展的努力。这恰恰就是为什么儒家特别强调孝道，认为孝是道德或美德之本，是所有可教性、可深度交流性的来源。而且孔子恰恰认为在你热爱父母、孝顺与顺从父母的过程中，并不会养成一种盲目的、奴隶般顺从的人格，因为你在父母对你的爱中感受到的是一种——就像（舍勒）现象学讲的——经验本身具有的先天的人格魅力，这样，你在孝顺之中反而会培养出个体的独立人格。所以孔子认为当一个父亲犯了道德错误，孝子绝不能盲从，也就是在对象化的意义上一味顺从。因为他爱的是父亲的人格，所以他不愿意让父亲陷于不义，以至于他要委婉地、以不破坏亲子关系为前提地劝谏父亲,让他重归于义。这就是我理解的现象学对天道的开启,它不论从否定性的还是肯定性的一面,都给我带来了传统西方哲学视野所无法带来的东西,而且它带来的东西恰恰更贴近我们中国古人的思想经验和人生经验。

方向红

谢谢张老师,大化流行,道法自然。"道"呢,从天的"道",到人的"德",到子的"孝",每一次的道路虽然不一样,但是这个"道"一以贯之。这个"道",这个"voie"(道路),既是道路也是一种声音,像刚才马里翁先生所讲的。张老师刚才讲到声音,也提到看见、回视。声音和看是一条进路,另外还有一条进路,就是心性现象学的进路,那么,在心性这个地方,它涉及的究竟是声音呢,还是看见呢,还是显现本身?或者是让不可见的东西显现出来?下面有请倪梁康先生。

倪梁康

刚才马里翁先生也问到我做的工作的内容,"心性"现象学我主要是跟着我的老师耿宁(Iso Kern)在做。他刚刚离开广州去了香港,没能和马里翁先生在中大会面。"心性"这个词在中国思想史上用得很多,在道教、佛教里面都有,在儒学里也有。"心性"一词,简单地说就是帕斯卡尔曾说的"心的逻辑"或"心的秩序",后来舍勒也一再用到这两个词。我们马上就要召开第十四届舍勒的国际会议,舍勒的影响在我们这里也会慢慢大起来。中国传统上也有这个说法,陆九渊曾这样说,"人皆有是心,心皆具是理",也就是说,"人同此心,心同此理"就是我们全部的意识活动、心识活动,都有一个规律性的东西在里边。所以我的研究基本上还是想寻找一种普遍有效性,一种对所有人都有效的心的规律,这也是我比较赞赏、崇敬的王国维所说的"学无中西,无新旧,无有用无用"。今天我们常常讲"法国现象学",但如果要我们说"中国现象学",我们还是很难说得出口。法国现象学是大家可以公认的,但中国是不是有中国现象学现在还很难讲,就像今天大家也不会说"日本现象学"一样,只能说有现象学在日本。我和方向红教授一起写过一篇文章,叫作《现象学在中国和中国现象学》,意思就是我们现在还在做的是"现象学在中国"。但是我们的目标是有一个"中国现象学"。现象学究竟是指什么?这是一个问了一遍又一遍的问题。为什么我们不说中国和法国的形而上学?为什么不说中国和法国的本体论?为什么我们也很少说中国和法国的或中国和美国的分析哲学?然而的的确确,现在大家在说法国现象学,大家也在想中国现象学。所以对现象学的理解,我们还要回溯到胡塞尔、舍勒与海德格尔那里,看看他们究竟为我们提供了什么样的思想资源和思想方法,以至于我们可以借助于他们来展开自己的思考,开辟我们自己的思想领域。我的研究方法主要还是借重胡塞尔和海德格尔,借重的海德格尔主要是早期海德格尔,后期海德格尔的现象学的解释学或解释学的现象学我用得比较少,也许其他的同事用得比较多。"心性"这个概念,我可能会涉及两位先生刚才谈的一些问题。所谓"心性",在佛教的传统里,至少可以分为两种:一种叫本性,一种叫习性。奥古斯丁说,"不要往外走",这是胡塞尔巴黎讲座所引述的最后一句话:"不要往外走,要回到你自己。回到你的本心,真理就在你心中。"这基本上就是我说的"在心中找到正理"。而这两种"性",或者两种意识的本质,可以说一种是天生就有的,一种是后天习得的。在中国古代,孟子曾提出"四端"的学说。"四端"是指四种德性的萌芽。儒家经常讲四种最重要的德性是仁义礼智。这四种最高的德性是从四端中生长出来的,即由四种萌芽生长而成。第一种是同情心;第二种是羞恶之心;第三种是恭敬之心;第四种是是非之心。孟子认为这四种德性的萌芽,是所有的人都有的,如果没有这四种德性的萌芽,他就不能算作人。但是,这四种德性的萌芽不是通过学习得来的,不是文化的产物,而是生来就有的。孟子说"不习而能,不学而知",就意味着它们是不用练习就有的能力,不用学习就获得的知识。我在这里主要是想展开对恭敬之心的一个思考。我认为西方经常有这样的说法,就是中国没有宗教。中国确实没有西方意义上的宗教，但是人皆有恭敬之心，有虔诚之心，而这就是宗教最基本的含义。在西方，Religions这个词讲的实际上是一种恭敬之心，或者说是一种虔诚、敬仰、敬畏。我认为可以将马里翁先生的思想放在我的心性思想研究里。恭敬心可以分为两种：一种是对神性的恭敬（敬畏），这是马里翁先生在讨论的问题；另一种是对祖先长辈的恭敬（孝敬），这也是张祥龙老师最近在研究的问题。当然，我这是在挑起事端，我是在把张祥龙老师的思想和马里翁先生的思想都放到我的心性现象学思想研究里边来观察和思考，至少我可以从这个角度出发对它们做一定的分析和解释，将它们纳入到我的思想框架中。我就大致做这样一个介绍，虽然带有一些论战性和挑战性的色彩。

方向红

非常感谢倪老师，之前在介绍时，我就感觉到倪老师有一种倾向，认为神性的东西整个从道以降到子"孝"，都可以放在心性的范围内来研究，而另外两位先生未必同意您的这种归类和划分。我们想听听两位先生的看法，先请马里翁先生。

马里翁

虽然我不是太懂，但我还是想说几句。先从张祥龙教授说起，张教授对儒家思想的解释是让我非常惊讶的。按照过去欧洲人的理解，儒家思想是种礼教，是一种非常保守的生活秩序。但是如果要从张教授的视角来重新看待孝道，这个问题就非常有意思了。如果用现象学的方法来分析，就会发现孩子与母亲的关系和孩子与父亲的关系是两种不同的关系。孩子与母亲的关系是直接的、无中介的，因为孩子知道这是我的母亲，母亲也知道这是我的孩子。但是孩子与父亲的关系是间接的，因为父亲是一种"缺席"，父亲与孩子是有一定距离的。从父亲的角度，他需要承认这个孩子是我的孩子，这是一个意愿的行为。从孩子的角度来说，他要模仿他父亲，他要像他父亲，但有可能两者之间有冲突，所以父子之间的关系是有距离的，而这个距离又必须一直重复下去。但父子关系不应该从政治学的角度来理解，什么是政治学的角度？那就是把这种关系理解为一种权力关系的形式，就像是领导和下属、主人和奴隶、君主和臣民之间的关系。这种权力关系是一种可理解、可见的关系，但父子关系并不是这样一种关系，就像张祥龙先生刚才说的，它虽然是可见的，却是由一种不可见的东西组织而成的。这种关系就体现在一种"看"和"回看"之中，只有当子女与父亲相互承认，子女才成其为子女，子女必须和父亲保持一定的距离。子女有一样东西是不能回报给他的父亲的，那就是他从父亲那里得到生命。这就像我所说的"给予"，因为给予不是一种交换。

所以父子关系，是非常重要的一种关系，我和列维纳斯也谈到父亲的角色和地位，父亲的角色或父子关系是很重要的哲学命题，而不能仅仅从社会学的角度去看待。

现在我想回应倪教授所说的"心性"。"心性"在西方传统当中也被提到过，比如说舍勒、帕斯卡尔，实际上奥古斯丁，还有一些基督教僧侣，也都提到过心的概念。所以在心的问题上，西方哲学尤其是宗教神学，和道家思想、和孟子也有相通之处。孟子所说的"心性"并不是纯粹的理性，它也包含意愿的抉择。那么在现象学当中，特别在海德格尔那里，这也是一个中心问题。海德格尔的 Dasein（中译"此在"），它就是 Stimmung（中译"情绪"），所以说西方传统哲学的理论态度，实际上是一种例外、是一种罕见，因为理性从来不可能是非功利的。所以我们不应该像于连那样把"道"和亚里士多德，把中国思想和西方思想对立起来。因为正是在阅读亚里士多德《尼各马可伦理学》第六卷时，海德格尔得到灵感，即亚里士多德所说的智性的德性。智性的德性就是用理性来进行道德实践，这个概念就可以与孟子的四端联系起来，特别是其中的仁和义。因为仁和义，就相当于行动和反思。这也就说明，在康德那里的理论理性与实践理性的对立应该被推翻，这也是现象学所关注的一个问题。

方向红

刚才马里翁先生也回应了张老师和倪老师的观点,就像刚才倪老师试图把马里翁先生的整个现象学思想和张祥龙先生的整个中国天道思想统摄到心性现象学中来一样,马里翁先生也把张祥龙先生对"道"的看法,特别是对父子关系的看法以及"孝道"的观点,统摄到他的给予性的现象学或者"礼物"现象学的标题之下,我觉得他的理解相当深刻,因为这就不再是一种政治学、经济学,不再是一种交换,因为我们无法回馈、回报父母亲给予我们的身体,但是这就完全纳入到他的"礼物"现象学范畴之中去了,我不知道张老师是不是同意?请张老师作个回应。

张祥龙

很有趣。马里翁先生关于这个问题的讲法对我很有启发,当然也有一些值得商量的地方。我很赞同他说的家庭关系、父子关系首先不是政治学、社会学的关系,对我们人类来讲,它是一种更为根本的关系,我倒是愿意把这种关系和马里翁先生讲的"人神关系"做某种对比。因为如果我的理解没有错的话,他讲的人神关系中,非常重要的一部分是在这种关系中,神对人的爱,是一种超出了存在理解,当然也超出了胡塞尔所讲的先验意识的一种原初的被给予性,而这种原初的被给予性是一种正在饱溢的意义的源头。所以在这个意义上,它是馈赠给人的礼物。而在亲子关系中,刚才讲到,父母不只是给我们生命,他们在养育经验中给我们带来了人格和心性,教会我们语言、行走和做人。所以我们今天之所以是我们自己,这不只是一个存在的问题,也不只是一个意识的问题,而是说,我们的存在,我们的意识,是不是首先是一个被馈赠的礼物?我们将它接受并意识到它的珍贵,这样我们才会把人生中最重要的一个维度尽可能地展现出来。所以我非常同意他对家庭关系地位的看法。

另外,他讲到父亲与母亲的不同,我也非常赞成。但是这个不同在儒家看来是一种阴阳关系的差异。父亲和儿子的距离是一种"阳"和"阳"的关系造成的,当然里面也有"阴",而母亲在儒家看来主要还是"阴"的一面为主;但是无论是父亲还是母亲与子女的关系,里面都有一种原生的爱,由亲子世代差异造成的时间化阴阳关系造就。我愿意把马里翁先生讲的神的爱,以某种方式放到这种关系中来。实际上我在基督教中,也看到了家庭关系的某种反映,比如基督教把神看作圣父,他对人的爱通过基督也就是圣子传达给我们。而至少在天主教中,对圣母的关注也是大量的,所以这就有一种又是"阴"又是"阳"的神爱。

另外,我非常赞成马里翁先生后面一个观点,就是父母亲给予我们生命也好,人格也好,他/她是不期待交换的。所以亲子关系中不存在这种交换。由此看来，儒家对于孝子的要求中，是不是有一些超过了原本的亲子之爱的东西？但问题的关键在于，亲子之间不应该有的，是对象化意义上的利益交换、期望与要求。父母亲对儿女的爱，总的来说是无私的，并不期待这个意义上的回报。但是，是不是还有一种非对象意义上的或人格塑成意义上的回返？它是代际时间意义上的，叫交换也好，交织也好，或者称之为一种回旋的结构也好。比如，我们的"身体发肤受之父母"，而"父母唯其疾之忧"，意思就是说，你能保护好自己的身体和人格，实际上就是一种孝顺。所谓的交换也好，回旋、回报也好，它可以是这个意义上的，非对象化、非物质化、非实用化。还有一点很重要，就是说，你如果把你的子女养育好，像你的父母养育你一样把你的子女培养成人，这就是对父母特别棒的孝顺，因为你的父母最期待的恰恰是整个家族的繁荣与昌盛。你能够"善继人之志，善述人之事"，这就是一种大孝。这些孝行都不是对象化地施诸父母之身的，而是生存时间上的意义回旋和价值发生，是超出功利的，但对儒家来讲，却是特别重要的。

另外，最后一点，我刚才所讲的那种孝顺关系，在人和自然的关系中，也可以有某种体现。自然在中国古代语境中常被称为"天地"，在儒家看来，天是父亲，地是母亲，自然是我们的大父母，所以我们对自然也应该有感恩意识。我们的生存是自然馈赠给我们的礼物，如果抱有这样一种感恩之心与孝的意识，我想现在人类面临的最重要的生态问题，才可能得到真正的解决，而不只是从科技或实用的层面来应对这个问题。谢谢。

方向红

马里翁先生的"礼物"现象学实际上是他整个给予性现象学的重要组成部分，他曾经和德里达有过非常激烈的辩论。其中有一个重要的观点：礼物一旦进入任何循环，一旦要求回馈，这个礼物就没有了，就不存在了。张祥龙先生给出了另外一个体系的回应，就是说可以允许有一种回馈，甚至是我要求你回报，当然这种回报是另一种意义上的，刚才他已经解释过了，这一点不知道马里翁先生如何看待，能不能真的纳入到他的礼物现象学之内。另外马里翁先生还有一个更大的系统，他也试图把倪梁康先生关于心性的理解纳入到西方哲学的传统中去。在四端之中，我们知道，有"智"的东西、"礼"的东西与"情"的东西。但是马里翁先生说了，在康德、亚里士多德那里是实践智慧，还提到了帕斯卡、克尔凯郭尔，特别提到了海德格尔的 Stimmung（中译"情绪"），在情绪中它是理智与情感的交织，在生存论意义上是被规定的。倪老师讲的这些，实际上在西方哲学中已经得到了阐释，甚至马里翁先生会认为他的给予性现象学要比西方哲学走得更深远，您的心性现象学应该是属于他的体系的一部分。

倪梁康

如果我要把我的想法进一步端出来的话，那么主要是两个方面：心性或者说整个人性或人格，都由两个部分组成，一个是本性，一个是习性。我刚才讲的是本性的部分，孟子提出"四端"，与伦理道德意识有关系。但是还有很多与本性相关的意识组成，在佛教唯识学、情感哲学、意志哲学里面都曾有提及。我现在强调的是，从我的角度来看，比如刚才张祥龙先生讲的恭敬之心，是一种人对比他更高的，甚至是超感性的东西的执态或表态，可以是针对父母或长辈，这是中国的传统；可以是针对神灵，这是西方的传统。这个对神灵的敬重和敬畏，以及对父母的敬重和孝敬，两者在西方哲学里就是同一个词"piety"（虔诚、孝敬），而在中国的语词里面则分得非常清楚：孝敬与虔敬。它们虽然都属于恭敬，但彼此有根本性的分别。所以在孟子所说的恭敬之心这一端里面，其实包含了宗教情感、伦理情感与家庭情感。而在这些情感里面，哪一些是本性，哪一些是习性呢？按照孟子所说，四端是每一个人都有的，但是为什么我们会得到不同的结果？比如说，西方人更偏重敬畏，对神的敬畏，但像张祥龙先生所强调的，中国人更偏重对父母的孝敬，甚至还可能包含对君主的忠诚。在我看来，这四端的形式是先天的，是不习而能、不学而知的，但是它们的内容是习得的，要是有人教你孝敬父母，你就会孝敬父母；教你敬仰上帝，你就会敬仰上帝；教你敬仰菩萨，你就会敬仰菩萨；教你敬仰真主，你也有可能敬仰真主。在我看来它是一种先天的意识结构或"内道德结构"，很像乔姆斯基所说的"内语言结构"。"内语言结构"就是每一个小孩生下来的时候所具有的一种语言能力，这个能力非常强，把你放到意大利，你长大就是讲意大利语；把你放到以色列，可能你长大就会讲希伯来语和英语，等等。这个语言的能力是先天的，你教猴子讲话，它永远不会讲，因为它没有这个先天的能力。但是习得的内容是后天的，所有这些习得的东西，在四端里面都可以表现为纷繁复杂的东西，比如说，在非洲，有的人因为穿衣服而害羞，有的人可能因为不穿衣服而害羞，但羞这个本能是从来就有的。由此产生的各种各样的矛盾和冲突实际上并不违背这个事实，即每个人的本性是一样的，但是我们后天习得的文化传承是彼此有差异、有矛盾和冲突的。我们讲的冲突实际上是后天的冲突，文化上的冲突。再落实到张祥龙老师讲的孝敬心上，我认为孝敬心或者说恭敬心每个人都有，但是孝敬父母需要后天的培养，而不是天生就会的。当然，同情一只小狗，还是同情一个病人或乞丐，这都是后天培养的。但是具有同情，具有羞愧，具有脸红的能力，是生下来不需要别人教就有的。就跟幼儿一样，要么有，要么没有，学不来的。这是我对张祥龙老师和马里翁先生的一个大致的回应。其实也不能说是回应，就是把我的观点做进一步的阐明。谢谢！

方向红

我差不多被倪梁康先生说服了，他的意思是说不论是张祥龙老师的孝敬还是马里翁先生对神的虔敬，其实都是习得的，而更原本的，作为本性的东西，甚至作为萌芽，作为"端"存在的东西，还在孟子那个地方，还在倪先生那里。我想他们肯定不会同意的。

接下来请马里翁先生做个回应。

马里翁

我现在想回到一开始提到的那个现象学的神学转向问题。我想说明为什么采用现象学的进路更加合法、更加有效用。刚才提到的孝道和心性能够解释一些现象，也能够和神学做一个类比。上帝、神性的东西，在传统的哲学当中，都是用存在的类比来解释的，所有的东西都是"所是"（存在者），上帝是所有所是当中的一个特例。但是这样一种存在的类比会导致不可克服的困难，就是说，欧洲哲学把"所是"定义为可知的，可以用确定、客观的方式来理解的，但是上帝就是上帝，他不可能完全为人所知，所以上帝的存在与其不可知性这两者之间就有不可调和的冲突。对于我们现象学家来说，问题就在于：存在是不是理解上帝的一个正确的思路？先讲张教授刚才提到的那个"孝"，他也提供了和存在的类比不同的另外一种类比。父亲和孩子是有距离的，他可能是缺席的，但仍有着"看"和"回看"这样一种关系。这就表明人与人之间不可能有完全客观的认识，不可能有完全对象化的认识。在西方传统中，我们对上帝的所知就是他是不可知的，所以可知和不可知之间就有一种矛盾。但实际上，对上帝的认识和人与人之间的关系是类似的，因为这也是一种非对象性、非客观的关系，比如对于讨厌之人的认识就包含着不可知的一种知识。第二就是，倪教授所说的"心性"，这也表明认识不是纯知性的，因为有本性的知识和习性的知识，这相当于西方的理论知识和实践知识。我们不能把人当作对象来认识，同样，对上帝的认识不应该局限于存在的类比，而是应该超出这种类比，这也就是我的"礼物（或译赠与或给予）"。因为礼物不能够完全以知性来认识，比如把它当作交易。正义的定义就是公平的交易，这也就是我们经济生活当中的交易。人际关系当中的给予或者赠与是无法回报的——一个人给另外一个人，另一个人再给别人——人际关系是这样一种给予或者赠与。那么它同时也是一种放弃，法语它叫作abandon，放弃和给予（don）在词形上是有关系的。上帝永远都是给予的，在他给予的同时他也放弃，所以给予和放弃的关系说明上帝的存在就是消失于给予当中。父母也是在给予当中才成为父母的，所以说，我们应该改变过去理解上帝的那种存在论的范式，今天我发现，其实这种改变在中国的思想中就能找到。

方向红

马里翁先生的思想有一个背景，也是两个非常关键的地方，一个是要承认"缺乏"和"不知"这个维度；另外一个，就是对存在问题的还原，不仅是从认识论回到存在论，他其实做了第三次还原，从胡塞尔的先验还原，海德格尔的生存论还原，然后到他的给予性还原，到给予性现象学。但是给予性还原之后还要承认一些东西是不可知的，这在海德格尔那里也说过了，但这样一来，倪老师和张老师的问题就有一些不太和谐的地方。对于张老师来说，他强调给予这个维度，父亲在给予中消失不见了，他是不期待回报的。从孩子这个角度来说，孩子不断地去孝敬父母，而从父母的维度来看，孝在什么意义上是不可知的？那么对于倪老师来说，他认为在这个给予性现象学里面，习性和本性的对立是以何种方式存在，或者说，在这里面我们是不是一样要承认有某种不可知的东西，是不是所有东西都能够被完全照耀，处在光亮下面，能够完全清楚明白地知道？

倪梁康

我想根据马里翁先生的回答再做一个提问，这次我就放弃自己的态度，向马里翁先生提一些问题。胡塞尔身边原来有三个法国人，列维纳斯、海林和柯瓦雷，他们都是宗教现象学家。但是胡塞尔对他们都不满意，都在书信里给予批评。他认为这是宗教最高阶段的问题，他还没有达到这个地步，而且一开始在《纯粹现象学和现象学哲学的观念》里面他就已经把上帝作为一个最绝对的东西搁置起来了。这里的问题在于，现象学要求直接的面对，直接面对我的反思性、我的心理状态或意识状态。比如说，如果我体验过绝望，我就可以讨论一门绝望的现象学；如果我体验过狂喜，那么我就可以讨论一门狂喜的现象学；如果我体验过天启，我也可以讨论天启的现象学。但如果这些体验我都没有，那么我就不能进行宗教经验的现象学。海德格尔在早期曾经讨论过宗教经验的现象学，但是他讲的那个Stimmung（情绪），基本情绪，比如烦（Sorge）、畏（Angst），所有这些都还和宗教情绪不太一致。海德格尔最初干脆就把宗教问题、把神学看作是形而上学的一种。那么在这个意义上，我想问马里翁先生，您的"礼物"现象学是不是更应该叫作"礼物"的形而上学？在这个意义上它是不是更接近海德格尔后期所谈论的天、地、人、神？

马里翁

您提的这些问题都很复杂，我要花很多时间才能回答。我有些著作讲到了这些问题，但还没有被翻译成中文。关于胡塞尔，我有一位学生，他现在是法国一所大学的教授，他在书中修正了我们过去对于胡塞尔的看法。他浏览了胡塞尔的全集，从中找出了所有胡塞尔讲到上帝的地方，结果表明，胡塞尔自己一直在谈论上帝，而不是像《纯粹现象学和现象学哲学的观念》中所讲的把上帝悬搁起来，不把上帝看作超越的基础。第二点是关于海德格尔，海德格尔对传统形而上学中的上帝概念进行了批判。传统形而上学把上帝看作是存在者、自因或是尼采所说的"偶像"。但我认为海德格尔在某种程度上仍然用了偶像的态度，因为海德格尔最终还是在存在的视角当中来理解上帝，比如他把上帝看作 Ereignis（本有），如果他这样来思考上帝，那么他最终还是失败了。就是说，他最终还是没有走出形而上学。列维纳斯、德里达，还有我本人是走出了形而上学的，因为我们把上帝看作一种现象，我们不是在存在的领域来看待上帝，而是把它看作伦理学问题，或者从爱的角度来看待它。所以从存在这个维度来思考上帝不够深，我认为太肤浅了。

张祥龙

我先回应马里翁先生一点，然后也提一个问题。我觉得他讲得很有趣的一点就是，上帝永远都是给予的、不求回报的，完全放弃回报的要求。我感到从权利的角度看，上帝不要求从人这里获得回报的权利，因为上帝给予人的是爱，是根本性的爱。但是，如果考虑到人与上帝的关系的根本不是律条，而是爱，那么，如果爱是一种真爱，它本身会不会从被爱者那里唤起一种回溯的爱呢？所以呢，我感到在儒家的孝意识里，所谓的感恩意识，不是在权利、律法甚至道德命令层次上来讲回报，实际上，它是对父母给我的爱的一种完成。因为，就像神对人的爱，如果人对神没有一种回爱，那么这种爱就没有完成，没有充分地实现。儿女对父母的爱，恰恰把父母的爱在生存上、在生存时间的维度上，充分地实现了出来。所以在这个意义上，我认为真正的爱会呼唤爱，所以它是伴有回响的。

我的问题是这样的，跟这个也有一定关系，马里翁先生讲的超出了存在视野的、正在流溢的"礼物"，我认为很好，但是从现象学角度来看，它的源头是什么？比如，胡塞尔和海德格尔都强调那种很根本的发生的源头，是现象学的"时间"，而且在我的研究中，我也把亲子关系看成是一种生存的时间关系，上一代、下一代和后一代的这种时间关系。刚才所讲的给予的爱和回报的爱，这两者之间的关系是不是在时间中有某种体现？比如胡塞尔讲的时间的原本的形态是一种时间晕，就是过去和未来的一种交织，所以我不知道马里翁先生讲的神对人的爱中有没有一种内在的、发生的时间性？

马里翁

主要有两个问题，一个是回报，一个是时间性。没有被接受的给予还是给予，已经被拒绝的爱还是被给出。法语中有一句谚语，"爱人不计较"，因为你爱一个人的时候还想要回报，那就变成一种交易了，这就是一种假的爱，假的爱的一个例子就是嫖娼。所以爱不能够以回报为条件。那么回报并不等于说是爱的更好的完成，从我们的情爱现象学角度来看，回报的爱不是交易，它自己也是一种爱，当上帝爱人的时候，人当然可以回报给上帝一种爱，但人不可能像上帝爱人那样地去爱上帝，给予的爱和回报的爱是不一样的。人与人之间的爱也是这样，当我爱一个人的时候，我不知道她是否像我爱她那样地爱我。所以说，新的问题不在于不求回报的爱是不是给予，而是回报之爱是不是一种交易？我认为不是一种交易。在基督教神学当中，这个爱就包含了三种爱（因为基督教有三位一体），这种爱就不可能是一种交易。关于爱的时间性问题，我同意爱是有时间性的，但正因为爱具有时间性，从而也就证明了我的观点是对的。因为我们知道时间是不可逆的，也就不可能有交易。给予是在时间当中持续的,因为时间不是一种交易,所以说才会有历史,一个人给另外一个人,另外一个人再给另外一个人,这就好像历史一样,所以说给予是没有回报的、没有交换的。德里达"延异"的概念实际上是建立在给予的基础上的,我和他争论的时候,我认为我实际上比德里达更德里达,因为他的在场的概念总是已经过去了的,所以说,给予和德里达的Khôra(场域)都是在先的。

方向红

如果用一句话来总结马里翁先生的回应的话,正如他所说的,在他和德里达的争论里,他比德里达走得更远。德里达把礼物看成不可能的东西,而他把不可能的东西做成现象学。在德里达看来,礼物总是会回馈的,只要别人知道你送了礼物,当他试图回馈,礼物就没有了,所以礼物是不可能的;而马里翁先生把不可能的东西做成了现象学。我想这是对张老师的回答,同时他对倪老师的回应就是,礼物现象学绝不是形而上学。

附 录

马里翁访华演讲法文原文

En quel sens la phénoménologie peut-elle *ou non* se réclamer de Descartes?

I

Il semble aller de soi, au moins depuis Hegel, qui saluait en lui un «héros», que «Descartes fut le véritable initiateur de la philosophie moderne».[1] Encore faudrait-il mesurer quel rapport essentiellement *réversible* cette modernité en philosophie entretient avec Descartes, ou plutôt avec ce que la doxographie lui a substitué, non sans variations ni contradictions d'une époque à l'autre, sous le titre de «cartésianisme». En effet, si la «philosophie moderne» n'a cessé de se revendiquer de Descartes, ce fut presque toujours avec la plus grande duplicité, saluant d'autant mieux l'audace du novateur, qu'elle récusait aussitôt ses thèses les plus explicites.[2] Il se pourrait que la phénoménologie n'ait pas fait exception à cette étrange attitude, dont la persistance constitue, en soi, une question philosophique, sans doute cruciale, quoique restée jusqu'à ce jour encore jamais interrogée comme telle (ce qui ne dit pas peu sur notre

---

[1] Hegel, *Leçons sur l'histoire de la philosophie*, traduction, annotation, reconstitution du cours de 1825-1826 par P. Garniron, t.6, Paris, J. Vrin, 1985, p.1384.

[2] Voir l'excellente enquête historique de F. Azouvi, *Descartes et la France. Histoire d'une passion nationale*, Paris, Fayard, 2002. Il peut s'agir d'un refus au moment même de se prétendre «cartésien» (voir notre étude «Création des vérités éternelles. Principe de raison. Malebranche, Spinoza et Leibniz», *Questions cartésiennes II. Sur l'ego et sur Dieu*, Paris, PUF, 1996^1, 2002^2, c. VI, et la démonstration de V. Carraud, *Causa sive ratio*, Paris, PUF, 2002) ; ou, inversement, le prolongement des véritables thèses de Descartes au moment de la prétendue critique de Descartes («Constantes de la raisons critique - Descartes et Kant», *Questions cartésiennes II, op.cit.*, c. VIII).

inconscience de nousmêmes).

Certes, Husserl a massivement revendiqué une généalogie décidément cartésienne pour la phénoménologie qu'il instaurait: «Descartes a jeté les semences de la philosophie transcendantale». [1] Déjà présente dès les *Recherches logiques*, [2] cette revendication constitue même l'ouverture des *Méditations cartésiennes*: «...par ses méditations, René Descartes lui [sc. la phénoménologie transcendantale] a donné un nouvel élan ; leur étude a eu un effet tout à fait direct pour donner à la phénoménologie déjà conçue dans son devenir la forme d'une philosophie transcendantale. Au point que l'on pourrait presque la nommer un néo-cartésianisme, quand bien même elle ait été contrainte, et ceci en vertu du développement de motifs justement cartésiens, de rejeter presque tout le contenu doctrinal de la philosophie cartésienne». [3] Étrange revendication en vérité, qui, dans la même démarche, demande la

---

[1] *Philosophie première I*, §28, Hua. VIII, p. 4.

[2] La discussion avec Descartes commence au moins dans les *Recherches logiques*, par exemple I, §18 sur la distinction entre imagination et entendement (*Logische Untersuchungen*, II/1, Tübingen [1901^1], 1913^2, p.64sq., et l'appendice «Perception externe et perception interne. Phénomènes physiques et phénomènes psychologiques» (*ibid.*, III, pp.222-244), où il ne s'agit de rien de moins que de la définition de «l'équivoque du terme de phénomène». Sur l'évolution de Husserl à propos de Descartes, voir F. W. von Hermann, *Husserl und die Meditationen Descartes*, Frankfurt, 1971 et «Husserl et Descartes», *Revue de Métaphysique et de Morale*, 92/1, 1987. Cette rencontre devint très tôt un thème obligé, par exemple avec O. Becker, «Husserl und Descartes», *in* C. A. Emge (hsg.), *Gedächtnis an René Descartes (300 Jahre des Discours de la Méthode)*, Berlin, 1937 et A. de Waelhens, «Descartes et la pensée phénoménologique», *Revue néo-scholastique de Philosophie*, 41, 1938 (repris *in* H. Noack [hsg.], *Husserl. Wege der Forschung*, Darmstadt, 1973). L'horizon cartésien de Husserl fut d'autant plus net qu'il faut bien considérer que la traduction française des *Méditations cartésiennes. Introduction à la phénoménologie*, parut dès 1931 à Paris, par le truchement de G. Pfeiffer et E. Lévinas (Colin, puis Vrin, 1947^2), alors que l'original allemand des *Cartesianische Meditationen und Pariser Vorträge* dut attendre 1950 pour paraître en volume I des *Husserliana*).

[3] *Méditations cartésiennes*, §1, Hua. I, p. 43.

protection de Descartes et la récuse ! Car si le *projet* cartésien justifiait d'avance le *projet* transcendantal de la phénoménologie (avant même que celle-ci s'en soit elle-même parfaitement avisée), celle-ci ne pouvait pourtant se targuer d'une communauté d'intention, qu'à condition de ne justement pas confondre le projet et la doctrine: autant le projet confirme que la phénoménologie commence bien avant elle-même, c'est-à-dire dès le moment cartésien (tant il est vrai que «...la phénoménologie est pour ainsi dire ce dont toute la philosophie moderne est secrètement nostalgique – *die geheime Sehnsucht der ganzen neuzeitlichen Philosophie*»), [1] autant, regardant la doctrine, Descartes s'avère surtout le «père de ce contresens, le réalisme transcendantal (*des wiedersinnigen transzendentalen Realismus*)». [2] Non seulement, la phénoménologie ne reste que «presque (*fast*)» un néo-cartésianisme, mais il faudrait même dire que c'est à la condition expresse de *ne pas* garder la doctrine cartésienne qu'elle peut revendiquer sa filiation cartésienne.

Et de fait Husserl ne tarde guère à stigmatiser chez Descartes «l'échec à faire le tournant transcendantal», en détaillant au moins quatre motifs. D'abord il resterait obscurément, mais radicalement déterminé par des thèses scolastiques; ensuite il appliquerait, sur un mode dogmatique et non-critique, l'idéal méthodologique des mathématiques, au point d'étendre à l'ensemble de la philosophie une déduction *more geometrico*, à partir de l'*ego cogito* pris comme «"axiome" apodictique» ; ensuite, il modifierait subrepticement l'*ego cogitans* en une *substantia cogitans*, constituée de la seule *mens sive animus*, et l'articule sur le principe de causalité ; ce qui le conduirait ultimement non pas à la philosophie transcendantale, mais à l'absurdité du «réalisme transcendantal». [3] Il faudrait donc plutôt parler ici de méditations

---

[1] *Idées directrices...I*, §62, Hua. III (éd. W. Biemel, La Haye, 1950), p. 148.
[2] *Méditations cartésiennes*, §10, Hua. I, p. 63.
[3] *Ibid.*, §10, Hua. I, pp. 63-64.

anti-cartésiennes.

Reste que ce diagnostic parait beaucoup trop approximatif et sommaire pour convaincre, puisque, en fait, aucune des critiques formulées par Husserl ne s'appuie sur un argument textuel assez précis pour l'assurer. D'abord, l'héritage médiéval de Descartes, certes incontestable, reste parfaitement ambigu, attestant aussi bien une continuité qu'un contraste : le plus souvent les mêmes questions héritées se trouvent recevoir une réponse totalement neuve. [1] Ensuite, outre qu'on pourrait aisément retourner contre Husserl lui-même l'argument de l'idéal mathématique imposé à la philosophie entière, il faut remarquer que Descartes ne procède précisément pas *more geometrico* (l'appendice aux *Secondes réponses* reste précisément un appendice concédé au zèle de Mersenne, et que seule la naïveté de Spinoza prendra pour un paradigme) ; qu'il distingue très fermement les mathématiques de la *Mathesis universalis* ; [2] et enfin que l'*ego cogito*, quelque «premier principe» qu'il soit parfois nommé, ne reçoit pourtant jamais le statut d'un axiome logique? Quant à la substantialisation supposée de la *res cogitans*, elle n'intervient justement pas dans l'argument initial qui établit l'existence de l'*ego*, puisque la *Meditatio II* ignore le terme même de *substantia*, qui n'apparaît pour la première fois que dans la *Meditatio III*, et d'abord pour prouver l'existence non pas de l'*ego* mais de Dieu ; et il en va de même pour le principe de

---

[1] Comme d'ailleurs en témoignent les travaux de Koyré et Gilson, cités par Husserl, et qui concluraient en des sens opposés. Depuis, la question de ces rapports est apparue beaucoup plus complexe et équilibrée (voir J. Biard & R. Rashed [éd.], *Descartes et le Moyen-Age*, Paris, J. Vrin, 1997, mais aussi E. Faye [éd.], *Descartes et la Renaissance. Actes du colloque international de Tours 22-24 mars 1996*, Paris, Champion, 1999 & R. Ariew, *Descartes and the last Scholastics*, Cornell U.P., 1999).

[2] Voir *Sur l'ontologie grise de Descartes. Savoir aristotélicien et science cartésienne*, Paris, J. Vrin, 1975^1, 2015^5, §11 et *René Descartes. Règles utiles et claires pour la direction de l'esprit et la Recherche de la Vérité*, traduction selon le lexique cartésien et annotation conceptuelle, La Haye, M. Nijhoff, 1977, Annexe II, pp.302-309.

causalité. [1] Enfin, la qualification de «réalisme transcendantal», anachronisme du simple fait de ses origines lourdement kantiennes, n'explique ici pas grand chose – pas même *si l'ego* cartésien reste une simple région limitée à l'intériorité subjective du monde ; ni non plus *comment* : car la persistance d'une «voie cartésienne» dans les *Ideen I* atteste que le soupçon que l'*ego* reste un simple *residuum* ontique pèse au moins autant sur la «région-conscience» de Husserl lui-même, que sur la *res cogitans* de Descartes. Ainsi la relation de Husserl à Descartes (donc aussi celle de Descartes à la phénoménologie) demeure-t-elle étrangement ambiguë: la revendication du patronage cartésien contredit la critique explicite des thèses cartésiennes ; mais cette critique reste, pour une large part, sans objet réel, appliquée à réfuter des positions étrangères à la lettre des textes de Descartes. Tout se passe comme si Husserl manquait sa cible et, du même coup, ne décidait ni de son rapport à Descartes, ni du rapport de Descartes à la phénoménologie comme telle.

A sa manière, Heidegger confirme cette ambiguïté de fond. D'abord, on pourrait soutenir que, comme Husserl, il adresse à Descartes des critiques qui, prises à la lettre des textes, ne reflètent que très approximativement ses positions authentiques. Pour s'en tenir aux arguments développés dans *Sein und Zeit*, aucun ne touche exactement sa cible. Ainsi, la thèse que tout étant soit sur le mode de la *substantia* vaut peut-être pour Spinoza (la *substantia* unique), voire pour Leibniz (toute unité suppose une *substantia*), mais sûrement pas pour Descartes, qui ne réfère les étants finis à la substantialité qu'avec parcimonie (au sens strict, seul Dieu mérite le titre de substance) et donc sous

---

[1]   La substantialité intervient pour examiner le cas de Dieu, non de l'*ego*, conformément d'ailleurs au fait que *stricto sensu*, seul Dieu remplit les conditions de la substantialité (être sans le secours d'aucun autre étant) et que, par conséquent, la *substanti* ne se dit pas *univoce* des créatures (*Principia Philosophiae I*, §51). Sur tout ceci voir *Questions cartésiennes II, op. cit.*, c.I, «L'altérité originaire de l'*ego*» et «Descartes hors sujet», *Les Etudes philosophiques*, 2009/1.

la réserve d'une non-univocité essentielle.[1] Ainsi encore, la thèse que toute substance, y compris la substance pensante, doive se comprendre selon le paradigme de la *res extensa*, elle-même assimilée à la *Vorhandenheit*, contredit frontalement le fait que la *mens* soit connue avant, sans et plus facilement que l'*extensio* (*Meditatio II*), elle au contraire connue tardivement et avec difficulté (*Meditatio VI*). D'ailleurs Heidegger semble le concéder, en admettant que Descartes laisse ouvert un certain accès à l'ustentialité (*Zuhandenheit*) des étants matériels.[2] Ainsi enfin, le choix de critiquer ce que Descartes énonce comme *ego sum, ego existo* sous la formulation fort différente *cogito me cogitare [rem]*, semble forgée sous l'influence de «la pensée qui accompagne toute autre pensée» selon Kant, se trouve récusée explicitement par Descartes, lorsqu'il la lut sous la plume d'un de ses objecteurs, le père Bourdin, s.j.[3] Il se pourrait d'ailleurs que ces critiques apparemment adressées à Descartes

---

[1] «Per *substantiam* nihil aliud intelligere possumus, quam rem quae ita existit, ut nulla alia re indigeat ad existendum. Et quidem substantia quae nulla plane re indigeat, unica tantum potest intelligi, nempe Deus. Alias vero omnes, non nisi ope concursus Dei existere posse percipimus. Atque ideo nomen substantiae non convenit Deo et illis univoce» (*Principia Philosophiae I*, §§51, voir *VIae Responsiones*, AT VII, 433, 5-6 ; ou *IIae Responsionnes*, 137, 19-22 ; *A More*, 15 avril 1649, V, 347). Sur ces points, voir *Questions cartésiennes II, op.cit.* c.III, «Substance et subsistance. Suarez et le traite de la *substantia - Principia Philosophiae I*, §§51-54».

[2] Sous le titre de *commoda/incommoda*. Voir *Sein und Zeit*, §21, pp.99-101 et notre discussion dans *Sur la pensée passive de Descartes*, Paris, PUF, 2013, p.82sq. Le reproche vaudrait en revanche à plein pour Hobbes (voir la mise au point «Hobbes et Descartes: l'étant comme corps », *in* D. Weber [éd.], *Hobbes, Descartes et la métaphysique*, Paris, J. Vrin, 2005).

[3] Respectivement *Meditatio II*, AT VII, 225, 12 & 27, 9; la réfutation de Bourdin en *VIIae Responsiones*, AT VII, 559, 7sq. ; la formule privilégiée par Heidegger en *Sein und Zeit*, §82, p.433 (et *Nietzsche : der europäische Nihilismus*, §18, G.A. 48, p.87sq., selon peut-être Kant, *Critique de la raison pure, Déduction transcendantale*, §16, B 132sq. (voir d'autres indications dans *Questions cartésiennes*,c. V, §1, Paris, PUF, 1991, p. 158sq. & *Questions cartésiennes II*, c.I, §8, *op. cit.*, p.12 sq.).

visent en réalité et en dernière instance Husserl lui-même et lui seul.[1] Ainsi, à suivre en surface leur première confrontation, on devrait conclure que, selon Heidegger plus encore que pour Husserl, Descartes non seulement n'appartient pas à l'entreprise phénoménologique, mais lui oppose, dans la figure de l'*ego cogito*, un obstacle majeur, sur lequel doit s'exercer à fond la destruction de l'histoire de la métaphysique.

Pourtant, cette première approche, si l'on s'y tient sans aller au-delà, reste trompeuse.[2] En effet, même et précisément comme un obstacle à l'entreprise de ré-ouvrir la question de l'être, Descartes apparaît, et de plus en plus à mesure qu'avance la destruction de son «manquement (*Versäumnis*), un partenaire essentiel de Heidegger. Car l'élaboration même du concept de «métaphysique» dans la pensée de Heidegger, comme d'ailleurs aussi l'émergence de la *metaphysica* dans l'histoire de la philosophie dépendent puissamment de Descartes. En effet, Heidegger, après avoir au moins jusqu'à l'*Introduction dans la métaphysique* maintenu à titre programmatique un usage positif de la «métaphysique» et de l'«ontologie» (supposée fondamentale), aboutit à le renverser radicalement en redéfinissant l'«onto-théologie» de Kant comme une constitution intrinsèque de la *metaphysica* (comme en témoignent les trois étapes de la rédaction de *Qu'est-ce que la métaphysique ?*)[3]. Or

---

[1] Voir *Réduction et donation. Recherches sur Husserl, Heidegger et la phénoménologie*, c.III, Paris, PUF, [1989¹], 2004², p.119sq., et nos remarques sur «L'*ego* cartésiano e le sue interpretazioni fenomenologiche : al di là della rappresentazione», *in* J.-R. Armogathe & G. Belgioioso (éd.), *Descartes metafisico. Interpretazioni del Novecento*, Istituto della Enciclopedia Italiana, Rome, 1994.

[2] Comme l'a récemment très bien démontré C. Perrin, *Entendre la métaphysique. Les significations de la pensée de Descartes dans l'oeuvre de Heidegger*, Louvain-Paris, Peeters, 2013 (qui complète, en grand style, les indications encore lacunaires que nous donnions dans «Heidegger et la situation métaphysique de Descartes», *Bulletin cartésien IV, Archives de Philosophie* 38/2, 1975).

[3] Voir *Réduction et donation. Recherches sur Husserl, Heidegger et la phénoménologie*, c.VI, *op. cit.*, p. 249.

ce renversement dépend lui-même de la prise au sérieux et de la réévaluation du concept cartésien de *causa sui*, exemplairement accompli en 1957 dans *Identité et différence*.[1] Car, comment Descartes aurait-il pu introduire un concept, que tous les médiévaux (et même le néo-platonisme) avaient récusé comme logiquement contradictoire (contradiction qu'il admettait lui-même parfaitement), sinon pour un motif spéculatif à ses yeux encore plus contraignant – clore la *metaphysica* sur elle-même en un système assuré par fondation du principe de causalité sur la causalité elle-même érigée en étant suprême ? Que, à l'exception assez naïve de Spinoza, tous ses successeurs aient évité à employer le terme, n'en marque pas la disparition, mais au contraire en prolonge le règne latent, qui aboutit à la dernière figure de l'onto-théo-logie assignée par Nietzsche au rapport entre la volonté de puissance et l'Eternel Retour. On doit considérer que l'avancée, à marche de plus en plus forcée, de Heidegger vers l'*Ereignis* reflète, en proportion, la destruction de la *causa sui*, sceau imposé par Descartes à la *metaphysica*. Et c'est dans ce contexte, que se comprend la portée critique de l'interprétation, attribuée à Descartes en 1927, de l'étant comme *cogitatum*, donc comme *objectum*: elle seule permet l'onto-théo-logie technique à la raison suffisante de dominer l'étant en totalité. Ainsi, la relation de Heidegger à Descartes, paraît-elle dans toute son ambivalence, mais aussi dans toute son importance: autant que Platon, Aristote ou Kant,

---

[1] Sur ce point, voir *Sur le prisme métaphysique de Descartes. Constitution et limitese de l'onto-théo-logie dans la pensée cartésienne*, §7, Paris, [1986^1], 2004^2, p.92 sq., ainsi que *Questions cartésiennes II*, c. V, *op. cit.*, p.143sq. – On pourrait faire une analyse semblable à propos de l'invention de l'*ontologia* : si le terme apparaît en climat calviniste (dès avant 1613, avec J .Lorhardus et R. Goclenius), il ne s'impose, à partir de 1646 (et non pas 1647), qu'avec un cartésien de strict obédience. Clauberg (voir M. Devaux & M. Lanna, «The Rise and Early History of the Term of Ontology (1606-1730)», *in Quaestio 9, Origini e sviluppi dell'ontologia secoli XVI-XXI*, Turnhout/Bari, 2009 et M. Savini, *Johannes Clauberg*. Methodus cartesiana *et ontologie*, Paris, J. Vrin, 2011).

Descartes offre à Heidegger l'inévitable point d'appui et de résistance, qui appelle et permet la destruction de l'histoire de l'ontologie.

Alors que Husserl affichait une filiation avec Descartes, qu'en fait il détruisait dans le détail de ses analyses, Heidegger affiche un antagonisme avec Descartes, dont en fait la destruction même de l'histoire de l'ontologie et de la métaphysique ne cesse de présupposer les positions. Le point commun de ces deux lectures reste pourtant que, dès lors que ni Husserl, ni Heidegger ne lisent pas Descartes pour-ni surtout *en*-lui-même, leur appréciation de sa pensée ne peut *presque* rien nous apprendre de sa relation à la phénoménologie ou à son projet. [1]

II

Comment surpasser cette aporie ? L'imprécision et l'ambiguïté des réponses apportées par Husserl et Heidegger à la question du statut de Descartes en phénoménologie proviennent peut-être de ce qu'elles n'abordent pas le texte cartésien en son point central, celui où se décide le vrai commencement de l'entreprise. Husserl présuppose que Descartes commence par le doute,

---

[1] Quant aux principaux diadoques des deux initiateurs, s'ils se réfèrent, eux, plus directement et positivement à certains arguments précis de Descartes, ils lui imposent à chaque fois une violence herméneutique remarquable et d'ailleurs revendiquée. Sartre transfère la liberté divine et la *causa sui* à l'étant fini humain; Lévinas déplace l'*idea infiniti* de l'essence de Dieu au visage d'autrui ; Henry détourne la formule *videre videor* (à partir d'une notation sans conséquence de Gueroult) en une doctrine complète de la phénoménalité; Ricoeur ne cesse de "blesser" la supposée claire conscience réflexive de soi que, selon Descartes, l'*ego* ne revendique pas dans son *cogito*, etc. (voir, parmi les premiers à s'en être avisés, J.-F. Lavigne, «L'idée d'infini: Descartes dans la pensée d'Emmanuel Lévinas» et N. Grimaldi, «Sartre et la liberté cartésienne», *Revue de Métaphysique et de Morale*, 92/1, 1987; J. Greisch, «Descartes selon l'ordre de la raison herméneutique. Le "moment cartésien" chez Michel henry, Martin Heidegger et Paul Ricoeur», *Revue des Sciences Philosophiques et Théologiques*, 73/4, 1989).

où il discerne une esquisse seulement de la réduction, à laquelle il n'accède finalement pas : le doute reste provisoire, la réduction s'installe définitivement ; la certitude ne définit qu'une région, alors que le donné réduit redouble toute la région-monde par la région-conscience ; et donc Descartes ne peut qu'aboutir à privilégier l'*ego* comme une *substantia cogitans*, donc à sombrer dans le réalisme transcendantal. Heidegger présuppose que Descartes débute, plus essentiellement que par le doute, par l'opérateur du doute, l'*ego sum*, dont il omet d'établir le mode d'être, obsédé qu'il devient par son privilège épistémique, la certitude ; et cette norme de certitude conduit à ne concevoir comme mode adéquat d'être pour les étants qu'une substantialité subsistante (*substantia* comme *Vorhandenheit*), dont le modèle se dégage évidemment dans l'*extensio*.[1] Aussi différentes qu'elles restent dans leurs conclusions, les lectures de Descartes par Husserl et Heidegger partagent un point de départ commun : il faut lire Descartes à partir de l'*ego*, cogitant des objets en vue de la certitude épistémologique, donc par l'épreuve du doute, première figure de la *cogitatio*. Et d'emblée, inévitablement, ce point de départ manque la réduction, l'intentionnalité et la question de la phénoménalité elle-même.

Cette entrée en matière va tellement de soi, qu'on ne peut *presque* pas s'en étonner. Elle domine massivement les études cartésiennes françaises autant qu'internationales, au moins depuis les critiques empiristes et les lectures néo-kantiennes. Car l'essentiel des débats s'est déroulé, au siècle dernier dans ce champ d'investigation, ici sous l'influence de L. Brunschvicg et de M.

---

[1] On ne saurait trop insister sur l'influence de l'interprétation marbourgeoise de Descartes sur le jeune Heidegger, comme en témoigne sa lecture de *Regulae*, très orientée par Cassirer (voir notre étude « L'interprétation criticiste de Descartes et Leibniz : critique d'une critique », *in* J. Seidengart [éd.], *Ernst Cassirer. De Marbourg à New-York*, Paris, 1990).

Gueroult,[1] comme ailleurs sous l'influence de la philosophie analytique.[2] Au point que même des lectures explicitement orientées par l'autorité revendiquée de Heidegger vers une approche ontologique (ou du moins métaphysique) de Descartes, privilégient encore le point de départ épistémique (voire épistémologique).[3] Faudrait-il donc considérer Descartes d'une manière résolument différente pour parvenir à mesurer son affinité éventuelle à l'initiative phénoménologique ?

III

Il se pourrait, en effet, que Descartes ne se borne pas à commencer par le doute, manquant ainsi d'emblée la réduction. Il se pourrait que sa percée ne consiste pas dans le doute, mais dans ce qui le rend possible. Et il se pourrait que ce qui rend possible le doute ne doive rien au scepticisme, ni à la suspension de la croyance, de l'opinion ou de l'assentiment, toutes opérations diminutives et restrictives, mais à une reconduction plus essentielle de toute perception et représentation, quelles qu'elles soient et d'où qu'elles viennent,

---

[1] Que l'on compare les *Etudes cartésiennes*, aux vol. I-III des *Travaux du IXe Congrès international de philosophie*, Pais, 1937 avec les contributions au *Descartes. Cahiers de Royaumont*, Paris, Editions de Minuit, 1957¹, et W. Doney (éd.), New-York/Londres, Garland, 1987². La thèse de F. Alquié reste, dans ce cadre, une remarquable exception.

[2] Ainsi, parmi maints autres exemples, M. K. Hooker (éd.), *Descartes : Critical and Interpretative Essays*, Baltimore/Londres, 1996.

[3] Ainsi J. Beaufret, «Remarques sur Descartes», *Dialogue avec Heidegger*, t.2, Paris, Editions de Minuit, p. 28sq., «Philosophie et science», *ibid.*, t.3, p.28sq. et «Notes sur Descartes», *Leçons de philosophie*, t.1, II, c.1, *in* P. Fouillaron (éd.), Paris, Seuil, 1998, p.151sq. Ce reproche vaut aussi bien, dans une certaine mesure, pour notre propre travail, *Sur l'ontologie grise de Descartes*, qui oppose trop aisément au savoir aristotélicien la *science* cartésienne, tout en montrant *autre* chose - que cette science vaut pour une ontologie, en fait pour l'*ontologia* bientôt à venir, science de l'*ens* comme *cogitatum*.

à un autre statut - au statut de présentations pures, qui ne représentent en dernière instance rien d'autres qu'elles-mêmes. Cette reconduction pratiquerait alors une réduction (déjà permanente et définitive) des étants, de ce qui advient à des *cogitata*.

Considérons d'abord la réduction telle que finit par la formuler, après bien des approximations, Husserl : il ne s'agit pas d'une simple suspension de l'adhésion aux suggestions de l'attitude, permettant de résister aux illusions de la connaissance, de se concentrer sur les seuls espaces de certitude ; il s'agit de neutraliser une interrogation en fait dérivée et seconde - celle qui demande si ce qui m'apparaît est vrai ou non, ou mieux s'il est ou non -, au profit d'une réponse plus originaire et toujours déjà assurée - celle qui me donne ce qui apparaît comme *en tant que tel*, un phénomène de plein droit. En droit, la réduction consiste à suspendre, sinon définitivement éliminer la supposée première question comme en fait une interrogation seconde, pour s'ouvrir à la dernière assurance de l'apparaître du phénomène comme tel. La question épistémique de la certitude d'objet s'efface devant la restitution de l'apparaître phénoménal. La réduction consiste en cette substitution d'une question à l'autre, en une transformation de l'objet ontique en un phénomène apparaissant en et par soi. Husserl le dit et redit fort clairement. «Nous comprenons maintenant que, en fait, en opérant l'*epokhê* universelle à l'égard [de la distinction] de l'être ou du non-être du monde, nous ne l'avons pas tout simplement perdu pour la phénoménologie ; nous le maintenons *qua cogitatum*».[1] Ou encore : «Cette invalidation universelle [...], ou, comme on a l'habitude de le dire, cette *epokhê phénoménologique*, ou cette *mise entre parenthèses* du monde objectif, ne nous mettent donc pas face à un pur néant. Au contraire, ce que nous nous approprions, et justement par ce biais, ou plus précisément ce que moi qui édite je m'approprie par ce moyen, c'est ma vie pure avec toutes ses

---

[1] *Méditations cartésiennes*, §15, Hua. I, p.75.

visées et tous ses vécus purs, c'est-à-dire la totalité des *phénomènes* au sens de la phénoménologie». [1] La réduction ne soustrait rien, pas même d'une soustraction plus radicale (universelle, permanente, etc.) que le doute ; elle ne se replie pas, encore plus que lui, par volonté exclusive de certitude, sur des objets encore plus rares mais plus assurés, voire sur un *residuum* qui se résumerait en la conscience vide. Elle *ajoute* à la conscience l'immensité de ce qui lui apparaît, en l'admettant seulement dans les limites où il lui apparaît. Le monde se transforme d'un chaos incertain (tantôt certain, tantôt incertain, ou les deux successivement), en un apparaître universel, quoique d'une fiabilité diverse et encore à éprouver. Cette transformation de l'apparence en apparaître, en phénomènes provoque, en retour ou plutôt en réponse, la transformation de l'*ego* représentatif en un sujet phénoménal : «...par l'*épochè*, je me tiens *au-dessus* du monde, qui est devenu pour moi, en un sens absolument unique, un *phénomène*». [2] Ou bien : «Mais elle [*sc.* la philosophie transcendantale-phénoménologique] gagne aussitôt la possibilité de se créer elle-même par sa propre force un sol, à savoir pour autant qu'en méditant originairement sur soi-même elle obtient la maîtrise du monde naïf transformé en un phénomène, et donc en *universum* de phénomènes». [3] En effet - il faut y insister contre les interprétations que suggère le supposé principe «Autant d'apparaître, autant d'être» – loin que la phénoménologie convertisse l'apparaître à l'être (reconduisant ainsi la phénoménalité à son présupposé ontique), elle reconduit à l'inverse les éventuelles et habituelles qualifications ontiques (celles que

---

[1] *Méditations cartésiennes*, §8, Hua.I, p.60. Et : «...dans l'attitude phénoménologique, le monde en général n'a pas de validité comme effectivité, mais comme phénomène d'effectivité» (*ibid.*, §14, *loc. cit.*, p.71).

[2] *La crise des sciences européennes et la phénoménologie transcendantale*, §41, *op. cit.*, p.155, tr. fr., p.173 (modifiée).

[3] *La crise des sciences européennes et la phénoménologie transcendantale*, §53, *op ; cit.*, p.185, tr. fr., p.206. Voir : «Par la réduction, ce monde-ci [...] devient pour lui [sc. l'observateur] un pur et simple phénomène» (§71, *op. cit.*, p.257, tr. fr. , p.285).

privilégie la métaphysique commune : être ou n'être pas, décider si ceci est vraiment, ou n'est qu'en apparence, etc.) à leur détermination phénoménale. La phénoménologie n'offre pas la dernière version du phénoménisme, ni ne tente de sauver les apparences en réhabilitant la dignité ontique de l'apparaître, ne serait-ce qu'*a minima*. Elle métamorphose l'apparaître en phénomènes. Non pas en le transformant d'une forme à l'autre, mais justement en s'abstenant de le conformer à rien d'autre qu'à lui-même - pas même à un objet, voire pas même à un étant réel. Elle réduit le phénomène à lui-même en le reconduisant à ce qui fait apparaître et rien d'autre.

Or, c'est précisément ce que fait plus qu'esquisser Descartes, certes à sa manière. Mais cette reconduction, Descartes ne l'accomplit pas avec le doute (doute qu'il reprend à la situation philosophique de son temps, pour d'ailleurs le retourner «...quamprimum occurret occasio») [1] en s'exposant à ses conséquences supposées par l'interprétation commune (solipsisme, substantialisme, dualisme, etc.), mais dans une manière de réduction des choses telles qu'elles sont (dans l'attitude scientifique, à savoir dans l'attitude naturelle) à de pures et simples *cogitationes*. Ainsi une formule exemplaire- «...même si les choses que je sens ou imagine hors de moi ne soient peut-être rien, je suis pourtant certain que ces modes de cogitation, que j'appelle les sens et l'imagination, pour autant qu'ils sont simplement des modes de cogitation, sont en moi» [2] - anticipe-telle littéralement sur celle de Husserl, citée plus haut : «Nous comprenons maintenant que, en fait, en opérant l'*epokhê* universelle à l'égard [de la distinction] de l'être ou du non-être du monde, nous ne l'avons pas tout simplement perdu pour la phénoménologie ;

---

[1] *Meditatio III*, AT VII, 36, 26.
[2] *Meditatio III*: «...quamvis illa quae sentio vel imaginor extra me fortasse nihil sint, illos tamen cogitandi modos, quos sensus et imaginationes appello, quatenus cogitandi quidam modi tantum sunt, in me esse certus sum» (AT VII, 34, 21- 35, 2).

nous le maintenons *qua cogitatum*».[1] Descartes opère déjà une manière de réduction, non point parce qu'il doute, mais parce qu'il reconduit l'apparaître des choses (sensations, imaginations) à leur statut sinon déjà de phénomènes, du moins de modes de la *cogitatio*, valides en tant que tels.

Ce geste, véritablement inaugural, non seulement précède les exercices du doute (qui datent d'une période relativement tardive, 1637 et 1641, et qui disparaissent rapidement à partir de 1644), mais définit la première thèse qu'on puisse assigner à Descartes, thèse ni écrite, ni publiée, mais indirectement rapportée par son biographe, A. Baillet. Ce dernier, faisant état de trois rêves advenus à Descartes durant la nuit du 10 novembre 1619, s'en étonnait : «Ce qu'il y a de singulier à remarquer, c'est que doutant si ce qu'il venait de voir était songe ou vision, non seulement il décida *en dormant* que c'était un songe, mais il en fit encore l'interprétation *sans que le sommeil le quittât*.[...] M. Descartes continuant d'interpréter son songe dans le sommeil, estimant que la pièce de vers sur l'incertitude du genre de vie qu'on doit choisir, et qui commence par *quod vitae sectabor iter*, marquait le bon conseil d'une personne sage, ou même la théologie morale. Là-dessus, doutant s'il rêvait ou s'il méditait, il se réveilla sans émotion : et *continua les yeux ouverts*, l'interprétation de son songe sur la même idée».[2] En d'autres termes, la distinction entre la veille et le sommeil n'a aucune pertinence pour la pensée, pourvu que cette *cogitatio* pense clairement et distinctement. L'immanence absolue de la *cogitatio* à elle-même annule la question sur la transcendance (la

---

[1] Voir *supra* note 28.
[2] *Olympica*, AT X, 184. Pour une édition détaillée et un commentaire précis, voir V. Carraud & G. Olivo (éd.), *René Descartes. Etudes du bon sens. La recherche de la vérité. Et autres écrits de jeunesse*, Paris, PUF, 2013, p.104. Nous avons insisté sur l'importance décisive de cette équivalence entre la veille et le rêve pour la *cogitatio* réduite chez Descartes *in* «Les trois songes ou l'éveil du philosophe», *La passion de la raison. Hommage à Ferdinand Alquié*, Paris, PUF, 1983, repris sous le titre «La pensée rêve-t-elle ?», *Questions cartésiennes*, c.I, *op.cit.*, pp.7-36.

vérité ontique) de ses contenus de pensée. Une telle découverte, absolument décisive, implique évidemment que l'immanence de la *cogitatio* à elle-même s'accomplisse dans des idées claires et distinctes, c'est-à-dire qu'elle opère une réduction du pensable au clair et distinct. Si «... toutes les mêmes pensées que avons étant éveillés, nous peuvent aussi venir quand nous dormons...»[1], si s'annule donc la différence (psychologique et empirique) entre la veille et le rêve, cela présuppose que nous pensions des pensée absolument reconduites à l'apparaître pur en elles, donc des pensées réduites à la clarté et la distinction : «Mais cela n'y change rien ; car, à coup sûr, bien que je dorme et rêve, *pourvu que quelque chose soit évident à mon entendement*, cela est absolument vrai – Imo etiam hoc nihil mutat ; nam certe, quamvis somniarem, *si quid intellectui meo sit evidens*, illud omnino est verum».[2] Toute la difficulté tient à réduire les idées qui paraissent à et dans la *cogitatio* à ce qui, en elles, apparaît vraiment clairement et distinctement ; en ce sens, la *regula generalis* offre l'équivalent cartésien sinon de la réduction, du moins du «principe des principes» : «...illud omne esse verum, quod valde clare et distincte percipio»[3] pourrait se traduire : «...tout ce qui apparaît, pourvu qu'il se réduise à ce qui apparaît absolument clairement et distinctement dans l'immanence de la *cogitatio* phénoménologique, doit être reçu pour ce qu'il se donne, c'est-à-dire pour vrai» Certes, on peut émettre une réserve à ce rapprochement entre Descartes et Husserl : ici, à première vue, la reconduction à l'immanence de la *cogitatio* s'opère sur le cas privilégié des vérités mathématiques : «Il est

---

[1] *Discours de la Méthode*, AT VI, 32, 9-11.
[2] *Meditatio V*, AT VII, 70, 28sq. Voir: «...id omne quod ab aliquo clare et distincte percipitur esse verum, quamvis ille aliquis possit interim dubitare somnietne an vigilet» verum, imo si lubet quamvis somniet, quamvis sit delirius» (*VIIae Responsiones*, AT VII, 461, 21-26).
[3] *Meditatio III*, AT VII, 35, 14-15. Voir notre commentaire «La "règle générale" de vérité – *Meditatio III*, AT VII, 34-36», *Questions cartésiennes II*, c.II, *op. cit.*, p.49sq.

bien aisé à connaître que les rêveries que nous imaginons étant endormis, ne doivent aucunement nous faire douter de la vérité des pensées que nous avons étant éveillés. Car, s'il arrivait, même en dormant, qu'on eût quelque idée fort distincte, comme par exemple, qu'un géomètre inventât quelque nouvelle démonstration, son sommeil ne l'empêcherait pas d'être vraie». [1] L'objection trouve pourtant sa limite assez vite, puisque l'existence de l'*ego* en tant que *cogito* se trouve conquise précisément au nom de l'indifférence entre la veille et le rêve, en l'absence de tout indice pour les distinguer. [2] Et la preuve *a posteriori* de l'existence de Dieu s'accomplit dans la même situation, puisque l'*idea Dei* «...a me percipi per eandem facultatem, per quam ego ipse a me percipior». [3] Ainsi, l'épisode des trois rêves ne constitue pas une simple anecdote psychologique, mais atteste l'expérience décisive de l'immanence de la *cogitatio* à elle-même, telle qu'elle permet à Descartes (et exigera de lui) un équivalent et une anticipation de la réduction phénoménologique.

Qu'il ne faille pas confondre cette quasi-réduction (ni l'expérience du rêve) avec le doute, on en trouve la parfaite confirmation dans les *Regulae* de 1627, moment inaugural de la pensée de Descartes, qui ne pratique pas le doute et n'aborde pas la philosophie première, mais s'en tient à une doctrine de la science, aussi neutre que possible. Il ne s'agit que de définir les conditions de la connaissance certaine, donc de la constitution de l'objet, par opposition à l'indétermination de la *res*. Or, la *Regula XII* marque parfaitement l'écart de la réduction : il faut penser les choses non point selon ce qu'elles sont, dans le monde, selon que le pratique l'attitude naturelle, c'est-à-dire du point de vue

---

[1] *Discours de la Méthode*, AT VI, 39, 9-17. Voir: «Nam sive vigilem, sive dormiam, duo et tria simul juncta sunt quinque» (*Meditatio I*, VII, 20, 27sq.)

[2] «...quae dum cogito attentius video numquam certis indiciis vigiliam a somno posse distingui, ut obstupescam, et fere hic ipse stupor mihi opinionem somni confirmet» (*Meditatio I*, AT VII, 19, 19-22).

[3] *Meditatio III*, AT VII, 51, 21-23.

de leur essence, comme des choses en soi (*in se*), mais les reconduire au point de vue qui les réfère (selon l'*ordo et mensura*) au point de vue universel de la connaissance (autrement dit à la *Mathesis universalis*), qui les prend en vue dans leur pur et simple apparaître : «Dicimus igitur primo, aliter spectandas esse res singulares *in ordine ad cognitionem nostram*, quam si de iisdem loquamur prout revera existunt. [...] quamobrem hîc de rebus non agentes, *nisi quantum ab intellectu percipiuntur*, illas tantum simplices vocamus, quarum cognitio tam perspicua est et distincta, ut in plures *magis distincte cognitas mente* dividi non possint».[1] La réduction des «choses» en tant que telles (telles qu'elles existent) au point de vue de la connaissance ne se borne pas à les reconduire (et recomposer) à partir des concepts fondamentaux (les natures simples), en une démarche simplement constructiviste ; elle en modifie le statut, puisque désormais, en tant que connues selon ces natures simples, les «choses», réduites à des objets, apparaissent *en tant que connues*, à l'entendement et, en ce sens, *en tant que lui apparaissant*, elles ne peuvent provoquer aucune erreur : «Dicimus tertio, naturas illas simplices esse omnes per se notas, et *nunquam ullam falsitatem continere*. Quod facile ostenderetur, si distinguimus illam facultatem intellectus, per quam res intuetur et cognoscit, ab ea qua judicat affirmando et negando».[2]

---

[1] *Regula XII*, AT X, 418, 1-17. Sur tout ceci, voir *Sur l'ontologie grise de Descartes*, c.III, §§22-24.

[2] *Regula XII*, AT X, 420, 14-18. Voir : «Ubi notandum est, intellectum a nullo unquam experimento decipi posse, si praecise tantum intueatur rem sibi objectam, prout illam habet vel in se ipso vel in phantasmate, neque praeterea judicet imaginationem fideliter referre sensuum objecta, nec sensus veras rerum figuras induere, nec denique res externas semper esse quales apparent» (*Regula XII*, 423, 1-8). L'entendement ne peut jamais se laisser tromper, pourvu qu'il s'en tienne à l'apparaître des choses, apparaître *réduit* aux natures simples et à leurs combinaisons, abstraction faite du paraître senti ou imaginé. Il se trouve ainsi, en régime de réduction à l'immanence de la *cogitatio* claire et distincte, une véritable *impossibilité* de l'erreur («...in solo intuitu rerum, sive simplicium, sive copulatarum, falsitatem esse non posse», *Regula XIII*, AT X, 432, 18-19; voir [转下页]

Or, ces décisions prises en vue d'une stricte théorie de la connaissance, ne se limitent pas à celle-ci, ni à sa théorie de l'objet. Elles ne seront en effet pas mises en question par la *philosophia prima*, qui les retrouve et les valide au contraire, sitôt rétablies, hors du doute hyperbolique, les conditions de leur application (nommément dès la *Meditatio III*). Lorsque l'*ego* du *cogito* recense ses actes de pensée, il conclut aussitôt que, «...cum volo, cum timeo, cum affirmo, cum nego, semper quidem aliquam rem ut subjectum meae cogitationis apprehendo...».[1] Je ne puis prétendre appréhender clairement et distinctement les choses mêmes, mais uniquement ce qui se trouve inclu, comme dans son sujet d'immanence, dans ma pensée, elle-même comprise comme l'instance de tout apparaître. Dans cette immanence seule, tout devient *au moins* un phénomène, sous le titre de *modus cogitandi* : «Nempe, quatenus ideae istae cogitandi quidam modi tantum sunt, non agnosco ullam inter ipsas inaequalitatem...».[2] Cette absence d'inégalité entre les *modi cogitandi* justifie la précédente constatation qu'entre le rêve et la veille «rien ne change (*nihil mutat*)». En effet, aucun *modus cogitandi*, même vide ou matériellement faux, reste un mode de phénoménalité et donc *comme tel* reste quelque chose, surtout s'il n'est pas la chose à laquelle le réfère l'attitude naturelle: «...atqui quantumvis imperfectum sit iste essendi modus, quo res

---

[接上页] *Regula II*, 365, 16-18 ; *Regula III*, 368, 13-24 ; *Regula VIII*, 399, 13-16).

[1] *Meditatio III*, AT VII, 37, 7-9. Inversement : «Praecipuus autem error et frequentissimus qui possit in illis [*sc*. judicia] reperiri, consistit in eo quod ideas, quae in me sunt, judicem rebus quibusdam extra me positis similes esse et conformes ; nam profecto, *si tantum ideas ipsas ut cogitationes meae quosdam modos considerarem*, nec ad quicquam aliud referrem, vix mihi ullam errandi materiam dare possent» (*ibid.*, 37, 22-28). Voir: «Nam per solum intellectum percipio tantum ideas de quibus judicium ferre possum, nec ullus error proprie dictus in eo sic spectato reperitur». (*Meditatio IV*, AT VII, 56,15-18).

[2] *Meditatio III*, AT VII, 40, 7-9.

est objective in intellectu per ideam, non tamen profecto plane nihil est, nec proinde a nihilo esse potest». [1] Le meilleur commentaire de cette thèse cartésienne se trouve, sans surprise, donné par Husserl : «Quoi qu'il en soit de la prétention d'effectivité de ce phénomène, et quelle que soit jamais ma décision critique pour son être ou son apparence, en tant que phénomène mien, il n'est pourtant pas lui-même rien (*als ein Phänomen ist es doch nicht nichts*), mais [il est] justement ce qui me rend globalement possible une décision critique, et ce qui rend aussi possible ce qui a pour moi, en tant qu'être *véritable* (*als* wahres *Sein*), a une validité et un sens - que cela soit décidé définitivement ou encore à décider». En fait, à l'encontre de ses critiques initiales, Husserl entérine ici que Descartes a bel et bien pratiqué la réduction : «Descartes caractérise tout cela, comme il est bien connu, sous le titre de *cogito*. Le monde n'est pour moi en général rien d'autre que [le monde] étant dont prend conscience un tel *cogito* et ainsi valide pour moi (*als die in solchem* cogito *bewußt seiende und mir geltende*». [2]

Il faut donc conclure que la phénoménologie (et d'abord la phénoménologie husserlienne) peut bien se réclamer d'une origine cartésienne, pourvu du moins qu'elle reconnaisse, contre certaines déclarations de Husserl lui-même,

---

[1] *Meditatio III*, AT VII, 41, 26-29. Ou encore : «...omnis clara et distincta perceptio procudubio est aliquid, ac proinde a nihilo esse non potest, sed necessario Deum authorem habet, Deum inquam, illum summe perfectum, quem fallacem esse repugnat; ideoque proculdubio est vera» (*ibid.*, 62, 15-20). Et: «...invenio apud me innumeras ideas quarumdam rerum, quae, etiam si extra me fortasse nullibi existant, non tamen dici possunt nihil esse» (*Meditatio V*, AT VII, 64, 7-9, ainsi que *Principia philosophiae* I, §17). Voir aussi toute la discussion avec Caterus (AT VII, 102-103), où *esse objective in intellectu* ne signifie désormais plus, pour Descartes, la chose même terminant l'opération en un objet, mais ce qui «...in intellectu eo modo [est] quo solent ejus objecta, non quidem formaliter [...], sed objective, hoc est eo modo quo objecta in intellectu esse solent».

[2] *Méditations cartésiennes*, §8, Hua. I, p.89, tr. fr., *op.cit.*,p.16 (modifiée); puis (§8, *ibid.*, p.60).

que Descartes anticipe sur la pratique de la réduction, comme une réduction des choses à la *cogitatio*, qu'il ne confond pas avec le doute. [1] Et c'est ici que prend toute sa portée la formule privilégiée par Henry, «videre videor». [2]

IV

De ce premier résultat - que Descartes a pratiqué par anticipation une manière de réduction - suggère un second argument en faveur d'un rapport de la démarche phénoménologique à sa pensée. En effet, la réduction ne bénéficierait d'aucun privilège phénoménologique si elle n'illustrait, la première, la règle qu'ici penser veut dire penser en acte. Penser vaut comme un acte, non point parce que la pensée conduirait à l'action, mais parce que la pensée elle-même, comme pensée, constitue une action et agit. Heidegger l'expose nettement : La pensée ne devient pas une action par ceci qu'en sortirait un effet ou parce qu'elle s'y appliquerait. La pensée agit, en cela même qu'elle pense. Cette action est probablement la plus simple et du même coup la plus haute, parce qu'il y va du rapport de l'être à l'homme». [3] Penser ne

---

[1] Au contraire de la déclaration initiale de Husserl: «Ce retour [*sc.* le retour des *cogitationes* sur l'*ego*], celui qui médite l'accomplit selon la méthode bien connue mais surprenante du doute» (*Médittions cartésiennes*, §1, Hua.I, p.45). Le retour des *cogitationes* sur l'*ego* provient de l'acte de la réduction, et ne *permet* le doute que comme l'une de ses applications dérivées.

[2] *Meditatio II*, AT VII, 29, 14-15, dont le meilleur commentaire se trouve en *Principia Philosophiae I*, §9 : «...sed etiam sentire, idem est hîc quod cogitare. Nam si dicam, ego video, vel ego ambulo, ergo sum ; & hoc intelligam de visione, aut ambulatione, quae corpore peragitur, conclusio non est absolute certa ; quia, ut saepe in somnis, possum putare me videre, quamvis oculos non aperiam, et loco non movear, atque etiam forte, quamvis nullum habeam corpus. Sed si intelligam de ipso sensus sive conscientia videndi aut ambulandi, quia tunc refertur ad mentem, quae sola sentit sive cogitat se videre aut ambulare, est plane certa».

[3] *Lettre sur l'"humanisme"*, Holzwege, G.A. 9, p.313.

conduit pas, éventuellement et par conséquence, à agir (à s'engager, disait-on), parce qu'elle agit déjà, et souverainement, en pensant, pourvu bien sûr qu'elle pense en acte et en effet. Et, puisque la pensée comme telle accomplit un acte, il s'ensuit aussitôt qu'elle n'accomplit cet acte qu'en pensant par des actes de pensée. La pensée comme acte s'accomplit par des actes de pensée. Ce que Husserl pose en règle et en méthode: «...la méthode phénoménologique se déploie d'un bout à l'autre en des actes de réflexion». [1] Ce qui n'a rien d'une banalité, puisque cette «méthode» implique que la pensée ne procède ni par inférence, ni par déduction, ni par connexion de représentations, mais par des décisions, des résolutions. Et ce dès le commencement, qui ne commencerait rien s'il ne décidait une *initiative*. «La philosophie - la sagesse - est l'affaire entièrement personnelle de celui qui philosophe. Elle doit devenir *sa* sagesse, son savoir s'efforçant à l'universel mais en tant qu'acquis par soi, savoir qui dès le début et à chaque pas doit répondre de ses visées absolues. Si j'ai résolu (*Entschluß*) de vivre en vue de ce but, de cette résolution (*Entschluß*) donc qui peut seule me porter à un développement philosophique, j'ai par là même d'emblée choisi la pauvreté absolue quant à la connaissance». [2] Sans assimiler trop vite ce qui diverge aussi nettement, Heidegger reste pourtant un héritier strict et même hyperboliquement fidèle de la «résolution» initiale de Husserl, lorsqu'il l'accomplit ultimement dans la «résolution anticipatrice (*vorlaufende Entschloßenheit*)», et la définit comme mode privilégié de l'ouverture du *Dasein*, à l'être donc à lui-même («*Die Enschloßenheit ist ein ausgezeichneter Modus der Erschloßenheit des Daseins*»). [3] Penser par décision et non par déduction, par résolution et non par représentation,

---

[1] «...die phänomenologische Methode bewegt sich durchaus in *Akten der Reflexion*» (*Ideen*...I, §77, Hua. III, p.177).
[2] *Méditations cartésiennes,* §1, Hua.I, p.44, tr. fr., *op. cit.*, p.2 (modifiée).
[3] *Sein und Zeit*, respectivement §60 et §62, *op. cit.*, p.297 & p.305.

Schelling avait déjà marqué cette différence capitale dans le style de la pensée, opposant à la philosophie «négative» (Hegel évidemment, mais, à travers lui, tout le système de la *metaphysica*) une philosophie «positive» (encore à venir). Malencontreusement, il avait inclut Descartes dans la première figure de la philosophie, alors que Spinoza eût parfaitement convenu.

Mais, avant Schelling et la relance de la philosophie par la phénoménologie, c'est précisément Descartes, qui illustre, sinon inaugure, une pensée par actes et décisions. Comme la recension de ces résolutions, qui décident en acte de l'avancée discontinue de la méditation, se dresse assez aisément, nous en relèverons quelques unes, brièvement. - Premièrement, la décision de douter en général, directement provoquée par la réduction des choses aux *cogitationes*, qu'elle met en oeuvre négativement. Cette décision se déploie d'ailleurs dans le cadre de plusieurs autres décisions secondaires, mais nécessaires : d'abord la décision de ne douter que dans la théorie («...generali huic mearum opinionum eversioni vacabo»), en écartant le souci de la pratique («...hodie mentem curis omnibus exsolvi...»).[1] Ensuite, la décision d'hypertrophier le doute : ce qui trompe une fois doit être réputé tromper toujours et le douteux assimilé au faux.[2] - Deuxièmement, relancer le doute aussi loin que faire se pourra, par des choix systématiques en sa faveur : pour l'argument du rêve, décider que, si je ne dispose d'aucun critère infaillible pour distinguer la veille du songe, il faut faire comme si, en toute occasion, je rêvais mes pensées ;[3] puis, quand résistent les natures simples et les mathématiques, on peut même aller jusqu'à introduire l'hyperbole de la puissance divine et même, pour la rendre plus vraisemblable et crédible, y ajouter la fiction volontaire du *genius*

---

[1] *Meditatio I*, AT VII, respectivement 18, 2-3 & 17, 22sq. .
[2] *Meditatio I*, AT VII, 18, 17-18 & 18, 6-10.
[3] *Meditatio I* : «Age ergo somniemus...» (A.T. VII, 19, 23).

malignius.[1]

D'où le troisième point, conclusion inévitable des deux précédents : comme maintenir et soutenir «obstinément, *obstinate*» le doute s'avère difficile ; puisqu'il s'agit précisément d'un choix extrême, il est non seulement «pénible, *laboriosum*», mais «presque, *vix*» impraticable.[2] Et c'est pourquoi, de même qu'on commence à douter par décision, il faut savoir décider de finir un doute ; la décision de douter implique aussi de savoir prendre la décision de *ne plus* douter. Et donc, comme il m'est arrivé de me trouver «contraint d'avouer, *cogor fateri*» que je dois douter, il faut aussi qu'à un certain moment (lequel ? voilà toute la difficulté), je sache décider de ne plus résister à l'évidence : «Il faut enfin statuer que cette énonciation, *je suis, j'existe*, [...] est *nécessairement* vraie».[3] Chaque preuve implique la reconnaissance, donc la décision, que l'évidence positive puisse et *doive* l'emporter sur la décision de douter. Ainsi pour l'existence de Dieu («Ideo ex antedictis, Deum *necessario* existere, est concluendum»),[4] en stricte conformité avec la *regula generalis*,

---

[1] *Meditatio I*, respectivement «...vetus opinio Deum esse, qui potest omnia...» (AT VII, 20, 1sq.) & 22, 23. Notons que dans ce dernier cas, il s'agit explicitement d'une simple supposition, d'une décision d'autant plus arbitraire qu'elle dépend précisément de la volonté: «Quapropter, ut opinor, non male agam, si, voluntate plane in contrarium versa, me ipsum fallam», 22, 13-14, continué par «supponam igitur...», 22, 23). Notons aussi que parfois la décision joue en sa défaveur du doute : l'argument de la folie se trouve disqualifié sans raison véritable, mais pour un motif de convenance inter-subjective envers le lecteur, qu'on ne doit pas assimiler à un fou («...nisi me forte comparem nescio quibus insanis [...] nec minus ipse demens viderer...», 18, 26 sq., & 19, 6-7).

[2] Respectivement «...manebo obstinate...» (23, 4); «...laboriosum est hoc institutum» (23, 9-10); & «...hoc fieri vix potest» (34, 15).

[3] Respectivement 21, 27 & «Denique statuendum, hoc pronuntiatum, *ego sum, ego existo* [...] *necessario* esse verum» (25, 11-13, voir: : «Nihil nunc admitto nisi quod necessario sit verum» (27, 12).

[4] AT VII, 45, 17-18. Remarquons que, pour la démonstration de l'existence des corps matériels, Descartes s'abstient très sagement d'indiquer cette nécessité: «Ac (转下页)

donc la première formulation («...*illud omne esse verum, quod valde clare et distincte percipio*») se trouve ensuite précisée par un *necessario* : «...*atque inde collegi illa omnia, quae clare et distincte percipio, necessario esse vera*». Mais non sans souligner que tout dépend, alors, de ma décision – de bien faire attention aux raisons de mon jugement («...*etiamsi non attendam amplius ad rationes propter quas istud esse verum judicavi*»), autrement dit «...il y a seulement quelque difficulté à bien remarquer quelles sont celles [*sc.* choses] que nous concevons distinctement».[1]

Il s'agit donc d'une nécessité non pas logique, ni formelle, mais en dernière instance phénoménale. La règle générale ne s'avère elle-même valide que sous la condition *temporelle* de mon attention à la clarté et à la distinction ; elle n'aboutit à une vérité nécessaire, qu'à chaque fois et aussi longtemps que j'y suis attentif (*quoties, quamdiu*).[2] Ainsi, non seulement la vérité devient une question de manifestation, donc de phénoménalité, mais cette ouverture du phénomène en sa vérité dépend d'une décision de la volonté – de s'en tenir

---

(接上页) proinde res corporeae existunt» (80, 4), absence d'autant plus significative qu'en un premier temps cette nécessité était espérée: «...*argumentum, quod necessario concludat aliquod corpus existere*» (73, 27-28, voir, pour les raisons de ce retrait, *Sur la pensée passive de Descartes*, §4).

[1] Respectivement 35,14-15 & 70, 12-15, puis *Discours de la méthode*, AT VI, 33, 22-24.

[2] *Quoties* : AT VII, 25, 12 ;26, 2 ; 36, 8 et au contraire 12 ; 55, 29 ; 62, 1 ; 62, 12-15, texte capita, qui lie la décision de volonté à la manifestation phénoménale du vrai. «Nam quoties *voluntatem in judiciis ferendis* ita contineo, ut ad ea tantum se extendat quae illi clare et distincte ita *exhibentur*, fieri plane non postest ut errem...» ; 67, 21& 72, 16 (même thèse en sens contraire). *Quamdiu* : AT VII, 22, 8 ; 25, 9 ; 27, 9 ; 36, 16 ; 54, 8 ; 65, 7-9 : «...ea certe est natura mentis meae ut nihilominus *non possem iis non assentiri*, saltem quamdiu ea clare percipio» = 68, 6-7: «...idipsum nequidem fingere possum, quamdiu nihil *volo admitterre* nisi quod clare et distincte intelligo» ; 69, 16-18: «Etsi enim ejus sim naturae ut, quamdiu aliquid valde clare et distincte percipio, *non possim credere* verum esse...» ; 69, 30-70, 1 :«...nec *possum non credere* id verum esse, quamdiuad ejus demonstrationem attendo».

scrupuleusement à ce que l'entendement lui découvre, l'une et l'autre s'unissant dans l'acte d'attention : «Neque profecto quicquam est in his omnibus, quod *diligenter attendenti* non sit lumine naturali *manifestum*».[1]

Les exemples de tels actes et décisions pour le doute et ensuite pour l'évidence apparaissent si nombreux (dans le dialogue de la *Mediatio II* avec un interlocuteur non-existant imaginaire qui conduit à l'existence de l'*ego*, dans la démonstration de l'existence de Dieu, qui fait de l'idée d'infini l'envers de la finitude de l'*ego*, dans l'*experientia* de la volonté formellement infinie en une substance pourtant finie dans la reconnaissance de la finitude de l'imagination et de la passivité du *sensus*), qu'il ne semble ni possible de les exposer ici, ni peut-être nécessaire d'y revenir. On pourrait aussi relever des exemples étonnants de variations imaginatives (à commencer par l'analyse du morceau de cire dans la *Meditatio II*, mais en fait dès les arguments d'origine sceptique, amplifiés et détruits par la *Meditatio I*), comme on pourrait relire l'ensemble des *Meditationes* comme une série d'énoncés performatifs, au sens strict d'*actes* de pensée produisant le surgissement effectif de phénomènes qui, quoique provoqués ou peut-être *parce qu'ainsi déclenchés* s'imposent à la pensée finie.

V

Une réponse au moins partielle à la question initiale devient donc possible. A la question de savoir en quel sens la phénoménologie peut *ou* non se réclamer de Descartes, il faut répondre en plusieurs étapes. D'abord cette question ne revient pas à demander si Descartes anticipe sur les thèses de la phénoménologie (classique et husserlienne, ou postérieure), mais, inversement,

---

[1] AT VII, 47, 24-26.

si certaines opérations phénoménologiques reprennent des moments de la méthode cartésienne. Ensuite il faut dissiper le rapprochement que Husserl avait privilégié entre son opération de réduction (et sa méthode, l'*épokhé*) et le doute cartésien, qui, en effet, n'y correspond pas.– Mais, aussitôt, il convient de remarquer que Descartes, avant et indépendamment du doute, avait quasiment accompli le geste de la réduction, ou au moins avait anticipé sur lui en reconduisant toute contenu représentatif à son statut de *cogitatio*, en suspendant la question préalable de son statut ontique – qu'il soit réellement ou non ne change rien au fait que tout se qui se montre puisse valoir comme tel à titre de *cogitatum*. Cette reconduction de la chose au rang de *cogitatum*, vu en tant que rapporté à la *mens* et non pas en tant qu'étant ou non-étant, opère comme la réduction le fera une suspension de l'attitude naturelle. Plus encore, elle rompt avec le parallélisme entre *l'ordo et connexio idearum* et *l'ordo et connexio rerum*, caractéristique de la dogmatique métaphysique de Spinoza et de ses semblables. – Dès lors, la philosophie ne procède plus par déduction de concepts, encore moins par la déduction de l'existence (ou de la non-existence) à partir du ou des concepts (comme dans la «philosophie négative», mais par la ou les décisions d'une pensée en acte : «résolutions» dit Descartes, autrement dit performatifs, doute volontaire et contraintes nécessaires de l'évidence, variations imaginatives, expériences de pensée, etc. toutes opérations qui ne dégagent la manifestation phénoménale des choses qu'avec le travail du concept *décidé*, selon une phénoménalité *opérée*. La constitution du connu opère évidemment une donation de sens (*Sinngebung*), où la chose ne se manifeste qu'au prix du travail de l'*ego*. Rien ne se montre, qui ne se donne ; mais ce qui se donne ne parvient à se montrer qu'autant que l'*ego*, phénoménologue avant la phénoménologie, parvient à le *vouloir* bien.

La troisième notion primitive

1. Des natures simples aux notions primitives

Si l'usage cartésien de *meum corpus* thématise véritablement le phénomène de la chair, ou plus exactement de *ma* chair (c.I), et si ce phénomène doit à l'auto-affection en lui de se sentir lui-même, plus exactement d'éprouver un sentir originel de soi au point d'ouvrir un accès privilégié à l'*ego* du *cogito* (c.II) et de s'excepter ainsi de l'hypothèque du doute hyperbolique (c.III), comment dès lors ne pas lui reconnaître un statut de principe dans l'ensemble de la métaphysique cartésienne? Mais comment par ailleurs ajouter un nouveau principe à ceux qui entrent déjà en concurrence dans l'interprétation commune et restreinte de cette métaphysique – autrement dit dans l'interprétation la plus commune, qui, dans la plupart des cas, comprend le parcours cartésien comme s'il n'incluait ni la seconde partie de la *Meditatio VI*, ni la moindre morale définitive? De plus, la difficulté de concilier entre eux les deux prétendants à la fonction de premier principe, l'*ego* qui existe en tant qu'il (se) pense et Dieu *causa sui*, donc d'articuler entre elles les deux figures de la constitution onto-théo-logique de la métaphysique cartésienne (onto-théo-logie de la *cogitatio*, onto-théo-logie de la *causa*) ne compromet-elle pas déjà toute tentative d'introduire un troisième premier principe, en l'occurrence *meum corpus*? Loin de sous-estimer ni surtout de dissimuler cette difficulté, Descartes l'affronte au contraire en la radicalisant: il porte le fer plus profondément que la dualité des principes ontiques (l'*ego* et la *causa sui*) en remontant jusqu'aux «notions primitives» et «notions simples», qui, épistémiquement, les rendent pensables. [1] Autrement dit, l'innovation requise par le privilège de *meum corpus* ne conduit pas seulement à réviser la position métaphysique des *Meditationes* en 1641, mais à revenir aux *naturae simplicissimae*, aux natures [très] simples instituées en 1627 par les *Regulae*. Il ne s'agit pas d'une adaptation ou d'une évolution, mais d'une révision, qui implique au moins tacitement une rétractation. A moins de cette rétractation, Descartes ne pourrait pas accomplir le nouveau commencement auquel il se risque : établir l'*ego* non seulement comme le principe de toute science des objets (dans les *Regulae*), non seulement comme le principe ontique et fini d'une métaphysique de l'infini (dans les *Meditationes*), mais comme une *cogitatio* déployant tous ses modes possibles jusqu'à la pensée passive, donc jusqu'à prendre chair du *meum corpus*.

Le première réponse faite à Elisabeth ne laisse planer aucune ambiguïté sur la radicalité de ce troisième commencement de l'*ego*, ni sur la révision elle aussi radicale du dispositif des *Regulae*. – La nouvelle liste des «notions primitives» d'abord : le pas à franchir se marque sans ambiguïté, puisqu'il s'agit de passer de l'une à l'autre des «…deux choses en l'âme humaine, desquelles dépend toute la connaissance que nous pouvons avoir de sa nature, l'un desquelles est qu'elle pense, l'autre, qu'étant unie au corps, elle peut agir et pâtir avec lui». [2] Les *Regulae* constataient elles aussi que, dans la connaissance, «…duo tantum spectanda sunt, nos qui cognoscimus et res ipsae cognoscendae –… il n'y a que deux choses à envisager, nous qui connaissons et les choses à connaître» (X, 411, 3-4); mais il ne s'agissait alors précisément que de connaître, et de ne connaître qu'une chose autre que soi-même, activement c'est-à-dire en (re)constituant la chose en un objet; la dualité à envisager restait donc toute entière dans le champ qui, en 1643, ne concerne que la première «chose», à

---

[1] *A Elisabeth*, 21 mai 1643, III, respectivement 665, 10 et 666, 26.
[2] *Ibid.*, 664, 23-27.

savoir l'exercice (actif) de la pensée (de l'objet) et ignore encore parfaitement que cette pensée reste elle-même «...unie au corps», par laquelle elle peut non seulement agir, mais aussi «pâtir». D'une telle dualité seulement épistémique, active, externe et unilatérale, Descartes passe désormais à une dualité *interne* à la *cogitato*, réciproque, passive ou plus essentiellement pathique, où la chose agit en retour sur l'*ego*. Dès lors, la liste en fait duelle des *res simplicissimae* devient triple. En effet, elle restait duelle en 1627, malgré ses trois rubriques, puisque les natures simples communes (existence, unité, durée, et semblables) (X, 419, 12) recouvraient tout ce que la *metaphysica generalis* prend comme son objet – les déterminatons de tout étant en général; l'universalité indéterminée de ces concepts les rend ainsi parfaitement neutres, sans introduire le moindre troisième terme réel; et c'est pourquoi les cinq premières *Meditationes* pourront les reprendre métaphysiquement, sans mettre en question (quoi qu'en le dépassant dans un fondement plus radical) le schéma épistémique des *Regulae*.[1] Il reste donc deux rubriques réelles de *naturae simplicissimae*. D'une part celles qui, sans jamais recourir à la moindre *idea corporea*, ni à «...l'aide de la moindre image corporelle – ...absque ullius imaginis corporeae adjumento», permettent de se représenter «...quid sit cognitio, quid dubium, quid ignorantia, item quid *voluntatis actio*, quod *volitionem* liceat appellare et similia –... ce qu'est la connaissance, le doute, l'ignorance et encore l'*action de la volonté*, qu'on peut nommer *volition* et autres choses semblables» (X, 419, 10-15); on remarquera ici l'insistance sur l'activité, donc sur la volonté, et l'absence de la sensation, donc de la moindre passivité: il ne s'agit bien que de «nos qui cognoscimus – nous qui connaissons», dans la relation épistémique unilatérale. D'autre part, les *Regulae* mentionnent les *naturae simplicissimae* qui, comme *figura, extensio, motus*,

---

[1] Sur cet usage, voir *Questions cartésiennes*, c. III, «Quelle est la méthode dans la métaphysique?», *op.cit.*, p.75sq.

etc. suffisent à décrire les choses purement matérielles, les corps physiques (X, 419, 18-20): il ne s'agit là encore que des «res cognoscendae», ces choses à connaître comme de purs objets. En 1643, nous retrouvons une liste semblable. D'abord les notions «les plus générales», être, nombre et durée, qui n'introduisent aucun terme particulier. Ensuite le couple des notions jumelles qui définissent l'attitude épistémique: «...pour le corps en particulier [...] que la notion de l'étendue, de laquelle suivent celles de la figure et du mouvement», et, «...pour l'âme seule [...] que celle de la pensée, en laquelle sont comprises les perceptions de l'entendement et les inclinations de la volonté», pensée – notons-le – ici aussi exclusive de la passivité de la sensation (III, 665, 15-20). Mais la liste de 1643 devient radicalement différente de celle de 1627 (et de 1641) avec sa dernière adjonction: «...enfin, pour l'âme et le corps ensemble, nous n'avons que celle [sc. la notion primitive] de leur union, de laquelle dépend celle de la force qu'à l'âme de mouvoir le corps et le corps d'agir sur l'âme, en causant ses *sentiments* et ses *passions*» (III, 665, 20-24): voici donc enfin une troisième notion, très simple et primitive, c'est-à-dire irréductible à aucune autre, mais qui assure et reconnaît la possibilité d'une pensée passive de l'*ego cogito*.

Quelle portée accorder à cette nouvelle liste des «notions primitives», qui complètent et corrigent celle des *naturae simplicissimae*? Il ne faut pas se laisser abuser par une apparente restriction – «...pour l'âme et le corps ensemble, nous n'avons *que* celle [*sc.* notion primitive] de leur union» (III, 665,21-22), comme si la troisième notion primitive restait restreinte à un seul terme improvisé *ad hoc*, sans validité théorique comparable aux deux autres séries. En fait, les deux autres séries se trouvent elles aussi déduites d'une seule notion, «...*que* de la notion d'extension» et «...*que* de celle de la pensée» (III, 665, 16 & 18); ainsi les listes juxtaposées des *Regulae* (et des *Meditationes*) trouvent-elles leur cohérence: à chaque fois une notion engendre les autres, à la manière dont l'attribut principal de la substance permet d'en concevoir les modes. En droit, la notion primitive de l'union se trouve sur le même rang que les deux autres, puisqu'on peut aussi concevoir à partir d'elle «...la force qu'à l'âme de mouvoir le corps et le corps d'agir sur l'âme», bref concevoir la passivité de la pensée en ses passions et ses sentiments. Laissons pour l'instant en suspens deux questions qui semblent aussi redoutables qu'inévitables – l'union offre-t-elle l'attribut principal d'une troisième substance, quelle cause s'exerce entre l'âme et le corps? –, pour confirmer cette nouvelle liste par un parallèle décisif, d'une époque exactement contemporaine, *Principia Philosophiae* I, §8. Considérant nos pensées regardant les choses, Descartes y recense d'abord les *maxime generalia* habituels de sa *metaphysica generalis*, puis les notions concernant d'une part les choses intellectuelles, donc la pensée, de l'autre les choses matérielles, donc, l'étendue: il ne s'agit encore ainsi que de la liste des *naturae simplicissimae* élaborée par les *Regulae* et maintenue par les cinq premières *Meditationes*. [1] Mais s'y ajoute désormais une troisième instance, la «...notion de l'union que chacun éprouve en soi-même», [2] au nom de la même expérience que dans la *Meditatio VI* (VII, 71, 21): «Sed & alia quaedam *in nobis experimur*, quae non ad solam mentem, nec etaim ad solum corpus referri debent, quaeque [...] *ab arcta et intima* mentis nostrae cum corpore *unione* profisciscuntur – Il y a encore, outre cela, certaines choses, que *nous expérimentons en nous-mêmes*, qui ne doivent pas être attribuées à l'âme seule, ni aussi au corps seul, mais à *l'étroite union* qui est entre eux» (VIII-1, 23 = IX-2, 45). [3] L'allusion ici patente à *meum corpus* [...] *arctissime conjunxtum et quasi permixtum* à l'âme formant avec lui *unum quid*, renvoie directement à l'argument de la seconde partie de la *Meditatio VI*. Ce que confirment les modes de cette notion primitive, en fait le *corpus meum* où

---

[1] *Principia Philosophiae I*, §47 mentionne d'ailleurs explicitement qu'il s'agit des «...*simplices* omnes notiones, ex quibus cogitationes nostras componuntur» (VIII-1, 22, 23-24 et le titre: «...simplices notiones»).

[2] *A Elisabeth*, 28 juin 1643, III, 694, 1-2.

[3] VII, 75, 10; 81, 2-5; 87, 25; ou *IVae Responsiones*, VII, 22828, etc. Voir *DM*, VI, 59, 13 et les textes cités *supra* ch. II, §8.

La troisième notion primitive

l'*ego* s'expérimente comme affecté, puisqu'il s'agit, dans le §48 des *Principia Philosophiae* de ce que la *Meditatio VI* recensait déjà, quoique dans un autre ordre: (a) *sensus omnes*, et d'abord la douleur et le plaisir; [1] (b) ensuite lumière et couleurs, odeurs et saveurs, chaleur et dureté et les autres qualités du toucher; [2] (c) la faim et la soif. [3] (d) Enfin la joie, la tristesse, la colère et l'amour, déjà mentionnés en 1641, à l'exception, significative on le sait, de l'amour;[4] surtout, notable différence, il ne s'agit à ce moment que d'*appetitus* et d'*affectus* et pas encore de *commotiones sive animi pathemata*: [5] la voie qui mène des affections de la pensée passive aux passions de l'âme ne s'ouvrait donc pas encore en 1641, alors qu'elle devient patente en 1643 et 1644. Il faut donc conclure que le *meum corpus*, autrement dit la chair, constitue bien, sinon un premier principe, à tout le moins l'une des notions primitives ou *naturae simplicissimae*, dont l'intelligibilité ne peut se déduire d'aucune autre et qui rend seule intelligibles d'autres notions. [6]

---

[1] VIII-1, 23, 21 = VII, 71, 23 et 24,4; 74, 3; 77, 1, 3, 6; 80, 28; 81,1; 83, 8, etc. puis 71, 24; 82, 27. Sur les *Principia Philosophiae*, voir aussi l'analyse de G. Cantelli, «La terza notione primitiva e l'analisi dei sensi esterni e interni svolta nei *Pr.* IV, §188-189) *in* J.-R. Armogathe & G. Belgioioso (éd.), *Descartes. Principia Philosophiae (1644-1994)*, Naples, 1996.

[2] VIII-1, 23, 21-23 = VII, 74, 3; 81, 18-19; 75, 2.

[3] VIII-1, 23, 17 = VII, 81, 1, 10, 11.

[4] Respectivement VIII-1, 23, 9-10 et VII, 74, 26-27. L'amour pourtant apparaît au moins une fois parmi les notions primitives pour le compte de la *cogitatio*: «Ita amor, odium affirmatio, dubitatio, etc. sunt veri modi in mente» (*A X*, 1645 ou 1646, IV, 349,8-9). Il nous faudrait donc corriger, au moins à la marge, notre remarque initiale dans *Le phénomène érotique*, Paris, 2003, p.19.

[5] Respectivement VII, 76, 3; 74, 27 et VIII-1, 23, 17-18.

[6] Le §75 des *Principia Philosohiae* marque à la fois cette dignité en incluant les *sensus* qui nous affectent au nombre des «...notiones, quae ipsimet in nobis habemus» et un certain embarras, en les ajoutant à une liste qui juxtapose à la fois les autres *naturae simplissimae* (étendue et *cogitatio*) et les deux prétendants au titre de «premier principe», «...nos existere [...] et *simul etiam*, et esse Deum et nos ab illo pendere» (VIII-1, 38).

Primitive, donc l'union. Ce qui signifie d'abord que l'union de l'âme et du corps ne doit surtout pas s'entendre comme une composition qui résulterait, en seconde instance et *secunda battuta*, du compromis ou de l'addition des deux autres notions primitives. L'union vient avant l'âme et le corps, ou du moins *d'ailleurs*. Il faut penser l'union à partir d'elle-même et d'elle seule, jamais à partir de l'âme et ou du corps, ni donc à partir des notions en un autre sens primitives qui permettent de penser à partir de chacun d'eux le corps et l'âme. L'union de l'âme et du corps doit se penser à partir de l'union même et de l'union *seule*. «Je considère aussi que toute la science des hommes ne consiste qu'à bien distinguer ces notions et à n'attribuer chacune d'elles qu'aux choses auxquelles elles appartiennent [...]; car étant primitives, chacune d'elles ne peut être entendue que par elle-même» (III, 665,25 - 666,6). Cette exigence ne va pas de soi et impose un paradoxe, tant nous restons enclins à l'attitude naturelle, selon laquelle l'union *résulte* de ce qu'elle réunit, et, bien entendu, d'abord de ce qui nous semble aller de soi, l'étendue des corps: «Et d'autant que l'usage des sens nous a rendu les notions de l'extension, des figures et des mouvements beaucoup plus familières que les autres, la principale cause de nos erreurs est en ce que nous voulons ordinairement nous servir de ces notions, pour expliquer les choses à qui elles n'appartiennent pas» (666, 6-11). Ce que stigmatise ici Descartes se déploie aujourd'hui, triomphalement autant que naïvement, sous le titre de la *naturalisation* de la pensée: penser la pensée à partir d'une autre notion primitive que la sienne; non seulement penser la pensée à partir de l'extension (comme tout réductionnisme), mais penser l'union de l'âme et du corps à partir de l'étendue seule (naturalisation), en simple inversion réactive à l'idéalisme, qui s'obstinait à penser cette union à partir de la pensée seule. A ces deux facilités, Descartes ne peut opposer qu'une difficulté: penser l'union à partir d'elle-même, c'est-à-dire à partir de l'expérience (éventuellement incompréhensible, selon son acception précise du terme) de ce que nous sentons en nous-mêmes, de que «...in nobis experimur» (VIII-1, 23, 13).

Mais qu'expérimentons-nous en nous-mêmes? L'immédiateté de l'expérience n'a pas une bonne réputation épistémologique, tant on la soupçonne de confusion et d'illusion. Descartes s'en doutait sans doute, qui se borne, en un premier temps, à la définir négativement. Mais, nous l'allons voir, cette définition négative ne dit pas peu et ne manque pas de puissance. Expérimenter en nous-même l'union à partir d'elle-même requiert au moins de ne pas prétendre la comprendre à partir d'une autre instance (ou notion primitive) qu'elle-même, «...comme lorsque l'on se veut servir de l'imagination pour concevoir la nature de l'âme, ou bien lorsqu'on veut concevoir la façon dont l'âme meut le corps par celle dont un corps est mû par un autre corps» (III, 666, 12-15). Autrement dit, de l'union de l'âme et du corps nous savons au moins et par principe qu'elle n'obéit pas au règles de l'interaction des corps entre eux. Autrement dit encore, tout le débat de l'occasionnalisme sur le type de causalité physique ou quasi-physique qui permettrait à l'âme (assimilée sans aucun bon sens à la glande pinéale) de mouvoir ou d'être mue par le corps (assimilé sans aucune bon sens au corps physique inanimé) n'a aucun sens, aucune pertinence et aucun lieu d'être: il se déploie dans un non-lieu théorique, insensé et absurde. Un critique récent l'a très bien souligné. D. Garber remarque en effet que, «...du point de vue de Descartes, la conciliation de l'interactionnisme [*sc.* de l'âme avec le corps] avec les lois de la nature n'est pas un problème», parce que, «...niant simplement les lois de la conservation [*sc.* du mouvement] pour les corps animés [*sc.* le *meum corpus*]», il «...laisse au moins ouverte la possibilité que l'activité des sujets ne soit point contrainte par les lois de la nature qui valent pour les objets». Contre Leibniz (et sûrement Malebranche, comme sans doute Spinoza), Descartes n'hésite pas à reconnaître au *meum corpus* son irréductibilité envers les deux autres notions primitives, et d'abord l'étendue, au point de «...nier l'universalité de la loi physique et de nier que les corps animés soient contraints par les lois qui gouvernent le monde matériel».[1] Le monde matériel, du moins celui des objets construits selon la notion primitive de l'étendue, mais peut-être aussi celui des esprits reconnus selon la notion primitive de la *cogitatio* purement active, ne concernent donc pas celui de l'union. Mais alors quel monde resterait ouvert à l'union?

Descartes suggère une hypothèse exactement opposée à celle qui conduit à l'aporie de l'occasionnalisme en appliquant à l'union de l'âme et du corps les lois de l'interaction entre les corps – que le mode d'action approprié à l'union obéit aux mêmes règles que celles qui permettent à Dieu ou aux anges d'agir sur les choses matérielles dans le monde créé. Autrement dit, le modèle le plus approprié pour penser l'action (ou la passion) de l'âme envers les corps matériels, action qui définit précisément *memum corpus*, ne doit pas s'emprunter au monde matériel des corps inanimés (dont l'interaction reste, en elle-même, déjà problématique, sinon incompréhensible), mais au monde le plus radicalement immatériel, au monde hors du monde. L'audace d'un tel recours au modèle divin et angélique surprend d'autant plus que Descartes récuse le plus souvent la moindre univocité entre Dieu et les étants finis: non seulement la substance «...non convenit Deo et illis [*sc.* rebus] univoce – ne convient pas à Dieu et aux choses univoquement»,[2] mais aussi les vérités éternelles, puisque toutes relèvent également d'une création. Dans le cas de

---

[1] D. Garber, *Corps cartésiens. Descartes et la philosophie dans les sciences (Descartes embodied. Reading cartesian philosophy through cartesian science*, Cambridge, 2001), tr.fr. par O. Dublouclez, Paris 2004, respectivement pp. 191, 193 et 194. Le programme cartésien reviendrait ainsi à «...exclure les corps animés du champ des lois qui gouvernent les corps inanimés en mouvement et permettre ainsi à l'esprit d'affecter le comportement des corps» (*ibid.*, p.210). Ajoutons: et réciproquement, permettre à l'esprit de se trouver affecté par son *meum corpus*. On pourrait aussi dire que «...ces corps [animés] se situent, pour ainsi dire, en dehors du monde de la nature purement mécanique» (*ibid.*, p.208), à condition de comprendre que c'est ainsi seulement qu'ils se trouvent exposés au vrai monde (entendu en un sens non-nietzschéen, bien entendu).

[2] *Principia Philosophiae I*, §51, VIII-1, 14, 26-27.

l'action de l'union, il faut pourtant faire exception à ce rejet de l'univocité: à Henri More, qui lui demande sur tous les tons comment, *quomodo* notre esprit agit sur notre corps et les autres corps,[1] Descartes finit, reprenant une suggestion de son correspondant, par prendre modèle sur l'action divine (on admet bien que Dieu agisse sur les corps, bien qu'il reste évidemment incorporel) pour penser l'union: «...ita etiam non dedecet aliquid simile de aliis substantiis incorporeis judicare. Et quamvis existimem nullum agendi modum Deo et creaturis *univoce* convenire, fateor tamen, me nullam in mente mea ideam reperire, quae repraesentet modum quo Deus vel Angelus materiam potest movere, diversam ab ea quae mihi exhibet modum, quo *ego* per meam cogitationem *corpus meum* movere posse mihi conscius sum. –...ainsi aussi est-il admissible de juger semblablement à propos des autres substances incorporelles. Tout en estimant qu'aucun mode d'action ne convient univoquement à Dieu et aux créatures, j'avoue pourtant ne trouver en mon esprit aucune idée me représentant la manière dont Dieu ou l'ange peuvent mouvoir la matière, qui soit différente de celle qui me montre la manière dont j'ai, moi, conscience de mouvoir mon propre corps par ma pensée».[2] Ainsi,

---

[1] H. More, *Lettre à Descartes*, 5 mars 1649, V, 313-314.

[2] *A H. More*, 15 avril 1649, V, 347, respectivement (11-14), 14-22. – La même thèse sera reprise et explicitée ailleurs en détail: «Vis autem movens potest esse ipsius Dei conservantis tantumdem translationis in materia, quantum a primo creationis momento in ea posuit; *vel etiam substantiae creatae, ut mentis nostrae*, vel cujusvis alterius rei, cui vis dedit corpus movendi» (*A H. More*, août 1649, V, 403, 28-404, 3). Textes cités et commentés par D. Garber (*op.cit.*, p.185, 229 et 276) qui conclut à «...une matière inerte redistribuée à chaque instant par un Dieu actif et, de temps en temps, par des esprits incorporels actifs» (*ibid.*, p.239); il faut juste corriger, que l'esprit en question peut être incorporel s'il s'agit d'un ange, mais que, s'il s'agit d'un homme, non seulement il devient s'incarne d'une chair (*meum corpus*), mais il ne peut exercer la moindre action que par cette chair incorporante; aussi ne peut-on pas dire que les corps physiques mis en mouvement par Dieu constituent la chair de Dieu (*ibid.*, p.236-238), mais seulement que la mise en mouvement des corps physiques passe, *pour moi*, seul incarné, par ma chair, premier effet, sinon première cause, de mouvement.

loin que le monde physique des choses matérielles fournisse le modèle de l'union (et de l'interaction) de l'âme au corps, il faudrait plutôt tout à l'inverse le trouver, pour une fois sans répugnance à l'univocité, dans l'action des agents immatériels sur les corps physiques des choses matérielles. [1] Ainsi ne faut-il pas concevoir l'union à partir d'un autre notion qu'elle-même, et surtout pas à partir de l'interaction des corps dans l'étendue, ni non plus à partir de la production d'une pensée par une autre. De l'union, vaut ce qui vaut des deux autres notions, «...étant primitives, chacune d'elles ne peut être entendue que par elle-même» (III, 666,4-6). A ce moment de l'argument cartésien, nous constatons que l'âme agit sur son *meum corpus* ou pâtit de lui, sans pourtant

---

[1] Cette réponse tardive convainc plus que le précédent recours à la comparaison de l'action de l'âme sur le corps avec la mise en mouvement d'un corps par la pesanteur en lui (*A Elisabeth*, 21 mai 1643, III, 667,4-668,4). Descartes argumentait ainsi: certes la pesanteur n'est pas une qualité réelle du corps qu'elle meût et ne constitue donc pas une explication physique (de l'étendue par l'étendue); mais elle offre au moins l'avantage de nous faire concevoir la mise en mouvement d'un corps sans «...que cela se fasse par un attouchement réel d'une superficie par une autre» (III, 667, 24-25); de fait elle offre une explication non physique, «...donnée pour concevoir la façon dont l'âme meut le corps» (III, 668,3-4), et non pas dont un corps meut un autre corps. Il s'agit en droit bel et bien d'un modèle (une «comparaison», *A Elisabeth*, 28 juin 1643, III, 691,14, voir *Dioptrique I*, VI, 83,16-17: «...que je me serve de deux ou trois comparaisons...»); mais d'un modèle qui *clôche* (III, 694,10), parce qu'il se donne dans le lexique de l'Ecole justement pas pour un modèle (nécessairement formel), mais pour une détermination réelle. Raison pour laquelle les *Essais* de la méthode l'avait disqualifiée. L'explication proprement physique provient, pour Descartes, de la mécanique des tourbillons: «Or est-il que, selon moi, la pesanteur n'est autre chose sinon que les corps terrestres sont poussés *réellement* vers le centre de la terre par la matière subtile» (*A Mersenne*, 29 janvier 1641, III, 9,25 -10,3, nous soulignons). Sur cette question voir aussi *A Clerselier sur les Cinquièmes Objections*, IX-1, 213, 17-29 («...ceux qui admettent des accidents réels, comme la chaleur, la pesanteur et semblables, ne doutent point que ces accidents puissent agir contre les corps...»); et *A l'Hyperaspiste*, août 1641, III, 424,19-423,3 (la pesanteur se trouvant comprise dans l'hypothèse des *accidentia realia* en général); *A Arnauld*, 29 juillet 1648, V, 222,20 - 223,13 (*gravitas lapidis*), ansi que la mise au point de G. Rodis-Lewis, *L'oeuvre de Descartes, op.cit.*, p.361sq.

encore concevoir le type de causalité (si d'ailleurs le terme convient encore) qui se met ainsi en oeuvre. Il faut donc admettre ce fait, «...quamvis *nondum* scimus quae sit causa, cur ita nos afficiunt [*sc.* sensus]. – ...bien que nous ne sachions *pas encore* qu'elle est la cause, qui fait que les sens nous affectent».[1] L'union s'impose comme un fait, parce qu'elle impose rien de moins que la *facticité* de la chair, que je suis à titre de *meum corpus*, toujours *déjà* et sans l'avoir ni choisi, ni voulu, ni peut-être sans jamais pouvoir l'expliquer. «Quod autem mens, quae incorporea est, corpus possit impellere, nulla quidem ratiocinatio vel comparatio ab aliis rebus petita, sed certissima et evidentissima *experientia* quotidie nobis ostendit; haec enim una est ex rebus per se notis, quae, cum volumus per alias explicare, obscuramus. – [Le fait] que l'esprit, qui incorporel, puisse pousser le corps, ce n'est certes pas un raisonnement ou une comparaison tirée d'autres choses qui nous le montre, mais la plus la très certaine et très évidente *expérience* de chaque jour; c'est en effet l'une d'entre ces choses connues par soi, que nous obscurcissons quand nous voulons les expliquer par d'autres».[2] Il faut admettre l'union comme un fait qui

---

[1] Phrase non traduite pas Baillet, *Principia Philosophiae* I, §75, VIII-1, 38, 27-28, mais confirmée par *II*, §40: «Atque omnes causae particulares, quae corporibus accidunt, in hac tertia lege continentur, saltem esse quae ipsae corporeae sunt; an enim et qualem mentes humanae et angelicae vim habeant corpora movendi, *non jam* inquirimus, sed ad tractationem *de homine* reservamus. – Les causes particulières des changements qui arrivent aux corps, sont toutes comprises en cette règle, au moins celles qui sont corporelles; car je ne m'informe *pas maintenant* si les anges et les pensées des hommes ont la force de mouvoir les corps: c'est une question que je réserve au traité que j'espère faire de l'homme» (VIII-1, 65 = IX-2, 87).

[2] *A Arnauld*, 29 juillet 1648, V, 222, 15-20. L'exemple qui suit concerne l'explication du mouvement des corps par la pesanteur (*gravitas*), dont précisément l'esprit humain n'a pas d'idée claire et distincte. On peut songer ici à saint Augustin, comparant l'union de l'âme et du corps, en soi incompréhensible sinon à l'usage, à l'union hypostatique dans le Christ, plus compréhensible: «Quid ergo incredibile est, si aliqua una intellectualis anima modo quodam ineffabili et singulari pro multorum salute suscepta est? Corpus vero animae cohaerere, ut homo totus et plenus sit, natura ipsa nostra teste (转下页)

s'impose même, voire *surtout* si nous ne la comprenons pas, puisque nous ne la comprenons pas à cause de l'excès de l'expérience sur notre compréhension: «Hoc explicatu difficillimum, sed sufficit experientia, quae hîc adeo clara ut ut negari nullo modo possit, ut illud in passionibus etc. apparet. – Cela est très difficile à expliquer, mais l'expérience ici suffit, car elle est ici si claire qu'on n'a pas moyen de dire le contraire, comme il apparaît dans les passions, etc.».[1] Car il reste un fait de raison, mais d'une raison qui ne s'explique par rien d'autre que par l'expérience (de pensée) que nous en faisons, précisément parce qu'elle ne s'explique, en tant que notion primitive, que par elle-même.

2. La troisième est la première

Ainsi, la facticité de l'union prend-elle le statut d'une notion primitive. Mais d'une notion primitive qui ne s'ajoute pas tant aux deux autres (la pensée et

---

(接上页) cognoscimus. Quod nisi usitatissimum esset, hoc profecto esset incredibilius; facilius quippe in fide recipiendum est, etsi humanum divino, etsi mutabile incommutabili, tamen spiritum spiritui, aut ut verbis utar quae in usu habetis, incorporeum incorporeo, quam corpus incorporeo cohaere» (*De Civitate Dei*, X, 29, 2, éd. Bibliothèque Augustinienne, *Oeuvres de saint Augustin*, t.34, Paris, 1959, p.532).

[1] *Entretien de Burman avec Descartes*, 16 avril 1648, V, 163, voir *Entretien avec Burman*, éd. J.-M. Beyssade, Paris, 1981, p.89. – Il ne faut donc pas seulement dire que «...Descartes ne théorise pas l'union de l'âme et du corps, mais en reste à la constatation du vécu anthropologique» (G. Caps, *Les "médecins cartésiens"...*, *op.cit.*, p.50), mais il convient de relever positivement l'aveu de la facticité, du fait accompli de l'union. Des lecteurs plus avertis ne s'y trompent pas. Ainsi P. Guenacia: «...Descartes ne répond pas à cette difficulté, sans doute parce qu'il la tient pour levée par le *fait* même de l'union. L'existence d'un *fait* rend inutile toute démarche cherchant à remonter à ses conditions de possibilité» (*L'intelligence du sensible, op.cit.*, p.213; voir: «...*le fait, la facticité...*», *ibid.*, p.298). Ou D. Kambouchner: «...les mêmes passions, qui nous font sentir notre condition animale, constituent en même temps, absolument, *le premier factum de notre humanité*» (*La philosophie morale de Descartes, op.cit.*, p.112).

La troisième notion primitive

l'étendue), qu'elle ne s'y oppose. Ce n'est pas avec, mais «sans elles» [1] qu'elle s'impose comme primitive, c'est-à-dire comme irréductible aux autres. Il y a plus, car cette institution découle d'une incompatibilité entre elles: alors que la distinction des deux premières notions renforce la caractéristique de chacune d'elles, la troisième, l'union, s'avère «nuisible» [2] à la connaissance de cette même distinction. Ou bien on pense les deux premières notions primitives d'un coup dans et grâce à leur distinction, qui les rend réciproquement claires et distinctes, ou bien on en pense une nouvelle, l'union, de nouveau et à partir d'elle-même, en suspendant les deux autres notions et leur distinction (tant ontique qu'éidétique). Ainsi la troisième notion primitive ne vient pas s'ajouter aux deux premières par composition, ni dérivation (ce qui contredirait son caractère primitif), mais elle ne s'impose qu'en contredisant les deux autres, plus exactement en imposant un nouveau commencement. Des «deux choses en l'âme humaine, desquelles dépend toute la connaissance que nous pouvons avoir de sa nature», à savoir «...qu'elle pense» et «...qu'étant unie au corps, elle peut agir et pâtir avec lui», [3] l'une ne peut se concevoir dans le prolongement de l'autre, mais seulement par rupture et opposition, puisque (on le verra *infra* §20) ce nouveau commencement impose une nouvelle attitude théorique. Une question se pose donc inévitablement: en quel sens et dans quelle mesure la troisième notion primitive non seulement ne peut se concevoir que par elle-même, mais doit se considérer comme la première des trois, ou du moins un nouveau commencement, par contraste avec celui de la distinction des deux premières? [4]

---

[1] *A Elisabeth*, 21 mai 1643, III, 666,22.
[2] *Ibid.*, III, 665, 4.
[3] *Ibid.*, III, 664, 23-27.
[4] Nouveau commencement, parce qu'il ne s'agit que du *fait* expérimenté de l'union, non sans rapport avec le fait expérimenté de la volonté: «...nos volontés, à cause que nous *expérimentons* qu'elles viennent directement de notre âme, et semblent ne (转下页)

L'union – Descartes la nomme souvent ainsi, sans même préciser ce qu'elle unit (l'âme et le corps). Certes, il l'omet parce que ces deux termes vont de soi, mais peut-être aussi pour ne pas maintenir l'apparence trompeuse qu'elle résulterait de et consisterait en l'union de deux composants, dont elle offrirait un mixte dérivé. Car l'union, si elle articule bien deux substances, non seulement ne consiste pas elle-même en une nouvelle substance (comme on le verra *infra* §26), mais elle instaure des règles absolument nouvelles pour unir leurs deux attributs principaux, la pensée et l'étendue. Ces nouvelles règles provoquent plusieurs paradoxes, qu'il faut déployer et décrire avec d'autant plus de soin qu'ils marquent l'irréductibilité de la troisième notion primitive et, sans doute, sa priorité *finalement* sur les deux autres. – Le premier de ces paradoxes tient (on l'a déjà vu *supra* §9) à l'équivocité du concept de corps: «Premièrement je considère ce que c'est que le corps d'un homme, et je trouve que ce mot de corps est fort équivoque». L'équivoque du nom découle ici de l'irréductibilité de son complément: *corps* devient équivoque parce que *homme* le re-qualifie à l'encontre de son acception comme un pur et simple corps physique. Au sens «...d'un corps en général», le corps se définit par l'étendue, donc par la matière mise en figure, mais surtout mesurée en une quantité finie, quelque grande qu'elle soit: «...une partie déterminée de la matière et ensemble de la quantité dont l'univers est composé»; ce qui en

---

(接上页) dépendre que d'elle» (*Passions de l'âme*, §17, AT XI, 342, 14-17); ou le fait expérimenté de notre liberté: «Vous avez raison de dire que nous sommes aussi assurés de notre libre arbitre que d'aucune autre notion première; car c'en est véritablement une» (*A Mersenne*, décembre 1640, III, 249, 9-11). L'union et la liberté s'imposent du fait de l'expérience, malgré leur incompréhensibilité (voir *sur le prisme métaphysique de Descartes*, c.III, §15, *op. cit.*, p.215, note 85 et *supra*, p.xx). Peut-on *en un sens* inclure la volonté dans la troisième notion primitive? Ce ne serait pas absurde, si l'on considère que la question de la liberté reste aussi inintelligible (confrontée à la la toute-puissance et à l'omniscience divines qui rendent presque inévitable le déterminisme) que l'union (qui d'ailleurs semblerait la plus exposée à ce déterminisme).

fait l'unité se résume alors en sa quantité, et il se fait ou défait à la mesure de ces variations quantitatives. Mais il se trouve une autre acception du corps, où le terme ne signifie plus, en tant que corps *d'un homme*, «...une partie déterminée de matière, ni [...] une grandeur déterminée, mais seulement [...] toute la matière qui est ensemble unie avec l'âme de cet homme». Le corps, une fois déterminé par son complément de nom, ne fonde pas son unité sur la mesure de l'étendue, unité donc toujours provisoire, puisque susceptible de varier à mesure de sa quantité, mais sur l'union. Ce qui unifie le corps d'un homme consiste en l'union d'une portion éventuellement variable d'étendue avec un invariant, la pensée en acte; l'identité ne se mesure pas (à la quantité), mais selon l'union d'une partie d'étendue avec ce qui reste hors étendue et variation, à savoir la pensée d'un *ego*; cet *ego* unifie tout ce qui dans l'étendue peut rester uni à lui: «...bien que cette matière change, nous croyons toujours que c'est le même corps *idem numero*, pendant qu'il demeure joint et uni substantiellement à la même âme». Le corps reste unifié en lui-même tant qu'il peut s'organiser pour rester uni à l'âme, «...pendant qu'il a en soi toutes les dispositions requises pour conserver son union».[1] L'unité de corps dépend de son organisation, que Descartes nomme surtout sa disposition: «...il [*sc.* le corps] est un et en quelque façon indivisible, à raison de la disposition de ses organes, qui se rapportent tellement tous l'un à l'autre que lorsque quelqu'un d'eux est ôté, cela rend tout le corps défectueux».[2] Cette disposition permet à une région de l'étendue de se faire *recevoir* par la pensée, au sens où une

---

[1] *A Mesland*, 9 février 1645, IV, 166, 1-22. Voir: «...corpus habens omnes dispositiones requisitas ad animam recipiendam et sine quibus non est proprie corpus humanum» (*A Regius*, mi-décembre 1641, III, 460,27-461, 2). D'où la nouvelle définition de la mort, non plus comme un défaut de l'âme (qui disparaîtrait), mais comme un défaut du corps, dont la «disposition» fait défaut (*Passions de l'âme*, §5-6).

[2] *Passions de l'âme*, §30, XI, 351, 8-12 (indivisibilité à rapprocher bien sûr de la lettre *A Mesland*, 9 février 1645, IV, 167, 13); voir «disposition des organes» (*ibid.*, §211, 486, 14).

émission de signaux se trouve reçue d'un émetteur par un récepteur, puis restituée et amplifiée; ainsi, selon la disposition des organes, le corps voit ses signaux reçus dans l'âme, et cette réception, qui seule atteste l'union, provient de l'unité originelle de l'acte de la *cogitatio*. Ainsi, entre «un corps en général» et «le corps d'un homme», la différence tient au principe d'unification: soit la quantité d'étendue, dont la (provisoire) permanence définit l'unité par une mesure, soit l'union à l'instance de la *cogitatio*, l'«âme», dont l'acte (qui ne cesse pas, parce que l'âme pense toujours) maintient l'unité même dans les variations de la partie d'étendue qui lui reste unie, pourvu et aussi longtemps qu'elle lui reste unie. Le corps ne devient pas humain en vertu de la mesure de sa quantité, mais par suite de son union à la *cogitatio*, qui, elle ne se mesure pas (quoiqu'elle seule mesure le reste) et maintient l'unité de ce qui, dans cette portion d'étendue correctement disposée, désormais mérite le titre de corps *d'un homme* et ne cessera pourtant pas de varier en quantité. Ainsi comprend-on rétrospectivement l'extraordinaire différence entre les *alia corpora* et le *meum corpus* qu'introduisit, sans précaution ni préparation, d'un coup, la seconde partie de la *Meditatio VI* (*supra* §16).

Reste à expliquer comment l'«âme» peut ainsi unifier une partie de l'étendue pour en faire «le corps *d'un homme*». On pourrait recourir ici à un argument que formulera Kant, mais que Descartes n'expose à notre connaissance jamais comme tel: l'unité du «corps d'un homme», unité que lui assure son union à l'âme, provient de l'instance qui exerce la *cogitatio* et qui déploie le principe d'unité qui définit la *cogitatio* elle-même, à savoir l'unité originairement synthétique de l'aperception; en effet, l'*ego* ne pense qu'en unifiant ce qu'il pense, soit par *intuitus* ou par *deductio*, puisqu'il ne pense rien sans s'affecter par sa propre pensée, donc s'identifier à et en elle sous la figure originaire du *videre videor* (*supra*, §13). L'*ego* ne se pense qu'en s'unifiant, donc il unifie tout ce qu'il pense,[1] et, plus que toute autre chose, ce qui s'unit à lui quand il pense, «le corps d'un homme». – Mais objectera-t-on, même si l'on admet cet argument anachronique, si donc l'on s'appuie, pour fonder l'union (de l'âme et du corps), sur l'unité de la *cogitatio*, ne confond-on pas ce qu'établissait la distinction de la *cogitatio* et de l'*extensio*? Comment une telle aperception originairement unificatrice de la pensée devrait-elle s'exercer au-delà du domaine des *cogitationes*, pourquoi pourrait-elle s'étendre jusqu'à l'étendue d'un corps, même du mien? De quel droit l'aperception originaire de l'*ego* cogitant pourrait-elle revendiquer «un certain droit spécial, *speciale quodam jus*» (VII, 75,30) sur une part de l'étendue? Un tel usage du principe d'unité dans la *cogitatio* (de l'aperception) dans l'étendue ne souffrirait pas seulement d'anachronisme, mais d'inconsistance. A cette objection, il suffit pourtant de répondre par le paradoxe de la troisième notion primitive: l'union ne peut contredire la distinction (entre les deux premières notions primitives), parce qu'elle ne s'y réfère pas et donc n'en dépend pas, puisque, en tant même que primitive, elle instaure un nouveau commencement, qui n'a pas à se rendre compatible avec les autres notions primitives, mais en partage la primordialité en l'exerçant sans compromis, ni relation. L'union précède et redéfinit ce qu'elle unit, l'âme et le corps («d'un homme») en un nouveau terme, *meum corpus*; elle n'a pas à se rendre compatible avec la distinction entre les deux autres notions primitives, mais n'obéit qu'à sa propre institution. La question devient donc beaucoup plus simple: il s'agit simplement de comprendre pourquoi l'*ego* doit, pour penser et selon ses propres exigences de cogitant, s'unir à une portion d'étendue, qu'ainsi il unifie en un «corps d'homme» ou *meum corpus*? En quoi l'étendue peut-elle non seulement s'unir à la pensée,

---

[1] Ne pourrait-on pas comprendre ainsi la déclaration des *Passions de l'âme*, §32 (XI, 353,4-5): «Nous n'avons qu'une seule et simple pensée d'une même chose en même temps»?

mais lui emprunter son principe d'unité?

Sans doute parce que la pensée elle-même demande cette union au corps pour s'accomplir comme pensée. L'*ego* se laisse d'abord définir comme *res cogitans*, c'est-à-dire comme une chose «...dubitans, intelligens, affirmans negans, volens, nolens, imaginans quoque et sentiens». [1] Reste que la *cogitatio* ne peut d'elle-même sentir, alors qu'elle peut d'elle-même douter, entendre, vouloir et imaginer; car pour penser selon le sentir, il faut ressentir, et ressentir suppose la passivité d'une advenue arrivant de l'extérieur. Cette extériorité de la pensée, autrement dit cette passivité ne peuvent pas s'accomplir selon la seule spontanéité (active) de l'aperception; il y faut une instance permettant la réceptivité (passive) de la perception, donc un corps: «Sentire? Nempe etiam hoc non sit sine corpore – Sentir? Cela ne peut certes pas être sans aussi un corps» (VII, 27, 5-6). Corps doit évidemment s'entendre ici comme le corps d'un homme, c'est-à-dire comme le corps de l'union: «Mais il y a deux sortes de plaisirs: les uns qui appartiennent à l'esprit seul, et les autres qui appartiennent à l'homme, c'est-à-dire à l'esprit en tant qu'il est uni au corps». [2] Mais le propre du corps d'un homme, du corps de l'union, bref du *meum corpus*, ne réside pas dans l'addition d'une parcelle d'étendue à la pensée (comment deux étants hétérogènes pourraient-ils devenir ainsi contiguës en sorte de s'additionner?). En fait, si le corps d'un homme se distingue de l'étendue par son principe d'unité, il se distingue aussi de la pure pensée en ce qu'il peut seul rendre la *res cogitans* non plus seulement active, mais passive, susceptible d'affection; et l'esprit mérite le titre de corporel dans l'exacte mesure où il affecte le corps de l'union: «Si enim per *corporeum* intelligatur id omne quod potest aliquo modo corpus afficere, mens etiam eo sensu corporea erit dicenda. – Si par *corporel* on entend tout ce qui peut affecter

---

[1] VII, 28, 20-22, voir 34, 18-21 et *supra* §16.
[2] *A Elisabeth*, 1er septembre 1645, III, 284, 6-9.

de quelque manière le corps, en ce sens l'esprit aussi peut être dit corporel».[1] Et si l'esprit devient corporel en affectant le corps, il le devient a *fortiori* et encore plus et au premier chef en se laissant affecter par le corps de l'union. Il devient ainsi esprit exposé à des passivités, à des passions: «Notre âme n'aurait pas sujet de demeurer jointe à son corps un seul moment, si elle ne les pouvait [*sc.* passions] ressentir».[2] L'esprit ne sent que par le corps, seule instance de la passivité. Ressentir des «...affectus, sive animi pathemata –...des sentiments ou passions de l'âme» signifie penser avec «...confusae quaedam cogitationes, quae mens non habeat a se sola, sec ab eo quod a corpore, cui intime conjuncta est, aliquid patiatur. –...des pensées confuses que l'âme n'a pas de soi seule, mais de ce qu'étant étroitement unie au corps, elle reçoit l'impression des mouvements qui sont en lui».[3] Les passions de l'âme désignent d'abord l'ensemble de toutes les formes de la passivité, qui ne lui advient que quand et dans la mesure où elle prend corps dans *meum corpus* et devient ainsi, pour la première fois, capable de passivité, donc apte à penser sur le mode du sentir. L'*ego* ne déploie effectivement son *modus cogitandi* du sentir qu'en passant

---

[1] *A l'Hyperaspiste*, août 1641, qui continue: «Sed si per *corporeum* intelligatur id quod componitur ex ea substantia quae vocatur corpus, nec mens, nec etiam accidentia, quae supponuntur esse realiter a corpore distincta, corporea dici possunt; atque hoc tantum sensu negari solet mentem esse corpoream» (III, 424, 15 - 425, 3). Voir *A Arnauld*, 29 juillet 1648: «...si enim per corporeum intelligamus id quod pertinet ad corpus, quamvis sit alterius naturae, mens etiam corporea dici potest, quatenus est apta corpori uniri; si vero per corporeum intelligimus id quod participat de natura corporis, non majus ista gravitas quam mens humana corporea est» (V, 223, 7-13).

[2] *A Chanut*, 1er novembre 1646, IV, 538, 9-11.

[3] *Principia Philosophiae IV*, §190, VIII-1, 317, 23-27 = IX-2, 312. Voir: Ou encore: «...cette amour raisonnable est ordinairement accompagnée de l'autre, qu'on peut nommer sensuelle ou sensitive, et qui, comme j'ai sommairement dit de toutes les passions, appétits et sentiments en la page 461 des mes *Principes* français, n'est autre chose qu'une pensée confuse excitée en l'âme par quelque mouvement des nerfs» (*A Chanut*, 1er février 1647, IV, 602,24 - 603,1). L'exemplaire de l'Institut de l'édition Clerselier des *Lettres* (t.1, p.108) renvoie précisément à *Principes IV*, §§189-190.

de la simple distinction (où le corps reste une étendue pensable) à l'union (où le *meum corpus* devient une étendue *disposée* à permettre la pensée passive, la pensée par réception). La *res cogitans* n'investit son mode final de pensée, la sensation comme pensée enfin passive, qu'en prenant chair dans le *meum corpus*. Ainsi l'union déploie-t-elle plus complètement (dans la *Meditatio VI*) les possibilités de la *res cogitans* que ne le permettait la distinction (dans les *Meditationes I-V*). D'où sa primauté en dernière instance et finalement prioritaire sur les deux autres notions primitives.

Une objection reste pourtant possible: si la pensée confuse qui advient par *meum corpus* me fait penser malgré moi («absque ullo meo consensu», VII, 75, 10-11), donc s' «...il n'est pas en notre pouvoir de faire que nous ayons un sentiment plutôt qu'un autre –...ut unum potius quam aliud sentimus», [1] on comprend très bien que la première affection passive de l'âme consiste en une douleur: «...mentis nostrae corpus quoddam magis arcte quam reliqua alia corpora conjunctum esse, conludi potest ex eo quod perspicue advertamus dolores aliosque sensus nobis ex improviso advenire. – Nous devons conclure aussi qu'un certain corps est plus étroitement uni à notre âme que tous les autres qui sont au monde, parce que nous apercevons clairement que la douleur et plusieurs autres sentiments nous arrivent sans que nous les ayons prévus». [2] L'union devrait donc rendre manifeste sa priorité de première notion primitive par le primat de la douleur sur tout autre affect. Or Descartes postule, tout à l'inverse, que «...la première passion a été la joie». Joie ou douleur, faut-il choisir?[3] Peut-être non. D'abord parce que la douleur s'oppose au plaisir, l'un et l'autre étant des sentiments se rapportant dans l'âme au corps, tandis que la joie s'oppose à la tristesse, l'un et l'autre relevant des passions dans l'âme,

---

[1] *Principia Philosophiae II*, §1, VIII-1, 40,11-12 = IX-2, 63.
[2] *Ibid*, §2, VIII-1, 41 = IX-2, 64.
[3] *A Chanut*, 1er février 1647, IV, 604, 31.

mais se rapportant à l'âme: il ne s'agit donc pas de termes rivaux et exclusifs. Mais surtout, tout comme la douleur, la joie doit sa priorité à son rapport absolument intime au *meum corpus*. En effet, la douleur me fait éprouver l'union en ce que ma chair se trouve affectée par la résistance d'un corps étendu extérieur qu'elle ne peut écarter ni éviter, ou, plus intimement encore affectée par elle-même en tant qu'elle éprouve une pénurie physiologique (faim et soif) et, l'éprouvant, s'éprouve d'autant plus elle-même; la douleur fait l'âme s'éprouver elle-même par le relai de la passivité de sa chair. Mais il en va semblablement pour la joie, définie comme «...une agréable émotion de l'âme, en laquelle consiste la jouissance qu'elle a du bien, que les impressions du cerveau représentent comme sien».[1] De quel bien jouit ainsi la joie primitive, pour mériter le titre de «première passion» (IV, 604, 31)? Il ne s'agit pas d'une priorité dans la déduction logique des passions (auquel cas l'admiration viendrait en premier), mais d'une priorité dans la chronologie, qui découle de l'histoire, non pas celle de «mon esprit», mais celle de *memu corpus*, celle de la prise de chair de l'*ego*: «...il n'est pas croyable que l'âme ait été mise dans le corps, sinon lorsqu'il a été bien disposé et que, lorsqu'il est ainsi bien disposé, cela donne naturellement de la joie».[2] Autrement dit: l'union ne lie pas la pensée à de l'étendue en général, mais à une portion d'étendue très particulière - susceptible de lui permettre de penser passivement et de se trouver affectée, c'est-à-dire ayant «...en soi toutes les dispositions requises pour conserver cette union».[3] La disposition signifie qu'à la simple position dans l'étendue (la figure toujours changeante, car susceptible de mouvement), le corps doit ajouter une organisation dont les variations quantitatives dans l'espace n'interdiront pourtant pas le fonctionnement organique, du moins

---

[1] *Passions de l'âme* §41, XI, 396, 5-6.
[2] *A Chanut*, 1er février 1647, IV, 604, 31-605,4.
[3] *A Mesland*, 9 février 1645, IV, 166, 21-22.

pour un temps (jusqu'à la mort); à cette condition seulement, la *dis*-position, le corps «en général» devient «le corps d'un homme», en l'occurrence *meum corpus*. Donc la joie tient sa priorité de la première prise de chair, ou plus exactement du caractère primordial de cette prise de chair. La cause de la joie rend ainsi possibles d'autres passivités, en leur assurant la passivité originaire du *meum corpus*; en particulier, la douleur, qui naît (dans la faim) de ce qu'un «...aliment a manqué»,[1] présuppose la cause de la joie, la prise de chair, donc vient paradoxalement d'une joie plus originaire. Il ne se trouve donc pas de contradiction entre le privilège symptomatique de la douleur et la priorité de la joie dans la description de *meum corpus* et de l'union qui le permet.

La troisième notion primitive apparaît donc bien, en un sens radical, la première - premier accomplissement de tous les modes de la *res cogitans*, première de toutes les passions dans la chronologie de la prise de chair.

---

[1] *A Chanut*, 1er février 1647, IV, 605,13.

Remarques sur l'utilité en théologie de la phénoménologie

I

A première vue, cette utilité est nulle. S'il faut en croire ici Heidegger – que l'on doit prendre ici au sérieux, puisque, disait-il encore en 1951, «...je viens de la théologie et je lui garde encore un vieil amour» – [1], on devrait tenir pour constant que «...le concept d'une phénoménologie catholique est même plus contradictoire que le concept de mathématique protestante». [2] Sur un mode plus trivial, des polémiques récentes ont d'ailleurs popularisé cette mise en garde, en soulignant que, par sa méthode et ses présupposés, la phénoménologie récuse dès son origine husserlienne le moindre «tournant théologique». [3] Pour autant, la pensée se prouve en pensant comme le mouvement se prouve en marchant, et nombre de travaux phénoménologiques ont, depuis, établi dans les faits que la phénoménologie non seulement pouvait s'appliquer à des questions théologiques, mais y trouvait un intérêt essentiel à son *propre* déploiement. Il n'est, pour s'en convaincre, que de considérer les derniers travaux publiés de Levinas, Ricoeur, Henry et Derrida, à ne s'en tenir qu'à l'aire francophone et qu'aux plus grands récemment disparus, sans

---

[1] *Séminaire de Zürich*, 6 novembre 1951, dans *Seminare*, G.A., t.15, p.437.
[2] *Les problèmes fondamentaux de la phénoménologie*, G.A., t.24, p.28.
[3] Par exemple D. Janicaud, *Le tournant théologique de la phénoménologie française*, Combas, 1991 et *La phénoménologie éclatée*, Combas, 1998. Voir aussi, plus précis sur nos positions et plus argumenté, J. Benoist, *L'idée de la phénoménologie*, Paris, 2001.

mentionner ceux qui poursuivent aujourd'hui cette puissante tradition. Une telle reprise en compte du champ théologique par des penseurs se réclamant de la phénoménologie frappe d'autant plus qu'elle concerne toutes les dénominations, tant chrétiennes que juives ou même explicitement athées. Il ne s'agit pas d'une restauration par des théologiens, ni du détournement par des idéologues d'une méthode philosophique, mais du mouvement spontané, voire involontaire, donc d'autant plus puissant de la phénoménologie elle-même, se déployant dans des champs pour elle nouveaux, mais qui, depuis toujours, renvoient à la théologie ou, si l'on préfère, à la philosophie de la religion, voire aux sciences religieuses. Nous avons nous-mêmes tenté, de poser une question de principe, formulée, en 1993, avec des termes que l'on pourrait aujourd'hui réviser: «Métaphysique et phénoménologie. Une relève pour la théologie?».[1] C'est à cette révision que nous voudrions procéder ici, bien entendu en esquisse.

Il faut commencer par recenser les obstacles qui, en théorie (c'est-à-dire ici en pratique théorique) semblent compromettre l'utilisation des procédures phénoménologiques dans le champ de ce qu'il reste convenu d'appeler la théologie. Convenu en ce sens que le débat suppose une distinction nette et ferme entre théologie et philosophie, distinction que, peut-être, la philosophie ne pourrait plus justifier aujourd'hui avec autant d'assurance que dans la période moderne antérieure. On peut relever trois obstacles.

D'abord l'athéisme méthodologique. Husserl le revendique au moment où il introduit la définition canonique de la réduction phénoménologique, en 1913: «L'existence d'un Etre "divin" extramondain [...] serait transcendant à la conscience "absolue"».[2] La réduction implique la mise entre parenthèses

---

[1] D'abord paru dans le *Bulletin de littérature écclésiastique*, XCIV/3, Toulouse, juillet 1993, repris dans *Le Visible et le Révélé*, Paris, 2005, avec d'autres études centrées sur cette même question (en particulier c.VI, «La banalité de la saturation», en réponse aux objections citées n.3).

[2] Husserl, *Idées directrices...I*, §58.

de toute transcendance, celle, horizontale pour ainsi dire, de l'objet intra-mondain (la région-monde), mais également celle, verticale, d'un Dieu exerçant la fonction de fondement pour le monde. En transportant le centre de la réduction du *Je au Dasein*, Heidegger restera fidèle à cette mise entre parenthèses: «La recherche philosophique est et reste un athéisme». [1] Ce que confirme, mais aussi nuance cet autre texte: «Le point de départ de l'ontologie fondamentale conduit avec soi *l'apparence* d'un athéisme individualiste et extrême». [2] La réduction, transcendantale ou existentiale (qui reste, en un sens, quasi transcendantale), implique de mettre entre parenthèses tout ce qui demeure extérieur à la conscience, toute transcendance, y compris donc celle de Dieu. L'athéisme se radicalise ici d'autant *plus* (et non pas d'autant moins) qu'il reste méthodologique (sans se dévaluer en athéisme dogmatique). Dieu ne relève simplement pas de la phénoménologie, parce qu'il échappe à la phénoménalité.

Le second obstacle tient au caractère dérivé, et en un sens problématique, de l'accès au monde lui-même. Soit (pour Husserl) le monde reste l'objet d'une reconquête - la reconquête de son existence en soi, contre le phénoménisme de l'héritage kantien; mais le danger d'un solipsisme reste toujours présent, ne fût-ce que dans l'ambiguïté du noème lui-même. Soit (avec Heidegger) l' «être-au-monde» suffirait à en finir avec l'objection kantienne (et husserlienne) d'un «scandale de la philosophie» – l'absence d'une démonstration convaincante de l'existence des choses matérielles; mais ce monde ne doit plus se définir comme étant subsistant (*vorhanden*), puisqu'il ne fait encontre dans l' «être-au-monde» que comme étant d'usage (usuel, *Zeug*, *zuhanden*), incapable de servir

---

[1] Heidegger: « Philosophische Forschung ist und bleibt Atheismus», *Prolégomènes à l'histoire du concept de temps*, §8, G.A. 20, p.109 sq.

[2] Heidegger: «...den *Schein* eines extrem individualistischen, radikalen Atheismus», *Metaphysische Anfangsgründe der Logik im Ausgang von Leibniz*, §10, G.A. 26, p.177, V. Klostermann, Frankfurt, 1978. Voir *Dieu sans l'être*, III, §2, Paris, 1982, p.102sq.

de fondement à une ontologie, encore moins à la ré-ouverture de la *Seinsfrage*, privilège réservé au seul *Dasein*. Dans ce contexte, devient parfaitement discutable le point de départ ontologique d'une théologie du monde réel.

Reste un troisième obstacle: la définition de ce qui vient après le sujet, au sens de la métaphysique. La réduction transcendantale demande-t-elle que l'exerce un *Je* lui-même transcendantal? Quelle validité un tel *je* pourrait-il garder au point de vue de la théologie? Peut-il prier et louer? Permet-il aussi de faire droit à un autrui quelconque, un *Tu* ou le *Il* (voire *Nous*), qui ne se résume ni à un objet (humain, empirique, dérivé), ni à un doublon abstrait [1] de ce *Je* (transcendantal)? Le *Je* transcendental, que semble imposer la réduction phénoménologique, pousse ici la menace de solipsisme en direction de l'intersubjectivité; même reconstruire une phénoménalité d'autrui par l'analogie et l'apprésentation, ou par le *On* (*das Man*) et les variations du *Mitsein*, ne fait que renforcer son caractère dérivé. En fait, cette difficulté se retourne vers le statut du *Je*: ne doit-on pas le concevoir, lui le *Je*, sur un mode non-transcendantal? Mais le peut-on et à quelle condition?

Ces trois clôtures de la transcendance (Dieu, le monde et autrui), qui semblent fermer trois des dimensions primordiales du champ de la théologie chrétienne, résultent toutes de la réduction, qui ne peut que privilégier l'égoïcité transcendantale. La question devient donc unique sous trois figures différences: la réduction n'interdit-elle pas par principe l'accès de la phénoménologie au domaine revendiqué par la théologie - Dieu se révélant à partir de lui-même, le monde comme créé à titre de «livre de la Nature» écrit par Dieu et la communauté originaire de celui que *Je* est avec les *alter ego*? Jamais la théologie ne semblerait donc, sans se perdre, pouvoir substituer à ses éventuels présupposés philosophiques des présupposés phénoménologiques.

---

[1] Husserl, *Méditations Cartésiennes*, §53, Hua.I, La Haye, 1963, p.146 (voir Heidegger, *Etre et Temps*, §26, Tübingen, 1927^1, 1963^{10}, p.124).

La phénoménologie pose ainsi à la théologie, même dans son «athéisme» de méthode, la question en général de présupposés philosophiques. Mais cette deuxième interrogation, de méthode, pourrait mettre la phénoménologie encore plus essentiellement en question que la théologie.

II

Car la phénoménologie ne se définit pas une fois pour toutes. Elle se caractérise par des nouveaux résultats, qui s'accumulent en elle à mesure qu'elle progresse. La phénoménologie se développe depuis ses origines comme une philosophie en avance sur elle-même et donc aussi sur ses *a priori*, une philosophie où ce qui vient en second détermine toujours ce qui venait en premier. Sa méthode s'exerce à rebours et *a posteriori* de l'origine, ou plutôt de l'originel, par rapport auquel le commencement semble toujours en retard. Examinons donc la phénoménologie à partir de ses avancées, que le commencement ne fait encore qu'esquisser et pressentir.

La première avancée concerne le droit d'apparaître ou, plus exactement, l'apparaître comme ce qui assure un droit à la phénoménalité. «*Au principe de tous les principes*: que *toute intuition originairement donatrice* soit *une source de droit de la connaissance*, que *tout* ce qui *s'offre* à nous *originairement dans l'"intuition"* (autant dire dans une effectivité charnelle), *doit se recevoir simplement comme il se donne*, mais aussi *seulement dans les limites où il se donne*, en cela aucune théorie sophistiquée ne peut nous induire en erreur».[1] L'apparence vaut pour l'apparaître, parce que l'apparence offre déjà, *en tant que telle*, un être apparaissant: «Autant d'apparence,

---

[1] Husserl, *Idées directrices...I*, §24, Hua.III, éd. W. Biemel, La Haye, 1950, p.52.

autant d'être (*Soviel Schein, soviel Sein*)». [1] D'où il suit que ce qui apparaît ne se réfère plus, fût-ce négativement, comme une pure apparence à l'être; en effet, à titre d'apparence, il apparaît déjà et donc jouit du *droit de toute* phénoménalité. En quoi? En ce que tout ce qui apparaît, de quelque manière et à quelque degré qu'il pratique l'apparence, déjà s'offre et, en s'offrant, se montre. Heidegger reconnaît le phénomène comme «...ce qui se montre, le Se-montrant, le manifeste (*das, was sich zeigt, das Sichzeigende, das Offenbare*) [...] le *se-montrant-en-lui-même* (*das Sich-an-ihm-selbst-zeigende*), le manifeste». Il s'ensuit que «Phénoménologie veut donc alors dire: *apophainestai to phainomenon*: laisser se montrer à partir de lui-même ce qui se montre comme il se montre à partir de lui-même». [2] C'est en soi que le phénomène se montre, comme la chose même qu'il redevient, contre la scission kantienne du phénomène et de la chose en soi. L'en-soi se manifeste en et à partir de lui-même, à sa propre initiative. Mais pour accomplir ce retournement, il faut plus que l'auto-monstration du phénomène: ce qui se montre ne se montre à partir de lui-même, précisait Husserl, qu'à l'exacte mesure où il *se donne*. Se montrer *en personne* ne se peut que si ce qui se montre *se donne* aussi et d'abord. D'où le nouveau principe: «Autant de réduction, autant de donation». La donation, comprise comme le mouvement de s'engager et de s'abandonner au et à titre de donné définit la légitimité phénoménologique de l'apparaître. Il n'apparaît en personne qu'autant qu'en se montrant, il se montre *lui-même*, c'est-à-dire qu'il *se donne*.

Ainsi la réduction n'aboutit donc finalement pas à la subjectivité de l'*Erlebnis*, mais, au contraire, le vécu de conscience n'a autorité dans la

---

[1] Husserl, *Méditations Cartésiennes*, §46, Hua.I, p.133, le reprend de Herbart, *Hauptpunkte der Metaphysik*, Göttingen, 1806, dans *Sämtliche Werke*, Langensalza, 1887^1, Frankfurt, 1968^2, p.187 et Heidegger le maintient en *Etre et Temps*, §7, *op.cit.*, p.36.

[2] Heidegger, *Etre et Temps*, §7, *op.cit.*, p.28 et 36.

phénoménalité qu'autant qu'il constitue la donation où le phénomène s'engage en personne. Pas seulement pour se laisser constituer en un objet, ni en un étant, mais pour se faire voir en tant que donné. Tout ce qui se montre se donne, même si tout ce qui se donne ne se montre pas.

Cette avancée première induit deux autres corollaires. – D'abord un corollaire ontologique, ou plus exactement *mé-ontologique*: si la réduction s'accomplit en vue du donné et selon le critère de la donation de ce qui se montre, il n'y a aucune raison contraignante de lier l'entreprise phénoménologique (la réduction) directement à la question ontique ou ontologique. Sauf à considérer que l'instance ontique ou ontologique comme une des réponses à, et l'un des noms de l'auto-donation elle-même, ce qui peut se concevoir, mais n'a rien d'inévitable. Il n'y aurait pas lieu de s'inquiéter que l'ontologie au sens métaphysique y devienne impraticable. Il n'y aurait surtout aucun motif de soumettre la *Gottesfrage* à la *Seinsfrage*, au risque d'y produire la figure idolâtrique qu'induit une part de la pensée de Heidegger. L'auto-manifestation de Dieu se donne parce que toute manifestation se mesure formellement à l'aune de la donation en elle, donc par excellence celle de Dieu; mais aussi parce que Dieu se donne d'autant plus qu'il se donne réellement lui-même comme don au sens radical et insurpassable de «Dieu est amour» (*1 Jean* 4,8). Et donc sa manifestation (son auto-révélation) doit s'entendre et se recevoir comme elle s'annonce et se donne, d'abord comme don et amour, avant toute autre détermination et horizon, même ceux de l'étantité et de l'objectité. Si «Dieu est plus grand que mon coeur» (*1 Jean* 3,20), *a fortiori* est-il plus grand que le plus vaste concept de mon entendement, le *conceptus entis*. La phénoménologie ne peut pas ne pas libérer ainsi la *Gottesfrage* des limites de la *Seinsfrage*.

D'où le deuxième corollaire, qui spécialise le premier en en déduisant le refus d'identifier tout phénomène à un objet. Si le phénomène se montre à la mesure où il se donne, alors il apparaît infiniment plus en tant qu'il advient comme un événement qu'en tant qu'il subsiste, permanent, comme un objet. Le statut d'objet reste au contraire un cas extrême, rare et provisoire d'une phénoménalité épuisée de toute événementialité, hypothèse de laboratoire et expérience de pensée, toujours déjà reprise par l'évenementialité même de cette expérience et de cette pensée. Il faut donc, en bonne phénoménologie actuelle, substituer à la distinction des objets en phénomènes et noumènes (instaurée par Kant et reprise par tout l'héritage néo-kantien de la philosophie analytique en particulier) la distinction des phénomènes en objets d'une part et événements de l'autre. [1] D'où suit une redéfinition, radicalement non-métahysique, des modalités du possible et de l'impossible. On peut les entendre en effet de deux manières opposées. Soit le possible reste pré-pensé à partir de l'essence, elle-même pré-déterminée à partir du concept conforme au principe de non-contradiction et en simple attente de l'effectivité, qu'assurerait le principe de raison suffisante (*existentia, complementum possibilitatis*). Soit le possible, entendu comme l'inattendu, sans prévision de l'essence possible par représentation, voire à son encontre, s'attend comme un événement advenant à partir de soi se donnant. Ce tournant radical porte une nouvelle lumière sur d'éventuels phénomènes qui, libérés des interdits de la métaphysique *a priori*, apparaîtront désormais comme événements possibles en un sens neuf, c'est-à-dire comme objets impossibles au sens des postulats de la pensée empirique en général.

III

De ces modifications profondes des termes originaires de la phénoménologie, il s'ensuit au moins deux nouvelles opérations. Le phénomène saturé et l'adonné.

Le phénomène en son acception classique, formellement commune à Kant et Husserl, se définit par la dualité en lui de l'intuition (de remplissement) et de l'intention (la signification ou le concept). Lorsque que l'intuition remplit, fût-ce

---

[1] Voir notre analyse dans *Certitudes Négatives*, c.V, §27, Paris, 2010.

partiellement mais suffisamment, le concept, elle le valide et en retour ce concept identifie l'apparence du divers en un apparaître d'objet. Et si exceptionnellement l'intuition remplit le concept (ou la signification) sans reste, adéquatement, bref si l'intuition égale le concept intentionné, on parlera d'évidence: dans ce cas, la validation atteint le niveau d'une vérification complète et l'évidence, cet envers subjectif de la vérité, s'accomplit. Mais ni Kant ni Husserl n'envisagent une troisième disposition: il se pourrait en effet que l'intuition non seulement fasse défaut ou équivaille à la signification, mais qu'elle le *surpasse*. Surpasser veut dire ici que l'intuition surgit sans proportion avec le concept ou la signification censés la synthétiser, la constituer et la rendre concevable. Bref, le divers de l'intuition pourrait, parfois et sans doute plus souvent que nous ne le pensons, ne pas se laisser synthétiser ni constituer par un concept ou une signification à sa mesure. Auquel cas l'intuition déborde le ou les concepts censés lui fixer sa signification et n'apparaît plus comme un objet. Il s'agit alors d'un phénomène saturé, où l'intuition sature ce que peuvent comprendre signification ou concept. Mais qu'il n'apparaisse pas comme un objet n'interdit pas au phénomène saturé d'apparaître pourtant sur un autre mode et d'apparaître à un *Je*, qui, du même coup, devra aussi passer à un autre mode que celui d'un *Je* transcendental. Ainsi au phénomène saturé répond le *Je* comme l'adonné. Le phénomène saturé inverse et complète ainsi la détermination catégoriale du phénomène comme un objet.

Précisions les traits du phénomène saturé, en inversant le fil conducteur des catégories de la phénoménalité fixées par Kant. Selon la quantité: au lieu d'être prévisible selon des axiomes de l'intuition (tout phénomène a une quantité qui peut se prévoir à partir de la somme de ses parties), il se trouve des phénomènes saturés imprévisibles, parce qu'ils outrepassent la somme de leurs parties. Ce qui se nomme *l'événement*, qui surgit sans cause connue d'avance, sans qu'aucune prévision ne le fasse voir d'avance, ni même concevoir globalement et qui ne cesse de se prolonger en surpassant les conséquences par d'autres aussi imprévisibles que les premières.

Selon la qualité: au lieu d'être endurés suivant les anticipations de la perception (tout phénomène a une qualité, qui lui assigne un degré, selon lequel se mesure sa réalité), il se trouve des phénomènes saturés insupportables selon la qualité, parce qu'ils outrepassent le degré d'intensité que peut endurer une sensibilité finie. Ce qui se nomme *l'idole*, qui impose au regard un tel degré d'intuition qu'elle le comble au point que ce regard ne peut plus organiser l'intuition en objet et ne l'éprouve plus comme un spectacle d'objet, mais comme un état du sujet subissant ce qu'il ne parvient plus à synthétiser, bref comme le miroir invisible de ce regard même.

Selon la relation : au lieu de se relier à un autre phénomène selon les analogies de l'expérience (aucun phénomène objet ne pourrait apparaître s'il n'était lié par concept à un autre, comme accident à une substance, comme un effet à sa cause, comme une substance à un autre substance), il se trouve des phénomènes saturés absolus de toute relation, parce qu'ils adviennent sans autre références qu'à eux-mêmes. Ce qui se nomme par excellence *ma chair*, relative à elle-même seulement et qui s'affecte par soi seule avant (et afin) de pouvoir se laisser ensuite affecter par autre chose.

Selon la modalité enfin : au lieu de se rapporter par principe au regard du *Je* selon les postulats de la pensée empirique en général (aucun phénomène ne peut se synthétiser en un objet, s'il ne se rapporte pas aux conditions soit formelles pour la possibilité, soit matérielles pour l'effectivité, soit universelles pour la nécessité de l'expérience), il se trouve des phénomènes saturés libres des exigences du regard transcendantal, des phénomènes irregardables et inconstituables en objets à l'intérieur d'un champ phénoménologique fini. Ce qui se voit par excellence dans *le visage* d'autrui ou icône, qui, me faisant face, me regarde sans se laisser envisager.

Dans tous ces cas, demandera-t-on, la résistance irréductible aux conditions *a priori* de l'objectivation n'interdit-elle pas tout simplement la phénoménalité ? C'est ce qu'assume la métaphysique (Kant) et même la première phénoménologie (Husserl en 1913). C'est ce qu'a contesté progressivement, de fait et de droit, toute la phénoménologie depuis Levinas. Car il reste une autre hypothèse: que les phénomènes apparaissent vraiment, même sans se soumettre ni à synthèse ni à constitution, sans passer sous les fourches caudines de l'*a priori*, formel ou matériel. Admettre des phénomènes non aliénés à leurs prétendues conditions de possibilité n'implique pas leur impossibilité à apparaître, mais seulement que leur apparaître se déploie à l'encontre des conditions de la finitude du *Je*, en d'autres termes que la parence, la *doxa* se déploie contre l'attente et la capacité du *Je*, sous le titre donc du *para-doxe*, de la contre-parence. Le paradoxe ne nomme pas un non-apparaître, mais un apparaître qui contrevient aux conditions finies de l'apparaître, c'est-à-dire une contre-expérience. La contre-expérience n'implique pas de suspendre l'apparaître, mais une phénoménalité réglée par la chose même qui apparaît, et non plus par la mesure de la réceptivité de notre regard, pour qui elle ne peut apparaître qu'à contre-sens. Contre-expérience signifie qu'apparaît à la fois la chose même *et* les perturbations que son excès impose au récepteur de l'apparaître. A cette condition sans conditions s'accomplit le célèbre, mais habituellement incompris «retour aux choses mêmes!»: car nous ne retournons à elles qu'en admettant leur en-soi, c'est-à-dire ce que leur apparaître ne se laisse pas soumettre aux conditions d'objectivation selon notre *a priori*. Ainsi s'accomplit jusqu'à son terme la réduction phénoménologique: le donné doit se laisser recevoir comme il se donne, précisément comme donné sans autre limite, dans le cas d'une intuition saturante, que le débordement de l'objet.

La contre-expérience implique une remise en question, donc une remise du *Je* lui aussi le premier à la réduction au donné. Comment penser un *Je* conformé aux exigences du donné, donc parfois confronté au phénomène saturé? En le pensant selon les exigences du donné non plus comme ce qui comprend en un objet, par une constitution, mais comme ce qui le reçoit sans lui fixer *d'a priori*. Que signifie de ne pas lui fixer *d'a priori*, sinon qu'il s'impose lui-même comme l'*a priori* par excellence? Il faudrait donc penser le *Je*, lui aussi et lui le premier, *comme donné*, comme le premier donné. Premier donné veut dire: celui qui, en recevant le donné, ne le précéderait pas, ne l'attendrait pas déjà embusqué au coin de la donation à laquelle il se refuserait de prendre part. Seul un *Je* déjà et d'emblée inclus dans la donation pourrait s'exposer loyalement au possible phénomène saturé, au possible excès de l'intuition, à la possible contre-expérience. Un tel *Je* ne devrait donc plus recevoir le donné en restant hors de la donation, mais *se recevoir lui-même* en même temps et en tant qu'il reçoit le donné qui se montre - se recevoir soi-même comme autant donné (voire plus) que ce qui se donne et ainsi, éventuellement, se donne à lui. Un tel *ego* donné d'emblée et sans réserve satisferait alors seulement aux exigences de la donation, dont il admettrait alors l'unique *a priori*. Un tel *ego* décidément *a posteriori* ne peut plus se concevoir comme un *moi* empirique (qui n'a de sens que par opposition à un *Je* transcendantal). Il faut le nommer un *ego* adonné - celui qui ne surgit à lui-même (ne revient à lui-même, ne reprend conscience, y compris conscience de soi) qu'autant, qu'au moment et qu'aussi souvent qu'il reçoit un donné, fût-il hors de proportion avec son attente et sa capacité de réception. L'adonné ne naît qu'avec le donné dont il se reçoit en le recevant.

Si le moment présent de la phénoménologie la fait aboutir à ces deux résultats, alors le phénomène saturé et l'adonné (et il se pourrait que notre nomenclature ne se limite pas anecdotiquement à une "tendance" parmi d'autres, mais qu'avec les médiations et les interprétations requises elle fasse droit à maintes autres nomenclatures qui reviennent en un sens radical *au même* qu'elle), quelles conséquences s'en suivraient-elles? Ce n'est pas ici le lieu d'esquisser ces conséquences pour la philosophie phénoménologique, bien qu'elles aient commencé sous nos yeux à se déployer. C'est en revanche le lieu d'examiner les conséquences, au moins possibles, de ces résultats pour la théologie chrétienne.

IV

La théologie, justement parce qu'elle doit suivre les exigences absolument propres à l'événement (et précisément pas à l'objet) qui la convoque, ne cesse de s'appuyer sur des concepts, ceux de chaque époque, mais toujours pour les rectifier et les amender afin de répondre à ce dont il s'agit. Or il s'agit d'une révélation, de l'auto-révélation de Dieu dans le Christ, Jésus. Parmi ces langages et concepts, on a pu privilégier celui de l'être (entendu selon la *metaphysica* ou la *Seinsfrage*), avec aussi ses dérivés, l'herméneutique, la dialectique, la rhétorique, etc. Il faudrait pourtant considérer un caractère primordial de la Révélation de Dieu: en termes bibliques, elle se présente comme une affaire de manifestation, donc de phénoménalité: «La lumière apparaît (*phanei*) dans la ténèbre et la ténèbre n'a pas pu la saisir» (*Jean* 1,5). Et elle apparaît par rapport à l'obscurité qu'elle signale par contraste, comme «...une lampe qui brille dans un lieu obscur» (*2 Pierre*, 1,19), en sorte qu'il luit revient de faire disparaître l'obscurité à mesure de sa manifestation: «La ténèbre passe et déjà la vraie lumière apparaît» (*1 Jean*, 2,8). De ce caractère radicalement phénoménal de la Révélation s'ensuivent deux conséquences inévitables et directement liées.

Le premier point essentiel tient à la crise que provoque la manifestation de Dieu: la visibilité de Dieu met en évidence l'invisibilité de tout ce qui n'apparaît pas dans cette manifestation. En effet, la lumière ne peut paraître que par contraste à ce qu'elle fait paraître comme précisément n'apparaissant pas; elle fait paraître l'inapparence de la ténèbre, en tant qu'elle fait apparaître la lumière. La Révélation du Christ, index d'elle-même, s'impose aussi comme l'index de ce qu'elle rejette, ou plutôt de ce qui la rejette. Une telle distinction entre ce qui apparaît et ce qui n'apparaît pas, le monde ne la voit précisément pas, parce que les deux termes ne se voient pas l'un l'autre. Ou plus exactement le monde ne voit pas ce qui n'apparaît qu'à Dieu, qui lui voit ce qui apparaît et ce qui se dissimule. Ainsi les «hypocrites apparaissent (*phainôsin*) aux hommes» lorsqu'ils prétendent prier devant eux, tandis que «le Père, le tien, qui voit dans le secret», voit la vraie prière, qui, elle, n'apparaît pas «au dehors, aux hommes» (*Matthieu*, 6,4-5). Certes, «...la vie s'est montrée (*ephanerôthê*), nous l'avons vue, nous en témoignons et vous annonçons la vie éternelle, qui était d'auprès du Père et qui nous est apparue (*ephanerôthê*)» (*1 Jean*, 1,2), mais «...ce que nous serons n'est pas encore manifeste (*oupô ephanerôthê*)» (*ibid.*, 3,2; voir *Colossiens* 3,4). La lumière où se manifeste l'auto-révélation de Dieu met en crise le visible tout entier, parce que la visibilité de Dieu, par son inévitable *excès*, rend comparativement toute autre visibilité obscure, au point que cette lumière qui se découvre obscurcie par contraste, peut vouloir s'exercer elle-même comme un obscurcissement volontaire - comme ce qui voudrait non seulement résister à la lumière, mais «l'engloutir et l'offusquer (*katalambanein*)» (*Jean*, 1,5).

Ainsi s'impose l'autre point essentiel: ce conflit de phénoménalités qu'elle ne peut pas ne pas provoquer se vérifie et s'accomplit dans le détail de toute la vie du Christ, dans la manifestation de Jésus de Nazareth *comme* le Christ. La manifestation du Christ s'accomplit comme celle d'un phénomène et d'un phénomène inobjectivable, inconstitutable, irréductible à ceux qui le voient, portant à l'extrême les caractères du phénomène saturé.[1] Le Christ s'impose comme le phénomène sans comparaison, ni antécédent, car «...jamais rien de semblable n'est apparu (*ephanê*) en Israël» (*Matthieu* 9,38). Il s'agit d'un «...éclair qui part de l'Orient et se manifeste (*phainetai*) jusqu'à l'Occident» (*Matthieu* 24,27); or l'éclair ne désigne pas une lueur constituant l'attribut accidentel d'un objet ou d'un étant par ailleurs subsistant dans son substrat obscur; l'éclair ne consiste qu'en sa manifestation; non que lui manque un substrat, mais parce que son caractère d'événement se découvre si parfaitement que rien en lui ne reste non manifesté et que s'il consiste, il ne consiste que dans cet événement qui (se) passe entier dans son apparaître. Phénomène qu'à ce lieu son pur éclat assigne, le Christ fait la lumière comme un éclair

---

[1] Nous avons ailleurs déjà esquissé un abord du Christ non seulement comme phénomène, mais comme phénomène saturé. Voir *Etant donné. Esquisse d'une phénoménologie de la donation*, §24, Paris, 1997¹, 2005³.

tranche la nuit et la fait disparaître comme telle. La question sur Jésus - faut-il y reconnaître le Christ, le Fils du Père? – se décide entièrement en termes de manifestation, c'est-à-dire de phénoménalité: que faut-il admettre comme un apparaître de plein droit, que faut-il récuser comme apparence sans droit d'apparaître (imposture, illusion, «blasphème»)? La décision de foi, qui finalement tranche, relève de l'acceptation (ou du refus) de phénomènes saturés, qui échappent à notre pleine constitution, parce qu'en eux l'excès d'intuition (de gloire, de manifestation, etc.) outrepasse incomparablement ce que nos concepts (nos paroles, nos pensées,etc.) peuvent y reconnaître.[1] Tout homme se retrouve en dernière instance dans la situation de Pierre, témoin de la Transfiguration et qui «...ne savait pas ce qu'il disait» (*Luc* 9,33), ou des pélerins d'Emmaüs, qui voient sans comprendre, «stupides et lents à croire» (*Luc* 24,25).[2] La foi consiste, en termes phénoménologiques (et augustiniens) à croire une signification par nous indéfinissable, une intentionnalité par nous invisible, un concept par nous inconcevable, pour comprendre *à partir de lui-même* un phénomène dont l'intuition nous excède.

---

[1] La question n'est pas phénoménologique parce qu'il y aurait une difficulté à voir Jésus, mais parce qu'il y a extrême difficulté à le voir *comme* Fils du Père: pour proclamer «Vraiment cet homme était Fils de Dieu» (*Marc* 15,39), il faut «regarder le séisme» (*Matthieu* 27,54), «regarder ce qui s'est passé» (*Luc* 23,47), c'est-à-dire voir l'événement de la Croix dans la lumière de la prophétie de *Zacharie* 12,10, «Ils lèveront les yeux vers celui qu'ils ont transpercé» (comme en *Jean* 19,38); autrement dit voir le phénomène comme il se donne, du point de vue de Dieu même sur Jésus. Seul ce dispositif (voir le phénomène comme il se donne, du point de vue de son en-soi et non comme nous le constituons en un objet parmi d'autres) permet de voir le Père en regardant le Christ, ou, ce qui revient au même de voir Jésus *comme* le Christ (*Jean* 8,9; 14,9; 16,3). Mais, pour entrer dans le renversement phénoménologique et le cercle herméneutique qui font dire, donc d'abord *voir* que «Tu es le Christ, le fils du Dieu vivant», il faut, comme à Pierre, que le Père lui-même le donne à qui le dit (*Matthieu* 16,13-17).

[2] Pour une lecture de ce récit en termes de phénomène saturé, voir «Ils le reconnurent lui-même et il leur devint invisible», *Le voir pour le Croire. Réflexions sur la rationalité de la Révélation et l'irrationalité de quelques croyants*, Paris, 2010, p.195 sq.

Dès lors, toute la vie publique de Jésus, c'est-à-dire toute sa manifestation comme le Christ, se joue en termes d'apparaître et de phénoménalité. – Ainsi ce que nous nommons trop vite des miracles consiste en fait, comme l'action d'éclat faite à Cana, en une manifestation: «Ce fut le commencement des signes de Jésus à Cana de Galilée, et il manifesta sa gloire (*ephanerôsen tên doxan*) et ses disciples crurent en lui» (*Jean* 2,11). – Ainsi la Transfiguration, où le Christ «se fait voir (*ôphthê*)» (*Matthieu* 17,3 = *Marc* 9,4 & *Luc* 9,30), anticipe-t-elle sur la Résurrection, où «il se fait voir» dans les mêmes termes et situations (*Luc* 24,34 = *1 Corinthiens* 15,5). A savoir d'abord *à partir de lui-même et à son initiative*, non pas comme un phénomène objectif qui se montrerait à notre initiative, mais comme un événement qui advient quand et «...où il veut» (*Jean* 3,8). Ensuite selon une intuition saturante, qui excède ce que permet notre mode d'expérience dans ce monde: «la forme (*eidos*) de son visage devint autre» (*Luc* 9,29), il «...se métamorphosa devant eux» (*Marc* 9,3), au point que la «blancheur excessive (*lian*)» de son vêtement dépassait ce qu'«...aucun foulon *sur cette terre* (*epi tês gês*) pourra jamais blanchir» (*Marc* 9,3). Jésus se manifeste comme le «Fils aimé» du Père en revêtant une blancheur d'un autre monde, imposant une intuition saturante dans celui-ci. – Ainsi et par excellence la Résurrection impose-t-elle «une autre forme (*etera morphê*)» (*Marc* 16,12), pour que le Christ «se manifeste (*ephanê*)» à Marie Madeleine (*Marc* 16,9), comme il «se manifesta (*ephanerôthê*)» aussi aux disciples (*Jean* 21,14, voir 21,1). Ici l'excès d'intuition sur tout concept culmine, puisque la résurrection d'un mort définit précisément ce qui nous reste inconcevable, c'est-à-dire en termes métaphysiques, impossible: ce que le concept interdit. Mais cette impossibilité caractérise aussi et tout aussi exactement le propre de Dieu: «Il n'est rien d'impossible à Dieu (*ouk adunatêsei para tou Theou pan rêma*)» (*Luc* 1,37, citant *Genèse* 18,14).[1]

---

[1] Sur l'impossible comme le propre de Dieu non seulement pour la théologie (转下页)

Une christologie, si le terme peut avoir un sens non tautologique, consisterait d'abord à considérer les différents types de phénomènes de chacune des manifestations de Jésus que nous rapportent les textes néo-testamentaires. Ainsi pourrait-on, avant de prétendre mesurer le degré d'authenticité des *logia* et des témoignages, commencer par repérer leurs modes de phénoménalité, y distinguer les phénomènes objectifs des phénomènes saturés, et parmi ceux-ci quels relèvent de l'événement, de l'idole, de la chair et ou de l'icône, quels combinent plusieurs de ces types de saturation, quels les mobilisent tous, sur quels concepts et significations s'exerce en chaque cas la saturation intuitive, etc. En effet, les discussions sur l'authenticité comparée de tel ou tel *logion*, sur l'ancienneté de telle ou telle péricope, sur la sincérité de telle ou telle tradition textuelle et sur la validité de tel ou tel témoignage d'une communauté ou d'un groupe, présupposent que l'on sache déjà ce que peut signifier dans chaque cas cette authenticité, cette sincérité, cette ancienneté et cette validité, bref cette réalité elle-même. Or nous ne pouvons atteindre de certitude objective qu'à propos de ce qui se laisse ou même doit se constituer comme un objet; il n'aurait aucun sens de requérir ce même type de certitude *objective* d'un phénomène saturé (de quelque degré et type que ce soit), qui par définition, non seulement ne peut et ne doit surtout pas se constituer en un objet, mais advient comme un événement, qui provoque son témoin et le constitue à partir de lui. En sorte que la foi du témoin convient au phénomène saturé exactement comme l'objectivité convient au phénomène constitué en objet. Sans ces

---

(接上页) théologie judéo-chrétienne, mais pour la métaphysique classique et aussi pour ses «destructions», voir *Certitudes Négatives, op.cit.*, c.II. Bien évidemment, la liberté du Ressuscité par rapport à l'impossible éclaire rétrospectivement la même liberté de Dieu par rapport à la différence entre l'étant et le non-étant (*Romains* 4,17), qui permet la création de quelque chose à partir de rien tout aussi bien que l'élection de ce qui n'est pas au lieu de place de ce qui est (*1 Corinthiens* 1,28). L'indifférence de Dieu envers la différence de l'étant au non-étant résulte de l'indifférence de Dieu envers la distinction entre le possible et l'impossible, qui ne vaut que pour les hommes.

distinctions phénoménologiques, l'exégèse ne sait même pas quels types et degrés de certitude, d'authenticité ou d'historicité il devient possible et même licite d'attendre de ces phénomènes, si particuliers, si exceptionnels que rapportent les écrits bibliques. Et faute de ces distinctions, l'exégèse ne saura même plus quel corps de sens elle recherche exactement dans la lettre des textes .

V

L'exigence d'une considération phénoménologique de la Révélation s'impose donc à partir de la phénoménalité (plus exactement du caractère évidemment phénoménal) de l'événement du Christ et des modes de sa manifestation comme le Fils de Dieu. Mais cette exigence s'impose aussi parce que la Révélation de Dieu en Jésus le Christ se déclare comme une affaire de phénoménalité, très précisément de phénoménalisation. Non seulement la Révélation se phénoménalise parce qu'elle se manifeste, mais elle se manifeste en accomplissant la mise en visibilité de toutes choses. Elle ne peut se phénoménaliser qu'en phénoménalisant toute autre chose. De même que la phénoménologie, à titre de discipline philosophique, reconnaît comme le «principe de tous les principes» que tout ce qui apparaît doit se recevoir pour un phénomène de plein droit, le théologien doit admettre que la Révélation provoque, dans l'éclat de sa propre lumière, la mise en lumière de toutes choses, et donc aussi bien de ce qui, avant elle, se dissimulait dans l'obscurité ou le retrait. La Révélation déploie ce que l'on pourrait nommer un principe de manifestation, suivant lequel, quand se manifeste la lumière de la Révélation, devra devenir lui aussi manifeste tout ce qui peut paraître, donc même ce qui ne veut pas apparaître.

D'ailleurs, les Synoptiques formulent cette exigence avec presque la rigueur d'un principe: «Il n'y a rien de caché, qui ne deviendra manifeste (*ou gar estin krupton o ou phaneron genêsetai*), rien de secret (*apokrupton*) qui n'entrera dans la clarté (*eis phaneron elthê*)» (*Matthieu* 10,26). «Car il n'y a rien de caché qui ne doive se manifester (*ou gar eistin ti krupton ean me ina phanerôthê*). Rien n'est devenu caché, sinon pour entrer dans la clarté» (*Marc* 4,22). «Il n'y a rien de caché, qui ne deviendra manifeste (*ou gar estin krupton o ou phaneron genêsetai*), rien de secret (*apokrupton*), qui ne doive se connaître et entrer dans la clarté» (*Luc* 8,17). La lumière qui se fait sur toutes choses se définit, en termes grecs, comme la vérité, ou plus exactement le découvrement (*a-lêtheia*), la sortie hors de son recouvrement de ce qui était recouvert, mais aussi du processus de ce recouvrement lui-même et enfin de l'avènement du découvrement lui-même. Il se pourrait que la théologie ait elle aussi à définir l'équivalent d'un concept de la vérité et à la définir en termes phénoménologiques - mais d'une phénoménologie radicalement révisée. Il s'agirait de la vérité comme découvrement encore, mais entendue et reçue comme *apocalypse*, indissolublement «apocalypse du mystère (*apokalupsis tês mustêriou*)» (*Romains* 16,25) et «apocalypse du jugement de Dieu (*apokalupsis diakrisias tou theou*)» (*Romains* 2,5). Le jugement de Dieu rend manifeste ce qui se dissimule et s'obscurcit volontairement dans le coeur du monde. La manifestation du mystère de Dieu manifeste ce dont le Verbe accomplit l'«exégèse (*exêgêsato*)» (*Jean* 1,18), à savoir son habitation auprès du Père dans l'Esprit. A partir de cette exégèse, que le Christ incarne en personne et que toute sa personne consiste à opérer comme la volonté de son Père, nous savons qu'il a pu «faire l'interprétation, l'herméneutique (*diêrmêneusen*)» des textes bibliques en les rapportant à lui «...commençant par Moïse et tous les prophètes» (*Luc* 24,27) – c'est-à-dire en interprétant l'intuition saturante de sa Résurrection inconcevable à partir des concepts donnés par Dieu et du «signe» de la fraction du pain où il se donne en personne. Ce jeu neuf et en un sens toujours encore à accomplir d'exégèse et d'herméneutique ne peut se jouer que dans une apocalypse, qui prendra résolument en vue la phénoménalité de la Révélation.

Le phénomène de beauté

1. Questions

Que la beauté relève de la phénoménalité, voilà qui a pu longtemps sembler aller de soi. Car enfin la beauté, quel qu'en puisse être le support et l'ouvrier dans l'expérience sensible, se voit, s'entend, se touche, bref se manifeste. Non seulement la beauté, en ses prises de formes, se manifeste, mais elle se manifeste par excellence, plus que ce qui apparaît dans le cours de la quotidienneté. Le beau devrait donc se dire un phénomène. Mais nous ne pouvons plus aujourd'hui tenir cette règle pour évidente, ni tenir pour indubitable que la beauté se phénoménalise *comme telle*, que nous puissions éprouver directement et *comme tel* un «phénomène du beau».

Les motifs de ce retournement de situation varient et s'additionnent, mais on peut raisonnablement les faire remonter à la thèse radicale que Hegel a énoncée sur l'essence même de l'art, et dont chaque jour semble nous apporter une confirmation plus menaçante et plus évidente. En effet, si l'on définit l'art comme «...l'*intuition* (*Anschauung*) concrète et la représentation de l'esprit absolu *en soi* comme Idéal», c'est-à-dire comme la prise en vue de l'idéal dans le sensible, donc aussi comme la mise en une chose (littéralement la *réalisation*) expérimentable dans l'intuition sensible de l'objet même de l'idée de la raison (l'idéal selon sa définition par Kant), alors se déclare nécessairement un écart, sinon une contradiction à tout le moins une tension et «déchirure» (*Zerfallen*) entre le sensible et l'intelligible [1]. Certes, l'art «...représente même ce qui est le plus élevé de façon sensible», mais, pour cela même et précisément à la mesure de ses accomplissements (les trois périodes hégéliennes, art antique, chrétien et romantique), cet art même démontre qu'«...il existe une manière plus profonde de comprendre la vérité, lorsque celle-ci ne fait plus alliance avec le sensible, et le dépasse à un tel point que celui-ci ne peut plus ni la contenir, ni l'exprimer». [2] Hegel convainc de la «fin de l'art», précisément parce qu'il reconnaît que l'immédiateté sensible qu'il veut assigner – qu'il parvient à assigner – à l'idéal vise, au-delà de lui-même. à s'accomplir non point par la mise en scène sensible, mais, en dernière instance, par la puissance du concept. L'idéal se manifeste à la fin par l'idée. La "fin de l'art" découle de son but – manifester l'idéal, ce qui requiert finalement le concept et, dans son effectivité, l'idée. «Nous avons dépassé le stade de l'adoration et de la vénération des œuvres d'art comme divines. [...] La pensée et la réflexion ont surpassé l'art beau. [...] Les beaux jours de l'art grec sont passés ainsi que l'âge d'or du bas [?] Moyen-Age». [3] En d'autres termes, ce que le beau entreprenait de manifester dans le sensible, comme un "phénomène [du] beau", à savoir l'idéal, autrement dit les figures de l'esprit, ne peut devenir accessible à la conscience que par le concept, donc sans phénoménalisation au sens strict, sans devoir (ni pouvoir) se schématiser ou s'imaginer dans le sensible. Le sensible n'offre pas le dernier lieu de l'idéal, en sorte que la différence entre le sensible et l'idéal doive elle-même se dissoudre dans l'unité du concept, ou plus exactement dans la conscience de soi comme conscience

---

[1] Hegel, *Encyclopédie des sciences philosophiques*, §556 (faudrait-il lire plutôt "haut Moyen-Age" ?).

[2] Hegel, *Esthétique, Introduction*, tr. fr., C. Berrard, revue et complétée par B. Timmermans & P. Zaccaria, Paris, "Le livre de poche" , 1995, t.1, respectivement p.57, 58 & 60.

[3] Hegel, *Esthétique, Introduction*, tr. fr., *ibid.*, pp.59-60.

absolue. Aussi violente que semble cette thèse de Hegel, qu'on a si souvent et si maladroitement contestée, elle n'a pourtant cessé de recevoir des confirmations dans l'histoire moderne (ou post-moderne) de l'art et de ses théories.

Mentionnons quelques exemples, qui constituent autant d'arguments à l'encontre du caractère phénoménal du beau, autrement dit de la possibilité et même de la légitimité d'un "phénomène du beau". – Ainsi l'argument que A. Danto a su tirer de l'exposition de Andy Warhol, en avril 1964 à Stable Gallery de New-York, où il exposait l'image d'une "boîte Brillo" (une boîte de tampon à récurer)[1]. Si le même support sensible, tantôt sur les rayonnages d'un supermarché, simple objet technique de consommation courante, indéfiniment démultiplié selon les besoins du marché, peut, sans aucune variation de sa phénoménalité sensible (puisque la série qu'en fait Warhol suggère aussi sa démultiplication potentiellement indéfinie), se trouver installée, instaurée et transposée en œuvre d'art, d'où vient sa différence, comme "œuvre d'art" d'avec sa première apparition triviale et évidemment non-*artistique* ? Cette interrogation, qui se répète à l'envi avec tout le *pop art* (les effigies de Marilyn et de Mao, les boites de soupe Campbell, les paquets de Kellogg's, etc.), accomplit décidément ce que les premiers *ready made* de Duchamp avaient provoqué : si la roue de bicyclette, le sèche-bouteilles et l'urinoir, simplement retournés et re-dénommés, deviennent, soudain et définitivement, des "œuvres d'art", ils ne le doivent décidément plus à leur phénoménalité sensible, mais à la qualification ou la disqualification de ce sensible. Ce qui en fait des "œuvres d'art" ne tient pas au sensible en eux, ni à l'intuition en nous. A quoi donc alors ?

---

[1] A. Danto, *The philosophical Disfranchissment of Art*, Columbia U.P., New-York, 1986, tr. fr. C. Harry-Schaeffer, *L'assujetissement philosophique de l'art*, Paris, Seuil, 1993. I. Thomas-Fogiel, à qui nous empruntons ici beaucoup d'analyses, a souligné très justement, l'arrière-fond hégélien de tous ces arguments (voir *Le concept et le lieu. Figures de la relation entre l'art et la philosophie*, Paris, Cerf, 2008, en particulier pp. 8-9 & 273).

Evidemment à l'autre face de la perception, à l'autre dimension du phénomène, au concept en lui. Nul hasard à ce que l'époque utilise souvent cette étrange expression d'"art conceptuel", qui devrait pourtant sembler un oxymore. Car l'art, l'œuvre telle qu'elle s'offre à l'expérience, devrait justement s'éprouver avant que de se faire expliquer, s'exposer avant que de se laisser comprendre ; l'œuvre tient en effet sa puissance de la fascination qu'elle suscite en s'imposant, d'un coup, dans sa pure et simple apparition. Si intervient après coup un commentaire, il en dépend et lui reste soumis, exactement comme tout le travail antérieur de la fabrication disparaît dans l'accomplissement actuel et actif. Mais, lorsque l'oeuvre tourne à l'"art conceptuel", de quelque manière qu'on l'entende, il faut conclure que le concept non seulement enserre l'intuition en elle, mais que le discours (l'argument, l'intention, le processus, et l'érudition qui les formule selon une doctrine, voire une théorie, etc.) dépasse le commentaire, pour prétendre fonder l'effet de l'œuvre et la qualifier comme œuvre *d'art*. L'art se comprend avant de s'éprouver, et, s'il s'éprouve encore parfois, ce n'est qu'à proportion qu'on le comprend par son concept, voire par un ensemble de concepts qui n'en proviennent pas, mais, venus d'ailleurs, l'assaillent. Nous savons tous, depuis des années, que, dans une exposition organisée selon la muséographie dominante, l'essentiel ne se trouve pas dans les œuvres (on dit d'ailleurs plutôt des installations, des performances, des travaux, etc.), mais dans le catalogue. Et l'essentiel dans ce catalogue se trouve moins dans la documentation iconographique, que dans les exégèses et commentaires, dont l'argumentation conceptuelle assure à ce qui se trouve exposé, mais sans puissance ni présence (comme tel tas de sable, pile de déchet, amoncellement de guenilles ou "merda d'artista"), une supposée légitimité esthétique. Même les expositions de peintures les plus traditionnelles doivent, de plus en plus et tout aussi bien, se soumettre au joug du commentaire conceptuel, qui s'émancipe finalement des œuvres elles-mêmes et du rôle de commentaire. Bref, l'"œuvre" devient l'annexe de son commentaire, et, en peinture comme en poésie ou en musique, le manifeste n'introduit parfois plus aucune œuvre, mais en dispense et en tient lieu. L'inflation du concept compense la pauvreté de l'intuition, qui évoluent en proportion inverse. L' "art conceptuel" offusque le visible réel (chosique) dans le concept, qui prétend l'assurer seul comme «œuvre [d'art]». Et si l'on peut bien parler d'*arte poverà*, il faut aussitôt souligner que cette pauvreté sensible repose sur une richesse conceptuelle maximale et ne subsiste que par elle.

Si ce qui fait la différence (la distinction) entre une canette d'emballage industriel et une œuvre d'art ne consiste, comme l'a dit et répété, qu'en une théorie esthétique, une armure théorique et une argumentation conceptuelle, la sanction esthétique (si le terme convient encore) de ce sacre textuel de l'œuvre, dépend du cadre institutionnel, du musée. La critique du cadre encadrant matériellement la toile, n'a pas fait disparaître la problématique du cadre, mais l'a déplacée et renforcée. Le cadre coïncide désormais avec le musée, ou plutôt avec le "pôle muséal". La disparition du cadre de bois provoque et exige l'inflation du cadre de pierres. La question «qu'est-ce que l'art ?» ne se transforme pas seulement en cette autre «*quand* est-ce de l'art»,[1] mais se transpose en l'interrogation «*où* est-ce de l'art ?» Il ne faut pas reprocher à cette définition institutionnelle de l'œuvre d'art de tourner dans un cercle herméneutique, parce qu'elle a précisément pour fonction de former le lieu d'une herméneutique discursive et conceptuelle, qui puisse qualifier l'art sans plus avoir à recourir à une œuvre *belle* en soi et par soi.

---

[1] N. Goodman, *Ways of Worldmaking*, Indianapolis, Hackett, 1972, tr. fr. M. D. Popelard, *Manières de faire des mondes*, Nîmes, 1999, dont «Quand y-a-t-il de l'art?». Thèse reprise et radicalisée par G. Dickie, *Art and the Aestetic. An Institutional Analysis*, Ithica, Cornell U.P., 1974, corrigé et argumenté dans *The Art Circle*, New-York, Haven Publications, 1984.

2. Disqualification comme dis–*kali*–fication

Cette situation ne dépend pas de telle ou telle mode dans la théorie esthétique ou dans la philosophie de l'art, même si celles-ci en témoignent assez. Elle n'aboutit pas non plus toujours à la grossière indifférence par exemple de Sartre, déclarant *in fine* : «Une des choses dont je me foutais complètement, c'était la beauté comme qualité intérieure d'un ouvrage», [1] bien qu'il parlât ainsi pour beaucoup d'autres. Pour l'essentiel, cette situation accomplit en fait la "fin de l'art" annoncée, constatée plutôt par Hegel. Et Heidegger lui-même le confirme à sa manière. Car la thèse, qui scande dans *Die Ursprung des Kunstwerkes*, à savoir que «L'art est la mise-en-œuvre (*das Ins-Werk-Setzen*) de la vérité» [2], marque clairement que ce qui qualifie l'œuvre d'art en tant que telle (en tant qu'œuvre) ne relève pas de la beauté, mais de la vérité. Or la vérité se trouve ici radicalement pensée, comme l'indique précisément Heidegger, à partir de l'être (de l'étant), voire déjà de l'*Ereignis,* sans qu'à aucun moment l'étant «œuvre d'art» ne renvoie directement à quelque chose comme la beauté. Ce qui qualifie l'œuvre comme «œuvre d'art» ne mobilise ni le beau, ni la beauté, mais ce qui, au mieux, leur confère par délégation, leur éclat – l'être mis à l'œuvre *comme vérité*. Certes, l'«œuvre d'art» se manifeste bien comme telle, en pleine phénoménalité (avec une phénoménalité plus accomplie que celle de l'objet technique, que la chose d'usage, que l'effet d'une production, etc.), mais cette phénoménalité doit son

---

[1] *Entretiens avec Jean-Paul Sartre août-septembre 1974*, in S. de Beauvoir, *La cérémonie des adieux*, Paris, Gallimard, 1981, p. 198 sq. Et «...je n'en étais plus à créer des objets hors du monde, vrais ou beaux, comme je le croyais avant de vous connaître, mais j'avais dépassé ça. Je ne savais pas exactement ce que je voulais, mais je savais que ce n'était pas un objet beau» (*ibid.*, p. 295).

[2] Heidegger, *Holzwege*, G.A. 5, p. 65 (voir pp. 25, 49, 62). Voir nos remarques dans *Etant donné. Essai d'une phénoménologie de la donation*, §4, Paris, 1996^1, 2013^4, pp. 76-81.

excellence au déploiement plus accompli en elle de son étantité (*Seiendheit, ousia*), sans qu'y soit impliquée ni même nécessaire sa beauté. Dans l'«œuvre d'art» si bien décrite ici, le phénomène apparaît bien, mais pas *bel* et bien, pas en tant que beau. Ou, autrement dit, le phénomène beau ne fait pas apparaître la beauté, ni ne s'y réfère, parce qu'il apparaît dans l'horizon de l'être.

Ce faisant, Heidegger accomplit jusqu'à son terme (par delà les triviales figures de la "fin de l'art" qu'on a évoquée) ce que la "fin de la métaphysique" avait déjà imposé à la beauté, comme à toute figure de l'idéal (au sens de Kant et Hegel) : la disqualification de la beauté comme une valeur, au même rang que le bien, le bon, l'unité et même l'être (donc, par excellence, Dieu). Car toute valeur disqualifie ce qu'elle évalue, précisément parce qu'elle la fait dépendre d'une évaluation, donc de la volonté de puissance – noyau et trésor intact de l'évaluation, qui, elle et elle seule, n'a pas de valeur puisqu'elle les confère toutes. La "fin de l'art", que nous constatons chaque jour empiriquement, résulte directement de la fondation *métaphysique* de l'art. Et l'éventuel «nouveau commencement» redouble cette fondation en la conférant, encore une fois, à un autre que la beauté même. Ce moment, où le phénomène ne peut plus par principe apparaît comme le phénomène beau, comme la manifestation de la beauté même, cette occultation de la beauté en personne, de *to kalon*, nous la nommerons, pour parler clairement, non seulement la disqualification phénoménale du beau, mais la dis-*kali*-fication de l'art – le situation où l'œuvre d'art ne peut plus faire resplendir la beauté, se refuse à toute *philocalie*.

3. Sans concept

L'aporie, toujours, recèle et, parfois, indique la voie d'une percée. Ici l'aporie provient de l'emprise qu'exerce sur l'œuvre d'art le pouvoir du concept, aboutissant à l'oxymore (ou la tautologie) de l'"art conceptuel". Or nul n'a autant insisté que Kant, pour déterminer ce que le jugement esthétique vise et gère sans recourir au concept. Non point parce que le concept y ferait défaut, mais parce qu'absence du concept le caractérise en propre. «C'est pourquoi cet archétype du goût qui repose, à vrai dire, sur l'idée indéterminée qu'a la raison d'un maximum et qui, pourtant, ne peut pas se représenter par des concepts (*aber doch nicht durch Begriffe...kann vorgestellt werden*), mais seulement par une présentation singulière (*einzelne Darstellung*) se nomme mieux l'idéal du beau».[1] Le beau se présente (*darstellt*) d'une manière singulière, parce qu'il ne se laisse pas représenter, ne laisse pas l'intuition en lui se subsumer sous un concept. L'idée esthétique ne présente jamais aucun objet, non point parce qu'aucune intuition ne correspond à son concept ni ne le valide (comme l'idée de la raison), mais, exactement à l'inverse, parce qu' «...elle donne beaucoup à penser (*viel zu denken veranlaßt*), sans pourtant qu'aucune pensée déterminée, c'est-à-dire sans qu'aucun concept ne puisse lui être adéquat (*ohne daß ihr doch irgendein bestimmter Gedanke, d.i. Begriff adäquat sein kann*), ni par suite qu'aucun langage puisse l'atteindre ou la rendre complètement intelligible».[2] Cette «intuition (de l'imagination)» s'exerce de telle manière que «...jamais on ne lui peut trouver un concept qui lui soit adéquat (*niemals ein Begriff adäquat gefunden werden kann*)».[3] Non seulement l'œuvre d'art n'a pas à se réduire à l'"art conceptuel", mais elle ne peut se manifester qu'en l'absence du concept. Si d'aventure elle parvient à se déployer comme un phénomène (un phénomène beau) – ce qui ne va pas de soi et nous reste une question ouverte –, ce ne sera pensable et possible qu'en

---

[1] Kant, *Kritik der Urteilskraft*, §17, Ak.A., V, p. 232, tr. fr. "Pléiade" , Paris, Gallimard, 1985, t. 2, p. 994. Remarquons que la distinction entre le beau («présentation d'un concept indéterminé de l'entendement») et le sublime («présentation d'un semblable concept de la raison») reste inscrite à l'intérieur de la notion de *Darstellung* (*Kritik der Urteilskraft*, §23, Ak.A., V, p. 240, tr. fr. t. 2, p. 1010).

[2] Kant, *Kritik der Urteilskraft*, §17, Ak.A., V, p. 314, tr. fr. t. 2, p. 1097 (modifiée).

[3] Kant, *Kritik der Urteilskraft*, §57, *Remarque* I, Ak.A., V, p. 342, tr. fr. t. 2, p. 1131 (modifiée).

ne la référant *jamais* à un concept, donc en ne l'assimilant jamais à un objet, ni même à un étant.

Sans doute, le jugement sur la beauté (ce que Kant nomme le «jugement de beau») ne se définit pas seulement par l'absence de la norme du concept. En effet, si l'on reprend la table des catégories du jugement, on doit encore relever trois autres caractéristiques : selon la qualité, le beau plaît sans intérêt ; selon la relation, il plaît sans représentation d'une fin ; selon la modalité, sans concept mais avec nécessité; que le beau «...plaise universellement sans concept», cela ne concerne que la rubrique de la quantité. [1] Mais cette orchestration maintient toujours le thème d'une absence de concept: le beau me plaît sans que je puisse dire pourquoi, ni me représenter par concept quelque *quoi* que ce soit, qui permettrait de l'expliquer soit au titre d'un intérêt personnel, soit au titre d'une fin au-delà de lui-même (*uti, Zuhandenheit*, etc.), soit enfin au titre d'un motif exceptionnel pour l'approuver. Car le beau plaît sans intérêt, sans concept, sans finalité représentable et sans exception, mais non point par défaut : il plaît parce qu'il plaît, sans recourir à un pourquoi (*ohne Warum*). Qu'il plaise sans concept signifie qu'il n'a besoin d'aucune représentation qui lui imposerait (et éventuellement permettrait) de rendre raison de son déploiement. Ce phénomène – car désormais on voit qu'il s'agit bien d'un phénomène – ne se trouve pré-*vu* et pré-*dit* par l'attente d'aucune exigence, qui, avant lui (et donc *a priori*) l'attendrait pour lui poser les questions préalables de constitutionnalité et de conformité à la norme. L'absence de concept a *priori*, qui précéderait la phénoménalisation, interdit d'imposer des conditions de possibilité au phénomène beau. Nul sphinx, nulle catégorie, donc nulle *accusation* ne guette d'avance le phénomène beau, qui apparaît par lui-même, sans concept et sans papiers – car il plaît sans plaider. Le

---

[1] Kant, *Kritik der Urteilskraft*, respectivement §5, §17 et §22, Ak.A., V, respectivement pp. 211, 256, 240 & 220 ; tr. fr., pp. 967, 999, 1004.

phénomène beau s'impose dans l'exacte mesure où il se passe du concept, sans avoir à se justifier d'un *parce que,* ni à dire *pourquoi* il n'a pas d'explication à donner, de titre à produire, de visa à faire voir : il suffit qu'il paraisse en son intuition (au regard de tous et comme un regard sur tout) pour apparaître de plein droit. La beauté ne caractérise donc pas d'abord, ni seulement le *contenu* de certains phénomènes (par opposition à d'autres, laids ou qui ne plairaient pas autant). La beauté caractérise le *mode* d'apparaître plénier et autoritaire de certains phénomènes, de ceux qui s'imposent sans avoir à présenter leurs lettres de créance, qui s'avancent dans la présence avec l'autorité de la naissance.

4. L'idole

Si l'on rapporte cette caractéristique du beau – d'apparaître sans *pourquoi* ni concept – au cas des arts visuels, particulièrement à la peinture, on trouve un symptôme net dans l'abstraction, entendue comme l'affranchissement non seulement envers la figuration, mais finalement envers ce qui permet et accomplit le tracé de toute figure, le dessin. Sur le chemin qui mena la peinture de la figuration à l'abstraction, on ne s'étonne pas de rencontrer (chez Courbet et Cézanne en passant par Monet) le débat sur la supériorité *ou* non du dessin sur la couleur, puisqu'ici la sujétion finale du dessin (donc de la ligne) à la couleur équivaut à supprimer le primat du concept, donc à libérer l'intuition. [1] Ce qui a un temps conféré à l'abstraction dite "lyrique" une puissante fascination tenait précisément à l'effet d'une intuition, que diverses tactiques avaient libéré du dessin, de la figure, donc du concept : soit par des aplats horizontaux (Rothko), verticaux (Newman), des zébrures (Kandinsky,

---

[1] Sur ce débat, voir nos indications dans *Courbet ou la peinture à l'œil*, Paris, Flammarion, 2014, p.180 sq.

Cy Twombly, Stella, Soulages), des spirales aléatoires (Pollock), des coulées (Rothko, Debré, Tapiès), des nuages (Bram Van Velde) en sorte que même les apparentes géométries de Hantaï ou Albers doivent les voir comme des figures se *défaisant*, des carrés en déroute. L'abstraction, qui ne figure plus, rend toutes figures (et pas seulement les montres) *molles*. Que permet en retour, d'estomper ainsi la ligne du dessin et les limites de la figuration ? Le déploiement de la couleur, que ne délimite désormais que d'autres couleurs, selon les seules frontières, mouvantes et imprécises, qui résultent de leurs confrontations, qui semblent d'ailleurs souvent provisoires, comme des lignes d'une bataille encore indécise et toujours en cours. Aussi ce déploiement libéré des lignes de la figuration, donc des dess[e]ins du concept, s'atteste par principe sans limites assignables (même si demeurent les dimensions *de facto* de la toile). L'abstraction non-figurative libère donc l'*excès* de la couleur, au moins autant qu'elle renonce à la contrôler par quelque ligne que ce soit (figurative ou non). Il se pourrait même que l'abstraction reste sans dessin ni ligne, même quand elle fait apparemment fonds sur la ligne (Kandinsky, Klee, Mathieu, Masson, etc.), qui devient pour ainsi dire informelle. Et cela même constituerait l'une de ses plus définitives empreintes sur la peinture postérieure, au point que la supposée "nouvelle figuration" ne repose plus sur le primat du dessin, de la forme, ni donc du concept. L'auto-imposition de la toile par son intuition sans concept permet presque à la peinture non figurative de retrouver le privilège de la musique – la liberté de l'intuition sans médiation du récit ni du concept.

Le déploiement, comme l'excès qui s'ensuit nécessairement, caractérisent en propre la liberté de l'intuition vis-à-vis du concept dans le cas du phénomène beau. Aussi bien rien ne saurait en délimiter l'apparition, aucune limite interne, qui bornerait son déploiement par définition excessif. Si une limite peut finir par amortir cet excès, elle ne peut que venir de l'extérieur, mais d'un extérieur qui ne met pas en œuvre un concept, une condition de possibilité, un a *priori*, bref un dess[e]in. Quelle limite donc – car il en faut une, même pour une présentation (*Darstellung*) sans représentation (*Vorstellung*) ? Kant a déjà fournit la réponse : la limite sera celle du regard du spectateur, qui ne peut voir que ce qu'il tolère de la puissance excessive du visible qui se montre, parce qu'il se donne, donc sans mesure. Si cette limite ne provient pas du visible lui-même, elle proviendra du regard, qui atteint «un maximum et qui, pourtant, ne peut pas se représenter par des concepts (*aber doch nicht durch Begriffe...kann vorgestellt werden*)».[1] Ce maximum (qu'on peut dire, approximativement, subjectif puisqu'il ne provient pas du phénomène beau lui-même, ou mieux *externe*), se fixe au degré de ce que le regard peut endurer d'une présentation sans représentation, au moment (voire juste *avant* le moment) où l'éblouissement rend le phénomène beau invisible dans son excès d'intensité. Le maximum définit le degré pénultième de la puissance, de la portée et de la résistance de chaque regard exposé à un phénomène beau, au-delà duquel il deviendrait aveugle.

Ainsi, chaque regard atteint un maximum d'intensité, qui le définit en propre, même s'il peut varier à la mesure des expériences successivement éprouvées dans son histoire esthétique. Mais chaque spectateur (voyant, entendant, touchant, humant et goûtant) atteint son maximum face à un phénomène beau de référence, qui ainsi le définit. Nous nommons ce maximum, à chaque fois différent, propre à chacun son *idole*. L'idole non seulement sature le regard (littéralement lui «en met plein la vue»), mais, en le portant à la limite exacte de sa dernière tolérance, elle montre aussi, avec cet extrême visible, son miroir. L'idolâtrie s'accomplit toujours en une auto-idolâtrie, où, comme dans un miroir invisible, le regard constate ce qu'il peut au maximum voir – embrasser, éprouver, encaisser. Ainsi s'explique que les rares et véritables visions d'un phénomène beau me manquent la mémoire, me blessent l'*ego*, voire m'infligent un trauma, fût-il *felix trauma*. Evidemment,

---

[1] Kant, *Kritik der Urteilskraft*, §17, Ak.A., V, p. 232, tr. fr. t. 2, p. 994 (cité *supra*, n.8).

l'expérience du maximum et de l'idole, donc du miroir invisible ne se borne pas au sens de la vue, même si elle s'y décrit de prime abord et le plus souvent. Mais chacun des cinq sens permet d'expérimenter la même saturation intuitive sans concept adéquat de l'idole. [1] Car tous les sens valent d'emblée comme des sens spirituels : il ne s'agit pas d'analogie, ni de théologie, mais de cette évidence que la sensation, la pure intuition, franchit l'écart entre la matérialité physico-chimique et l'impression psychique, produisant aussi bien une vision (une présentation sans représentation, dans le cas d'un phénomène saturé) qu'une impression (l'intonation, la situation) radicalement psychiques. Tout sens atteint l'esprit et c'est même sa définition, qu'il nous gratifie de l'effet mental et spirituel d'une cause par ailleurs analysable en termes d'étendue et de matérialité physiologique. Ainsi s'accomplit la fixation irrémédiable et irrésistible de l'œuvre sur son récepteur, voyant, entendant, touchant, humant et goûtant.

Reste une dernière caractéristique : quand le phénomène concerne la beauté, il ne s'agit pas seulement d'un cas du phénomène saturé en général (tel qu'il comprend les autres figures de l'événement, de la chair et de l'icône), mais un type de phénomène saturé très particulier : l'idole (correspondant à la qualité, dans la table kantienne des catégories). [2] Car le phénomène de beauté, quand il s'impose à mon maximum et suivant son surcroît et son excès, provoque un effet unique qui le distingue: il plaît sans concept adéquat (par pure et simple intuition) en atteignant un tel maximum d'intensité

---

[1] Sur tout ceci, voir *De Surcroît. Etudes sur les phénomènes saturés*, c.III «L'idole ou l'éclat du tableau», Paris, PUF, [2001¹], 2010², p. 65 sq., mais aussi *Le Visible et le révélé*, c. VI, 4, Paris, Cerf, [2005¹], 2015², pp. 157-165.

[2] On pourrait sans doute assigner à chaque figure du phénomène saturé l'un des sens (spirituel): l'événement se respire, se sent "au nez"; l'idole se voit, s'éprouve à l'oeil (qui en "prend plein la vue"); la chair se ressent au toucher, au bout du doigt, au creux de la main; et l'icône ou visage d'autrui, se signale à l'écoute, s'impose par l'appel.

qu'il plaît (attire, séduit, satisfait) *nécessairement* (*notwendig*) celui qui le voit. Plus exactement le phénomène beau convoque le regard et le désir *inconditionnellement* (*unbedingt*), exerce une fascination à laquelle ils doivent se rendre sans conditions. L'idole non seulement rend possible qu'on puisse l'aimer, mais surtout rend impossible qu'*on puisse ne pas l'aimer*. L'idole, comme phénomène saturé de la beauté, se phénoménalise de telle sorte que je ne peux pas ne pas l'aimer. Autrement dit par Platon : «En fait, la beauté (*kallos*) a seule reçu en partage (*moira*) d'être le plus manifeste et donc aussi le plus aimable (*ekphanestaton einai kai erasmiôtaton*)».[1]

5. L'amour en vérité

Comment et jusqu'où admettre qu'un phénomène ne puisse se voir sans se faire aimer sans conditions ? Comment le beau conjoint-il en lui la manifestation phénoménale et l'attirance de l'amour ? Quel mode particulier de phénoménalité parvient à les lier inséparablement? Ce retournement se trouve remarquablement formulé par saint Augustin, qui identifie une acception de la vérité telle qu'elle ne puisse se voir sans que le spectateur ne l'aime (ou la haïsse), autrement dit sans qu'il renonce à la posture (métaphysique) d'un "spectateur désintéressé". Une telle vérité *érotique*, qu'il ne peut se connaître qu'en l'aimant. «Sero te amavi, pulchritudo tam antiqua et tam nova, sero te amavi !»[2] Mais pourquoi faudrait-il donc aimer la vérité et pas seulement la constater (comme il semble d'usage) en restant indifférent, sinon étranger à ce qu'elle rend manifeste ?

En fait, ce virage d'un régime de vérité à l'autre s'impose dès que l'on prend

---

[1] Platon, *Phèdre*, 250d.
[2] *Confessiones*, X, 27, 38.

sérieusement en considération le paradoxe, en fait fréquent, de la détestation, du refus et finalement de la haine que provoquent en nous certaines vérités : «Cur autem "veritas parit odium"et inimicus eis factus est "homo tuus verum praedicantem" (*Jean* 8, 40), cum ametur vita beata, quae non est nisi gaudium de veritate, nisi quia sic amatur veritas, ut quicumque aliud amant, hoc quod amant velint esse veritatem, et quia falli nollent, nolunt convinci, quod falsi sint ? Itaque propter eam rem oderunt veritatem, quam pro veritate amant. Amant eam lucentem, oderunt eam redarguentem. Quia enim falli nolunt et fallere volunt, amant eam, cum se ipsa indicat et oderunt eam, cum eos ipsos indicat. Inde retribuet eis, ut qui se ab ea manifestari nolunt, et eos nolentes manifest et et eis ipsa non sit manifesta». [1] Reprenons la description du phénomène. – Premier moment : on doit s'étonner que la vérité puisse susciter un rejet, alors que tous désirent la béatitude et que tous conviennent qu'elle suppose la jouissance de la vérité ; car, selon ces prémisses, tous devraient aimer la vérité aussitôt qu'ils la voient. – Deuxième moment : en fait, chacun aime déjà quelque chose, sans savoir si cela constitue la vérité ; et ce que l'on aime, on veut le garder, donc on prétendra autant que l'on pourra qu'il s'agit bel et bien de la vérité, même si pour cela il faudra se tromper soi-même en prétendant justement que l'on ne s'était pas trompé en aimant un bien qui n'en était pas vraiment un. D'où un choix crucial : ou bien nous aimons la vérité, pour autant qu'elle met en lumière (*veritas lucens*) un vrai bien, mais ce sera au risque d'abandonner ce que nous avions choisi comme notre bien, désormais disqualifié ; ou bien nous haïssons la (même) vérité, pour autant qu'elle accuse (*veritas redarguens*) la tromperie volontaire, qui préfère un bien faux mais habituel à un bien véritable, mais nouveau. – Troisième moment : la vérité, ainsi refusée, n'en reste pas moins la seule, et, du même geste, elle manifeste irréfutablement d'abord le refus de ceux qui la haïssent, ensuite sa

---

[1] *Confessiones*, X, 23, 34.

propre splendeur, enfin qu'elle leur reste inaccessible. La vérité se manifeste donc, que nous le voulions ou non, que nous l'aimions ou non. Mais cette manifestation provoque soit la haine, soit l'amour, selon que nous supportons ce qu'elle révèle – à savoir que la vérité finalement manifestée contredit ce que nous aimions à sa place, avant elle, sous le titre mensonger de vérité. Ce qui, dans cette acception du terme, s'oppose à la vérité ne consiste pas seulement dans la fausseté, mais dans le mensonge ; car *ici* je ne refuse pas une fausseté (une vérité ratée), mais précisément une vérité manifeste *en tant que manifeste* et parce qu'elle contredit manifestement ce que j'aimais faussement comme une vérité.

Ainsi se dégage le mode particulier de vérité qu'implique le phénomène saturé de l'idole : il ne s'agit plus seulement de constater la manifestation (dévoilement, *alêtheia*) de ce qui se montre comme tel (en soi), en demeurant dans la neutralité impavide et supposée objective du spectateur indifférent, mais aussi d'approuver et d'endurer l'effet (l'impact) de cette manifestation sur celui qui l'éprouve. Phénomène de beauté – *celui devant lequel je ne peux pas ne pas me décider, soit à l'aimer, soit à le haïr*, selon que j'accepte ou non de me modifier moi-même selon ce qu'exige sa manifestation. Car, *ici*, en éprouvant le phénomène, l'adonné *s'éprouve lui-même*, trans-*formé* par ce qui prend forme devant et pour lui. Il ne s'agit plus seulement, pour l'*ego*, de porter un jugement conforme au dévoilement (*alêtheia*), mais de supporter le jugement qu'exerce sur *l'ego* un découvrement (*apokalypse*).

Lorsque la vérité se manifeste selon ce mode, le découvrement ou apokalypse, il s'agit d'une philocalie : « "Philocalia" ista vulgo dicitur. Ne contemnas nomen hoc ex vulgari nomine ; nam philocalia et philosophia prope similiter cognominatae sunt, et quasi gentiles inter se videri volunt et sunt. Quid est enim philosophia ? Amor sapientiae. Quid philocalia ? Amor pulchritudinis. Quaere de Graecis. Quid est ergo sapientia ? Nonne ipsa vera est pulchritudo ? Germanae igitur istae sunt prorsus et eodem parente procreatae». [1] Ainsi, à la dis-kali-fication succède une requalification de la *philocalie*.

6. Ce qui peut ne pas s'aimer, ce qui ne doit pas s'aimer appartient-il à la beauté ?

La thèse de saint Augustin, si elle apporte une contribution essentielle à la détermination de la phénoménalité de la beauté, soulève une autre difficulté. Nous avons défini le phénomène (saturé) beau, l'idole, comme ce qu'il n'est pas possible de ne pas aimer, comme ce qui se donne inconditionnellement (*unbedingt*) à aimer, ce qu'il faut finir par aimer – «Sero te amavi, pulchritudo tam nova et tam antiqua». Pourtant, cette exigence étant posée et constatée, convient-il toujours ici aimer la vérité qui s'impose dans le beau ? Ou convient-il parfois de lui résister – quand et comment ?

Il ne se trouve pas de réponse simple à cette interrogation, mais au moins quelques remarques, pour l'éclairer. – Il faut d'abord souligner que que la thèse augustinienne admet des usages complexes. Lorsque, devant la *veritas redarguens*, je l'aime assez pour admettre qu'elle me mette en cause et me convertir vers ce qu'elle me propose, donc quand j'aime la beauté sans lui résister, en fait je dois, pour cela même, haïr (ne plus aimer) ce que je tenais auparavant pour une beauté vraie et dont je viens de comprendre qu'elle ne mérite pas qu'on l'aime *vraiment* . Autrement dit, l'amour de la *veritas redarguens* ne peut s'accomplir qu'en passant d'une moindre vérité à une

---

[1] *Contra Academicos*, II, 3, 7. Par conséquent, quand l'amour de la beauté manque – ainsi chez les manichéens –, il faut transgresser l'apparence purement idéologique de leurs vérités : «... [manichéens] etiam verita dicentes philosophos transgredi debui prae amore tuo, mi pater summe bone, pulchritudo pulchrorum omnium, ô veritas» (*Confesionnes*, III, 6, 10).

plus grande, donc d'un amour mal appliqué à un amour *vraiment* justifié. Il s'agit toujours de passer d'un amour à un autre amour, selon cet autre principe que «Nemo est qui non amet. Sed quaeritur quid amet».[1] Il ne s'agit que d'aimer, mais d'aimer correctement, c'est-à-dire de passer d'un phénomène apparemment beau à un autre phénomène vraiment beau, et ainsi de suite jusqu'à Dieu. Donc aimer correctement suppose de *ne pas ou ne plus* aimer ce qu'on avait pu, auparavant, aimer. L'amour, permanent et irrépressible, doit pourtant et sans cesse se corriger et se diriger vers un objectif *vraiment* beau, donc *vraiment aimable*, ce qui implique que l'amour doit savoir aussi ne pas aimer (haïr) ce qui ne le mérite pas *vraiment*. Il faut apprendre à ne plus aimer les jeux du cirque, les "vieilles amies", l'orgueil du prestige auprès des hommes, donc apprendre à en vaincre les addictions, bref à les haïr. Haïr de telles séductions revient à considérer l'idole, au sens phénoménologique jusqu'ici privilégié, comme une idole selon l'acception commune, comme une apparence de bien, un substitut au bien véritable (*ontôs agaton*).

Ce qui conduit à une deuxième remarque. Certes, on peut s'étonner qu'une résistance à l'amour de ce qu'on ne peut pas ne pas aimer reste parfois possible (affrontant ainsi une contradiction logique). Mais on peut aussi poser en principe que, si devant un phénomène beau, je puis résister à son attrait et ne pas l'aimer, cette résistance admet deux explications (toutes deux envisagées par saint Augustin). Soit, je refuse de passer d'un phénomène beau moindre à un phénomène beau véritable et je hais la *veritas redarguens* : dans ce cas, je me condamne à ignorer la vérité en sa beauté. Soit, je récuse (n'aime pas, hais) non pas une vérité à aimer sous les espèces d'un phénomène beau, mais je récuse le fait même qu'il s'agisse là d'un phénomène *vraiment* beau : dans ce cas, je me libère pour l'amour d'un phénomène beau, donc digne d'amour, parce que *vraiment* tel. Si le beau s'avère parfois résistible, cela découle souvent

---

[1] *Sermo* 34, 1, 2, P.L. 36, 260.

de ce qu'il n'est pas *vraiment* beau.

D'où une dernière remarque. D'où provient la rhétorique moderne (romantique, post-moderne, etc.), que la beauté doit inclure le laid, l'ignoble et le mal ou (en apparence le contraire), qu'il convient de récuser en art les canons de la beauté ? D'une interprétation proprement représentationnelle du phénomène beau, dans laquelle tout ce qui peut se montrer mérite en droit de devenir objet d'art. Mais une telle interprétation elle n'a de sens, si elle en garde jamais un, qu'en territoire métaphysique. Phénoménalement, elle n'a aucune pertinence, puisqu'en tant que *phénomène* beau, le beau se définit et se caractérise comme ce maximum de l'idole, qu'il n'est pas possible de ne pas aimer.

Reste une toute autre question : le phénomène beau reste-t-il toujours étranger à l'éthique, ou s'en approche-t-il ? Et dans ce cas, se soumet-il à son autorité ? Jusqu'où peut-on admettre la «Beauté comme symbole de la moralité» ? [1]

---

[1] Kant, *Kritik der Urteilskraft*, §59, Ak.A., V, p. 350, tr. fr. t. 2, p. 1141.

Remarques sur des débats philosophiques récents en France

La France connaît, évidemment, les mêmes points de débat et lignes de fracture que tout autre centre intellectuel dans le monde. Par exemple entre la philosophie dite "continentale" et la dite "philosophie" analytique ; entre l'érudition positiviste où dérive une partie de l'histoire des textes et les approches spéculatives, systémiques ou par déconstruction de l'histoire de la métaphysique. Reste la lutte philosophique par excellence entre ce qu'on peut nommer le matérialisme et le spiritualisme (car c'est ainsi que la fresque, peinte par Puvis de Chavannes au grand amphithéâtre de la Sorbonne, la symbolise en représentant deux lutteurs de cirque qui se tordent mutuellement les bras dans un effort sans issue ni vainqueur), et qui, sous des titres toujours changeants, perdure sans trêve : le positivisme, dans tous ses états successifs (marxisme, scientisme, structuralisme et sciences humaines, sciences cognitives, etc.) se relaient contre soit la métaphysique classique, soit les pensées post-métaphysiques qui, dans des directions différentes ou opposées, en revendiquent la succession. C'est dans ce cadre (aussi approximatif qu'on l'expose ici) qu'il faut envisager le cas de la phénoménologie en France.

Préfaçant les actes d'un colloque tenu à l'Université de Poitiers (la seule qu'ait jamais fréquenté Descartes) en 1982, nous nous risquions à soutenir que «…à l'évidence, depuis que la métaphysique a trouvé sa fin, soit comme achèvement avec Hegel, soit comme un crépuscule avec Nietzsche, la philosophie n'a pu se poursuivre authentiquement que sous la figure de la phénoménologie»[1]. Cette prétention nous fut reprochée, mais elle ne marquait qu'une évidence, que l'histoire récente a confirmé, et dont témoignait déjà le bilan dressé, depuis l'Allemagne qui s'y connaît en la matière, par B. Waldenfels, sous le titre *Phänomenologie in Frankreich*.[2] Ce premier bilan couvrait la première génération phénoménologique en France, de Sartre et Merleau-Ponty à Lévinas, Ricœur et Henry. Mais, avec la relance d'une ou de deux nouvelles générations, relance soutenue sinon provoquée par les parutions presque parallèles d'une part des *Husserliana*, de l'autre de la *Gesamtausgabe* de Heidegger, le mouvement créatif de la phénoménologie se déployait encore plus vigoureusement. Et, avec lui, le débat sur le rapport entre la philosophie en tant que telle et la métaphysique telle qu'elle fut historiquement développée. D'où l'importance d'un deuxième bilan de la plus récente phénoménologie en France, bilan venu encore une fois d'Allemagne et publié chez le même éditeur que le premier, par le regretté L. Tengelyi, *Neue Phänomenologie in Frankreich*[3].[4] Et cet arbitrage, d'autant plus décisif qu'il venait de l'extérieur, fut l'objet d'une réception et d'une discussion sérieuse lors d'une journée tenue à l'Ecole Normale Supérieure. Pour ma part, j'y faisais remarquer à László

---

[1] *Avant-Propos* à J.-L. Marion et G. Planty-Bonjour (éd.), *Phénoménologie et métaphysique*, Paris, PUF, 1984, p.7 (contributions de W. Biemel, R. Brague, J.-F. Courtine, D. Franck, D. Janicaud J.-L. Marion, G. Planty-Bonjour, O. Pöggeler et D. Souche-Dagues).

[2] B. Waldenfels, *Phänomenologie in Frankreich*, Frankfurt a./M., Suhrkamp, 1983^1, 1987^2.

[3] Colloque «La nouvelle phénoménologie française», E.N.S./ Archives Husserl, Paris, 8 mars 2012, dont les actes (incluant notre contribution «Quelques précisions sur la réduction, le donné, l'herméneutique et la donation») furent publiés par C. Sommer (éd.) dans *Nouvelles phénoménologies en France. Actes des journée d'études autour de Hans-Dieter Gondek et Làszlo Tengelyi*, Neue Phänomenologie in Frankreich, Paris, Hermann, 2014.

[4] H.-D. Gondek & L. Tengelyi, *Neue Phänomenologie in Frankreich*, Frankfurt a./M., Suhrkamp, 2011.

Tengelyi, car, si nous nous réunissions pour célébrer son livre, en fait c'était son livre qui retenait une époque de philosophie et ainsi en quelque façon la créait. Il s'agissait donc en quelque manière d'un admirable échange puisque nous remercions de distinguer un phénomène dans l'immense désordre du bavardage culturel et philosophique et que c'est lui qui nous disait ce que nous avons fait, si nous avions fait quelque chose. Nous nous trouvions donc dans la situation proustienne, dans le temps retrouvé, après la guerre (car il y a eu quelques morts intellectuelles); nous nous retrouvons en principe comme nous étions, les noms restant les mêmes, mais, sous les noms, il n'est pas sûr que les mêmes personnages soient encore les vivants d'un colloque. Bref, nous avons peut-être du mal à nous retrouver, à nous rencontrer, à savoir qui est qui, qui est où, qui pense quoi – et c'était L. Tengelyi, tel une carte Michelin écrite en allemand, qui nous disait où nous en sommes.

L'analyse part d'un symptôme, celui, pour le meilleur et pour le pire, du pamphlet de notre ami regretté Dominique Janicaud sur le supposé "tournant théologique de la phénoménologie française"[1]. C'est pourquoi l'ouvrage choisi en deux extrêmes, nous y reviendrons, séparés par une négation à propos du principe que j'énonçais, « autant de réduction, d'autant plus – ou d'autant moins – de donation ». Ce qui est intéressant est que ce symptôme après tout s'imposait peut-être, puisque cette polémique a marqué d'un coup de gong l'état de fait et a construit une retenue d'eau qui permet la retenue de l'*époché* et de l'époque, et produisit en dehors de la France l'effet exactement inverse à celui qui était espéré par son auteur – une promotion positive partout ailleurs. Toujours est-il que le symptôme mis au début de l'analyse aboutit à un diagnostic qui ne correspond pas au point d'arrivée, voilà ce qui intéresse. Le point d'arrivée, le diagnostic, consiste en une série d'interrogations sur

---

[1] Voir D. Janicaud, *Le tournant théologique de la phénoménologie française*, Paris, Editions de l'Eclat, 1991.

les concepts fondamentaux de la dernière figure de la phénoménologie ici racontée. Et sa conclusion privilégie le fait que la phénoménologie dans sa dernière figure et sa plus récente époque, revient à la question de l'évènement, ou plutôt de l'événementialité de l'apparaître. Pourquoi le symptôme ne correspond-il en effet pas au diagnostic ? Pourquoi est-ce que la maladie dont le "tournant" voulait nous guérir n'était pas la théologie, et n'était surtout pas une maladie ? Car, à l'arrivée, le diagnostic ne décèle plus une maladie, mais une croissance qui porte sur un tout autre registre. Je propose en revanche une hypothèse, voire une méthode, qui consiste à d'abord dire que la question des convictions personnelles sur la religion (le non-dit obsédant de Dominique Janicaud) n'est pas pertinente pour expliquer ce qui s'est produit dans la dernière phase du développement de la phénoménologie et que cette question n'est, au mieux, qu'une apparence masquant l'enjeu de fond. Car, s'il y a eu une rupture et s'il y a des accords ou des désaccords, ceux-ci restent beaucoup plus secrets et bien différents que ce que l'on croit. Je pense, pour prendre un exemple, que ce que Jocelyn Benoist appelle (voudrait pouvoir appeler le réalisme)[1] a un rapport étroit avec la notion de donné, que cette notion de donné a un rapport étroit avec l'événementialité privilégiée dans la redéfinition du phénomène, et ceci quels que soient les placements sur l'horizon des convictions et des idéologies des protagonistes. Il vaudrait mieux, je pense, essayer de préciser quelques points non pas de rupture, mais de décision, qui permettraient de redéfinir le réseau dans lequel chacun des auteurs que vous avez sélectionnés joue un rôle. Ce qui rend cette tentative un peu délicate tient à ce que la notion d'événementialité de la phénoménalité, que vous indiquez et qui est, je pense, partagée par beaucoup des auteurs en question, se rattache

---

[1] Voir J. Benoist, *Eléments de philosophie réaliste*, Paris, Vrin, 2011. voir, depuis, notre essai de mise au point «Le réalisme réel: l'objet ou la chose», à paraître *in* E. Alloa & E. During (éd.), *Choses en soi*, Paris, PUF, 2018.

quand même directement au travail de Claude Romano, qui n'est pas des nôtres en ce moment et qui aurait pu tenir une place centrale dans votre livre. Ce sera une limite de mon travail.

Je voudrais tenter de préciser quelques points de compréhension ou de mécompréhension sur le statut de la réduction, sur le statut du donné, sur le statut de l'herméneutique et *in fine* de la donation. Une question s'impose toujours en phénoménologie, celle de savoir si l'on peut et si l'on doit y admettre un irréductible, quel qu'il soit. Cette interrogation se dédouble en se portant sur la réduction qui, en tant même qu'elle se radicalise, met en évidence, indique la nécessité d'une exception et d'un irréductible: doit-on entendre cet irréductible comme un phénomène non réduit ou s'agit-il du résultat de l'opération de la réduction elle-même? Ces deux hypothèses rencontrent deux objections fortes, en apparence du moins : ou bien on récusera que la réduction puisse admettre la moindre exception, ou bien on discutera que l'entreprise phénoménologique soit liée à l'exercice, par principe, de la réduction. Ces deux objections sont peut-être moins fortes qu'il n'y paraît : la première, à savoir la réduction n'admettant aucune exception, repose sur l'autorité transcendantale absolue de la réduction, tandis que la seconde implique la possibilité d'une suspension de son rôle initiateur. Et il faut bien choisir, on ne peut pas produire les deux objections en même temps. Ou bien on dira que plus il y a de réduction, moins il y a d'irréductible, c'est-à-dire de donation. C'est la position de Marc Richir : d'autant plus de réduction d'autant moins de donation, position dont nous verrons qu'elle n'est pas tenable, du moins en termes husserliens. Ou bien on renoncera à la réduction, du moins au sens où elle impliquerait l'opération d'un *Je* transcendantal, ce que réclame, parmi d'autres auteurs, Claude Romano ou Jocelyn Benoist dans une lignée merleau-pontienne.

Mais ce dilemme lui-même repose sur des assomptions que l'on peut sinon contester, ou du moins identifier. D'abord on assume que la réduction garde et doit garder un statut transcendantal, c'est-à-dire métaphysique, en s'adossant sur un *Je* lui-même inconditionné, alors qu'il se pourrait au contraire que tout le développement de la phénoménologie, et ceci dès Husserl, ait constitué à mettre entre parenthèses la transcendantalité supposée du *Je* kantien et postkantien, pour faire de lui le *résultat* autant que l'origine de la réduction. Les réductions, même husserliennes, ne consistent-elles pas à modifier non seulement le réduit, mais aussi le réducteur à la mesure même de la réduction ? Le débat sur la réduction reste abstrait et vain tant que l'on ne prend pas en compte cet effet en retour sur son déclencheur de l'opération de la réduction. On pourrait montrer assez clairement chez Lévinas, mais aussi chez Sartre, Husserl et *a fortiori* dans le couple *Eigentlichkeit/Uneigentlichkeit* du *Dasein* selon *Sein und Zeit*, que le déclencheur, sinon l'auteur, bref l'opérateur de la réduction se retrouve toujours modifié par la réduction elle-même et donc que, s'il garde la jouissance de l'adjectif « transcendantal », il ne s'agit que d'un usufruit, pas plus. La transcendantalité reste toujours le fait de la réduction elle-même et pas du sujet de la réduction. Donc l'idée qu'il y ait une réduction sans sujet transcendantal n'a absolument rien de contradictoire : ne peut-on pas envisager de maintenir la réduction, non seulement sans sujet transcendantal, mais dans l'intention même de faire varier la transcendantalité du sujet ? Ensuite, l'identification de l'irréductible que laisserait la réduction ne va pas de soi. Il y a ici une assez longue tradition polémique qui, au moins depuis Cavaillès, a assimilé la phénoménologie à une philosophie de la conscience par opposition à une sobre, supposée rigoureuse et de toute façon stricte, philosophie du concept – comme s'il pouvait y avoir un concept sans conscience, ne serait-ce que la conscience de ce concept même? La phénoménologie s'est trouvée historiquement, polémiquement, réduite à une philosophie de l'intuition, ce qui s'avère hautement contestable comme la suite de son histoire l'a prouvé. Par conséquent, l'irréductible supposé de la phénoménologie pourrait ne pas résider dans l'intuition ni dans le vécu de la conscience. D'ailleurs cette hypothèse se trouve réfutée d'emblée, du moins j'avais essayé de le montrer dans des temps désormais anciens, par une lecture correcte de la *Première Recherche Logique* [1], la percée initiale de Husserl consistant à reconnaître non seulement que l'intuition ne se borne pas à la sensibilité (elle doit s'étendre à l'éidétique et au catégorial aussi bien), mais que l'intuition elle-même ne vaut qu'autant qu'elle met en œuvre une donation plus originelle puisqu'elle englobe aussi la signification. Que manifeste la percée husserlienne vers la donation ? Peut-on la laisser de côté, comme s'il s'agissait d'une thèse marginale du *venerabilis inceptor*, thèse invraisemblable, ou, plus étrange encore, d'une invention délirante d'un épigone, alors que Heidegger avait reconnu la question dès 1919 : « Que veut dire «donné» ? « *Donation* », ce mot magique de la phénoménologie et la « pierre d'achoppement » pour tous les autres » [2]. Il ne suffit pas de ravaler la donation à ce qu'elle a pour fonction de dépasser, à savoir sa limitation à l'intuition et à l'intuition sensible, et ainsi de la chômer pour s'en défaire. Le quatrième principe de la phénoménologie, pour parler comme Michel Henry, résiste ici au moins à titre de problème.

Afin de reprendre cette question, je voudrais me concentrer sur les termes d'un débat désormais bien installé mais sur le fond, à mes yeux, fragile et mal posé, celui qui soupçonne le plus souvent une relation d'exclusion entre une phénoménologie de la donation et la pratique de l'herméneutique. Il convient d'admettre le fait de la donation comme instance ultime sans atténuer et reculer devant sa facticité. Husserl ne laisse planer aucune ambiguïté sur le caractère de fait et indissolublement de droit de la donation. Je relis ce texte, à mes yeux décisif, de *L'idée de la phénoménologie* : « La donation absolue est un terme ultime [*Absolute Gegebenheit ist ein Letztes*] » [3].

---

[1] Voir la première partie de *Réduction et donation. Recherches sur Husserl, Heidegger et la phénoménologie*, Paris, Puf, 1989.
[2] M. Heidegger, *Grundprobleme der Phänomenologie 1919/1920*, Gesamtausgabe 58 her. H.-H. Gander, Vittorio Klostermann, Frankfurt am Main, 1993, p.5.
[3] E. Husserl, *Die Idee der Phänomenologie*, Husserliana II, éd. W. Biemel, (转下页)

D'un autre côté, nier en général la donation de soi cela veut dire nier la norme ultime, la norme fondamentale qui donne tout sens à la connaissance fondamentale; et Husserl ajoute que la connaissance pure ne peut être résolue que « dans la sphère de la donation en dernière instance normative parce que absolue [*letztnormierenden, weil absoluten Gegebenheit*] »[1]. Une telle norme atteste sa primordialité même à l'égard de la différence en un autre sens infranchissable entre la région monde et la région conscience : tout les sépare, l'immanence et la transcendance, la certitude et la contingence, l'absolu et la relation, mais elles ne s'en déploient pas moins à l'intérieur d'une unique *Gegebenheit* : « Nous tenons donc pour assuré que, tandis qu'il appartient à l'essence de la donation par esquisses qu'aucune ne donne la chose comme un "absolu", mais au lieu de cela ne la donne que dans une présentation unilatérale, il appartient à l'essence de la donation immanente de donner un absolu »[2]. Quel que soit donc la différence des régions, la différence entre l'absolu et le relatif, entre l'immanent et le transcendant, elle se dit toujours en termes de donation[3]. A sa manière, certes essentiellement différente, Heidegger opère une semblable mise en situation en recourant en dernière instance au *es gibt*, question sur laquelle je ne m'attarde pas et renvoie à l'excellent exposé de l'ouvrage que nous commentons ici. Je conclut simplement sur un point : la donation s'impose, à s'en tenir aux deux plus grands instituteurs de la phénoménologie, comme un *factum rationis*, une *ultima ratio rerum*, qui, en tant que dernière et première, s'impose comme

---

（接上页）Haag, Martinus Nijhoff, 1950, p.61.

[1] E. Husserl, *Die Idee der Phänomenologie*, Husserliana II, p.76.

[2] E. Husserl, *Ideen zu einer reinen Phänomenologie und phänomenologischen Philosophie* §44, Husserliana III, 1, éd. K. Schuhmann, Martinus Nijhoff, Haag, 1976, p.93 (voir éd. W. Biemel, Martinus Nijhoff, Haag, 1950, p. 103).

[3] Je dois cette remarque décisive à l'ouvrage de Didier Franck, *Chair èt corps. Sur la phénoménologie de Husserl*, Paris, Editions de Minuit, 1981.

une norme de droit. Il s'agit là d'une norme doublement non questionnable et irréductible : elle est le résultat de la réduction, y résiste ou s'en fait le résidu. Mais si l'on admet ce fait, qui est aussi un droit, on comprend dès lors qu'elle puisse paraître contredire toute médiation et donc ne laisser aucun rôle à une éventuelle herméneutique. Ici surgit une récurrente critique, une plainte dénonçant le fétichisme du donné qui appelle au secours vers l'herméneutique, pour reprendre l'expression de François-David Sebbah, afin de parvenir à « une phénoménologie enfin déniaisée de la pureté de la donation »[1]. Cette objection, très sérieuse, a été introduite comme une évidence par Jean Greisch et par Jean Grondin et reprise largement, y compris par des théologiens même américains. Mais à lire les plus récentes objections, on en voit bientôt la limite : « La vraie pierre de touche de la phénoménologie proposée par *Etant donné* est cette universalité inconditionnée de la donation à laquelle rien ne fait exception et qui rend caduque en particulier la nécessité [on pourrait dire la possibilité] du recours à l'herméneutique ».[2] On voit bien que l'objection suppose ici ce qu'il faudrait prouver, à savoir l'incompatibilité du fond de la phénoménalité avec l'énonciation différenciée de ses figures de sens. Cette incompatibilité ne pourrait se concevoir que si la donation donnait *d'emblée* un phénomène invariable c'est-à-dire objectivé et constitué en un sens univoque, ne supportant qu'une seule interprétation. Mais la question est justement de savoir si la donation donne toujours et même parfois un tel objet de sens univoque, parce que totalement déterminé. La donation se confond-elle par exemple avec une causalité efficiente, avec une constitution exhaustive, avec une synthèse objectivante ? Donner équivaut-il, dans le cas de

---

[1] F.-D. Sebbah, *L'épreuve de la limite. Derrida, Henry, Lévinas et la phénoménologie*, Paris, PUF, 2001, p.307.
[2] C. Serban, « La méthode phénoménologique, entre réduction et herméneutique», *Les Études philosophiques* 2012/1, p. 88. Depuis, nos réponses dans *Reprise du donné*, Paris, PUF, 2016, en particulier ch. II.

la donation au sens de Husserl, à déposer un objet sous un regard ou même, soyons généreux, à le disposer comme un étant sous-la-main? Qui ne voit que la donation, ainsi réduite à la production, à l'efficience, à la constitution, à la synthèse, ne *donne* précisément plus rien, parce qu'elle ne donne plus mais produit. Heidegger a très clairement dénoncé cette mécompréhension de la donation, qui d'avance hypothèque toute approche correcte de ce qui est en jeu. Cette hypothèque confirme d'ailleurs que la *Gegebenheit* intervient aussi, sinon surtout, comme une pierre d'achoppement, plus comme une énigme que comme une solution, en tous cas jamais comme une facilité : « Cela donne-t-il même une seule chose si cela ne donne que des choses? En fait, à ce moment là, cela ne donne absolument aucune chose, cela ne donne même pas rien parce que, dans la domination absolue de la sphère des choses, cela ne donne plus le moindre "cela donne" . [*Gibt es überhaupt eine einzige Sache, wenn es nur Sachen gibt? Dann gibt es überhaupt keine Sachen; es gibt nicht einmal* nichts, *weil es bei eine aller Allherrschafft der Sachsphäre auch kein „es gibt", gibt es das „es gibt"*] »[1]. La question devient celle de penser le *es gibt* de telle manière qu'on n'y pense pas seulement une production, une constitution, une synthèse mais bien une donation : quand on dit que l'on donne une chose, ce que l'on donne ne reste peut-être plus donnable, s'il reste une chose. Pour que ce qui est donné demeure encore pris sous la figure du donné qui a pu être donné, du donnable, il faut qu'il n'apparaisse plus dans la phénoménalité de la chose ou de l'objet; et c'est pourquoi la donation reste une pierre d'achoppement pour ceux qui ne sont pas vraiment phénoménologues, c'est-à-dire dans la bouche de Heidegger tout le monde sauf lui. La donation constituait déjà une catégorie de l'Ecole de Marburg et elle se trouve chez Natorp, Rickert, Lask, etc, bref chez tous les contemporains de Husserl et de

---

[1] M. Heidegger, *Zur Bestimmung der Philosophie* 1919, Gesamtausgabe 56/57, her. B. Heimbüchel, Vittorio Klostermann, Frankfurt am Main, 1997, p.62.

Heidegger ; néanmoins, lorsqu'elle est traitée, comme chez Rickert, comme une catégorie (*die Kategorie der Gegebenheit*[1]), elle donne, comme chez Natorp, des objets et devient, selon Heidegger, une pierre d'achoppement et non pas une solution miraculeuse, un *Zauberwort*, soulignant simplement que la *Gegebenheit*, ou le *es gibt*, ne sont pas compris : si la *Gegebenheit* ne donne que des objets ou des *Sache*, alors il n'y a pas de *Gegebenheit*. Donc la question ne revient pas à tenir, ou non, la *Gegebenheit* pour immédiatement intelligible, comme si nous savions d'emblée ce qu'elle veut dire. Heidegger pousse très loin cette critique, puisque, d'après une note d'étudiant publiée par Kisiel dans son excellent ouvrage, il aurait dit « Cela donne-t-il un "cela donne" quand et si cela ne donne qu'un "cela donne" [*Gibt es ein es gibt wenn es nu rein es gibt gibt?*] »;[2] autrement dit, *es gibt* ou *Gegebenheit* n'offrent pas une autre manière de dire : « on trouve que », « on constitue que », « on produit que », mais disent quelque chose (ou *pas* une chose) de radicalement différent. Ou bien elle marque qu'on ne sait pas ce que l'on dit, ou bien elle fixe l'indice que l'on ne pense pas encore ce qui se passe quand cela se donne. On pourrait poser la question de la donation comme la question d'une énigme : la donation consiste en ce qui ne se donne pas à penser *tout de suite ni d'emblée*. Encore une fois, avant de critiquer un concept, surtout en phénoménologie, il faut s'assurer de l'avoir identifié et nous perdons souvent beaucoup de temps à critiquer une certaine compréhension d'un concept sans nous en assurer, c'est-à-dire sans le phénoménaliser assez, sans s'assurer de ce que nous entendons par ce concept. C'est ici que je voudrais venir au problème du donné.

Que le donné reste immédiat *et* qu'il donne pourtant déjà un objet apprêté

---

[1] M. Heidegger, *Grundprobleme der Phänomenologie* G.A. 58, p.71.
[2] T. Kiesel, *The Genesis of Heidegger's Being and Time*, Berkeley, Los Angeles, London, University of California Press, 1993, p.42.

pour la connaissance théorique, c'est la contradiction célèbre que présuppose le mythe du donné et *aussi* sa critique : comme dit Sellars, « le concept ou comme je l'appelle le mythe du donné est invoqué pour expliquer la possibilité de rendre directement compte de l'expérience immédiate [*direct account of immediate experience*] ».[1] Ainsi compris le donné serait d'abord non médiat, comme l'idée philosophique de donation ou, pour se servir du terme hégélien, d'immédiateté, et, dans ce cas, le donné se trouverait conçu comme un *sense datum* au sens classique de l'empirisme lockien. Il s'attire alors inévitablement l'objection que, restant immédiat, il n'offre encore aucun objet et demeure en deçà de toute validité épistémologique. Mais, ce même donné, celui donc du "mythe du donné", serait en même temps qu'immédiat *self sustaining*, indépendant; d'où l'argument décisif de Sellars, qu'un tel donné ne peut être constitué d'emblée par lui-même, mais reçoit sa validation d'une constitution, qu'il atteste donc une dépendance contingente et que c'est à cette condition seulement qu'il prend un statut épistémologique. Cette double objection s'unifie dans l'objection unique de Quine: la connexion entre les *data* immédiats présupposés et la proposition élémentaire, selon des règles sémantiques, ne peut jamais être assurée sinon par une composition [nous dirions une constitution] inévitablement médiate. Le réductionnisme strict ne peut se concevoir sans une constitution. Autrement dit, pour parler comme Neurath, il ne se trouve pas d'énoncé protocolaire immédiat : « La fiction d'une *langue idéale* construite à partir d'énoncés atomiques purs est aussi métaphysique que la fiction de l'Esprit de Laplace »[2]. La critique du "mythe du donné" rend ainsi manifeste une définition précise mais contradictoire de

---

[1] W. Sellars, *Empiricism and the philosophy of mind* §26, Cambridge (Mass.), London Harvard University Press, 1997, p.58.
[2] O. Neurath, *Protokollsätze*, Erkenntnis III, 1932-1933, p.204, trad. J. Sebestik et A. Soulez in *Manifeste du Cercle de Vienne et autres écrits*, dir. A. Soulez, Paris, Vrin, 1985, p.221.

ce donné, censé, pour fonctionner, conjoindre en soi, d'une part, l'immédiateté d'un *sense datum*, borné à l'intuition elle-même restreinte à l'intuition sensible et résumé donc à un affect purement subjectif indubitable mais incommunicable (paradigme même du langage privé, *i.e.* privé de langage) et, d'autre part, la validité épistémologique d'un premier objet, atome d'évidence déjà intelligible. Outre la contradiction de ces deux propriétés relevées par Neurath et Quine, on peut lui objecter aussi l'impossibilité de chacune de ces deux propriétés : on suppose d'abord que le donné se trouve d'emblée dans l'horizon de l'objet, au sens de la *Vorhandenheit*, ce qui n'est pas tenable (je ne reviens pas sur la démonstration que vient de faire récemment Claude Romano sur les présupposés néokantiens de Sellars)[1], et ensuite, au contraire, que le donné ne peut se penser que comme extérieur au mode d'être de l'objet, qu'il ne constitue pas encore et dans lequel il n'a pas nécessairement vocation à se terminer. Dès que l'objectité apparaît avec ses exigences (permanence, définition, universalisation, répétabilité), le donné a déjà disparu. Le donné ne peut se penser que dans son irréductibilité à l'objectité. La critique du "mythe du donné" lui attribue ainsi la propriété essentielle (quoiqu'illusoire) de rester immédiat, en quoi cette critique retrouve une assomption, très répandue dans les lectures les plus communes en phénoménologie, des notions de donné et de donation immédiats (ainsi la donation peut être une pierre d'achoppement y compris pour les phénoménologues). Mais il faut au contraire souligner le paradoxe que, du point de vue d'une phénoménologie correcte, il appartient au donné non seulement de résister à l'objectité mais aussi et sans doute de *ne pas* se donner immédiatement, surtout pas dans l'immédiateté des *sens data* – bien qu'il se donne dans une parfaite facticité, ou plutôt précisément parce qu'il se donne comme un *factum* inconstitué et originaire.

---

[1] Voir C. Romano, *Au cœur de la raison, la phénoménologie* XIX, Paris, Gallimard, 2010.

Considérons un premier argument sur le caractère non immédiat du donné, emprunté à Husserl : « Ce n'est pas le phénomène psychologique dans l'aperception et l'objectivation psychologique qui est effectivement une donation absolue mais le phénomène pur, le phénomène réduit [*nur das reine* Phänomen, *das reduzierte*] » [1] et plus loin « à propos du cas singulier d'une *cogitatio*, par exemple d'un sentiment que nous sommes en train de vivre, il nous serait peut-être possible de dire ceci : ceci est donné mais en aucun cas il nous serait permis de risquer la proposition plus générale : la donation d'un phénomène réduit en général est absolument indubitable » [2]. Donc, à propos d'une *cogitatio*, je peux dire que ceci nous est donné, mais je ne peux pas nous dire que ceci est la donation absolument indubitable d'un phénomène; car seul un phénomène *réduit* devient indubitable, donc indubitablement donné. En d'autres termes, aussi longtemps que le phénomène relève encore et seulement du vécu, donc aussi longtemps qu'il porte de fait le caractère de l'immédiateté, il reste, pour Husserl, douteux, indéterminé et ainsi non effectivement donné. Il ne suffit pas de se faire sentir et ressentir pour se trouver donné (sinon la couleur d'une cravate variant selon la lumière qui l'éclaire dans la cabine d'essayage suffirait déjà à offrir un donné certain). Mais le senti et le ressenti ne deviennent pas d'eux-mêmes un donné absolu et indubitable, sauf à se trouver soumis à réduction, c'est-à-dire à se trouver médiatisés. Cela ne veut pas dire que le donné, parce que médiatisé et pas seulement ressenti dans l'intuition, devrait se constituer pour autant en un objet; ceci a été expliqué, et ce sera mon deuxième argument, par une analyse très précise et très convaincante du jeune Heidegger : « La sphère du problème de la phénoménologie n'est donc pas d'avance immédiatement donnée [*unmittelbar schlicht vorgegeben*], elle doit être aussi médiatisée [*vermittelt werden muß*]. Que veut dire en effet

---

[1] E. Husserl, *Die Idee der Phänomenologie*, Husserliana II, *op. cit.*, p.77.
[2] Ibid., *op. cit.*, p.50, trad. A Lowit, Paris, Puf, 1984, p.76 (modifiée).

que quelque chose est *simplement donné d'avance* [*schlicht vorgegeben*]? En quel sens cela est-il généralement possible et que veut dire que quelque chose doit être immédiatement et premièrement porté à la donation »[1]. Devant les questions de savoir ce qui est donné immédiatement ou ce qui doit être médiatisé, Heidegger s'étonne de la réaction de la conscience naïve : « La conscience naïve fait d'emblée beaucoup trop d'assomptions et de présuppositions au lieu de considérer ce qui est donné immédiatement, primitivement. Qu'est-ce qui est donné immédiatement? Chaque mot a ici une signification [d'importance] »[2]. L'exemple ici pris se trouve dans celui du professeur parlant debout, à l'allemande, derrière sa chaire : que perçoivent les étudiants ou, plus exactement, quel phénomène leur apparaît, c'est-à-dire se donne à eux (dans le langage de Heidegger) ? Contrairement aux assomptions du constructivisme et aux préjugés de l'empirisme, ne sont pas donnés des *sense data*, des immédiats impropres, en fait abstraits et dérivés, mais ce qui apparaît, ce qui se donne comme un phénomène. Or ce qui se donne dans l'apparaître n'est pas la couleur du bois, la taille du support, les effets de la lumière du matin ou la résonance des sons de voix, mais d'abord, dans le vécu de la chaire [*im Kathedererlebnis*], ce qui m'est donné immédiatement, à savoir la chaire elle-même.[3] C'est-à-dire que ce qui m'est donné immédiatement est une signification et non l'immédiateté des *sense data* ou un objet déjà médiatement constitué. Même les étudiants qui ne sauraient pas ce que serait une chaire, un cours, un professeur, des étudiants ou une université, verraient de toute façon une signification [*Bedeutung*] (Heidegger dit de la chaire qu'il s'agirait, pour un "Sénégalais" d'un totem pour une célébration païenne, animiste, un podium de cérémonie) et si on ne voyait

---

[1] M. Heidegger, *Grundprobleme der Phänomenologie* G.A. 58, p.27.
[2] M. Heidegger, *Zur Bestimmung der Philosophie* G.A. 56/57, p.85.
[3] Ibid., p.71.

pas la signification et que l'on restait intrigué cela proviendrait du fait que ce qu'on attend est une signification – l'étonnement lui-même présupposant une signification. Donc seul se donne au sens propre un phénomène doté de significations et médiatisé au minimum par sa signification. On peut conclure de ces deux exemples que seul se donne ce qui advient par soi, donc avec son sens propre, soit médiatisé par la réduction au sens que Husserl lui confère dans *L'idée de la phénoménologie*, soit médiatisé par sa propre signification suivant Heidegger – à moins que la signification propre n'accomplisse en fait et en droit la plus radicale réduction possible, la réduction de la chose à elle-même.

C'est en ces termes qu'il faut envisager le problème de la donation pour parler comme Heidegger, [1] comme une énigme qui le situe en dehors des dichotomies de la conscience, naïve ou non. Le donné n'est ni immédiat au sens des *sense data*, de l'impression subjective, ni médiat au sens de l'objectité construite. Il ne s'agit pas de choisir entre deux termes également inadéquats, ni même de trouver une solution médiane. Il vaudrait mieux savoir échouer à le résoudre (comme le dit Heidegger à propos de l'herméneutique dans *Sein und Zeit* §31), car son caractère d'énigme (*Rätselhaftigkeit*[2]) nous met sur le chemin du comprendre originel (*Verstehen*). A la question *Was heißt Gegebenheit diese Zauberwort der Phänomelogie und der Stein des Anstoß bei den anderen*?, il faut peut-être demeurer dans l'énigme. L'indétermination du donné offre sa première détermination correcte, celle de ne pas décider ou qu'il est l'immédiat ou qu'il n'y a pas de donné parce qu'il y a encore du médiat. Comme le dit Valéry, il faut admettre « la nature, c'est-à-dire la Donnée, c'est tout, tout ce qui est initial, tout commencement, l'éternelle donnée de toute transaction mentale quelles que soient données et transaction,

---

[1] M. Heidegger, *Grundprobleme der Phänomenologie* G.A. 58, p.127.
[2] M. Heidegger, *Sein und Zeit* §31, Tübingen, Max Niemeyer Verlag, 2006¹⁹, p. 148.

c'est nature et rien d'autre ne l'est ».[1] Ce caractère d'énigme du donné, ni immédiat, ni médiat, cette énigmaticité, relèvent donc du *Verstehen*. Et c'est ici que la question de l'herméneutique découvre son lien profond avec l'indétermination qui détermine le donné.

Sur ce ce point je voudrais situer ma conclusion. Il ne faut pas prendre non plus l'instance herméneutique comme un *Zauberwort*, comme l'universelle solution, à la détermination du sens du donné, en supposant qu'elle va de soi et tombe du ciel intelligible sur un donné obscur et problématique; car l'acte d'interprétation ne va pas plus de soi que la réception du donné. L'herméneutique n'opère en effet pas sur des objets ni sur des *sense data* dont, par autorité arbitraire, elle modifierait à volonté le sens; cette attitude définit bien plutôt l'idéologie. L'herméneutique en fait pratique sur le donné une donation de sens d'un sens approprié au donné, de telle manière que celui-ci, au lieu de retourner à son anonymat et de rester dans l'occultation, se libère *comme tel* dans sa manifestation délibérée. L'herméneutique ne donne pas un sens au donné en le lui fixant et le imposant, mais elle lui donne *son sens*, c'est-à-dire celui qui fait apparaître ce donné comme lui-même, comme un phénomène qui se montre *en soi et par soi*. L'herméneutique, pour parler comme Renaud Barbaras ce matin, découpe le sens suivant le pointillé, mais n'impose pas un sens. Le sens que donne l'herméneutique ne provient pas tant de la décision de l'herméneute que ce qu'*attend* le donné lui-même pour se phénoménaliser, sens dont l'herméneute reste le découvreur et le serviteur. Le phénomène se donne à la mesure où l'herméneute sait reconnaître à ce donné le sens que réclame ce donné même. L'herméneutique non seulement interprète le donné comme un phénomène, mais, pour y parvenir, elle doit laisser l'herméneute se faire interpréter et guider par le donné à phénoménaliser. Cette structure d'interprétation réciproque a été clairement

---

[1] P. Valéry, *Tel Quel, in Oeuvres*, t.2, "Pléiade" , Paris, 1960, p.574.

exposée par Gadamer, entre autres arguments, par la fusion des horizons. Soit l'aporie de l'histoire marquée par Nietzsche dans les *Considérations Intempestives*: l'histoire ou bien détruit l'horizon de ce qu'elle interprète en la comprenant dans l'horizon de celui qu'elle interprète, ou bien s'y détruit en abolissant son propre interprète, son propre horizon d'interprétation dans celui qu'elle interprète (un des eux horizons, celui de l'interprète ou celui de l'interprété doit disparaître). En fait, répond Gadamer, une herméneutique ne devient correcte que si les deux horizons se rencontrent et s'échangent : « L'horizon du présent ne se forme donc absolument pas sans le passé. Il n'y a pas plus d'horizon du présent qui puisse exister à part qu'il n'y a d'horizons historiques que l'on devrait conquérir. *La compréhension [Verstehen] consiste au contraire dans le processus de fusion de ces horizons soit disant indépendants l'un de l'autre* »[1]. D'où un deuxième argument, qui montre que cette fusion elle-même suppose une démarche réciproque entre le donné, l'horizon passé, et le phénomène, l'horizon présent. Comment définir cette réciprocité qui va redoubler l'interprétation par l'herméneute de l'interprétation de l'herméneute lui-même ? « Nous revenons donc à ce qui est pour nous acquis : le phénomène herméneutique porte également en lui l'originarité (*Ursprünglichkeit*) du dialogue et de la structure question-réponse […] La méthode de l'histoire demande qu'on applique la logique question-réponse à la tradition historique »[2]. Il s'agit dans l'interprétation historique qui finalement aboutit à l'interprétation des textes d'un dialogue : « La dialectique question-réponse que nous avons mis en lumière fait apparaître la compréhension comme une relation réciproque telle que celle du dialogue. Certes un texte ne

---

[1] H. G. Gadamer, *Wahrheit und Methode. Grundzüge einer philosophischen Hermeneutik*, Gesammelte Werke I: Hermeneutik I, Mohr Siebeck, p. 311, trad. P. Fruchon, J. Grondin, G. Merlio, *Vérité et méthode*, Paris, Seuil, 1996, p. 328.
[2] H. G. Gadamer, *Wahreit und Methode* G.W. I respectivement p. 375, trad. p. 393 et p.376, trad. p. 394.

nous parle pas comme un toi. C'est toujours à nous, qui comprenons, et de nous-mêmes à le faire parler. Or comme nous l'avons vu, cette manière de donner la parole dans la compréhension [*Verstehen*] n'est pas l'intervention quelconque d'une initiative personnelle, elle se rapporte à son tour comme une question à la réponse attendue du texte »[1]. Ainsi la question qui demande le sens du donné ne reçoit ce sens (qui fera que le donné se montre que comme la réponse) non pas d'un interprète, mais de l'interprété, du texte – et il s'agit du sens du donné lui-même.

Ainsi l'herméneutique dépend de la structure de la question et de la réponse, c'est-à-dire plus essentiellement de la structure de l'appel et de la réponse, donc de la structure du donné articulé sur le visible. L'herméneutique elle-même constitue un cas du jeu entre ce qui se donne et ce qui se montre, entre l'appel du donné et la réponse de ce qui s'y montre. D'où notre thèse : l'herméneutique doit s'entendre suivant l'entente du donné sous les figures de l'appel et de la réponse. Loin que l'herméneutique outrepasse la donation, s'y substitue ou la refuse, elle s'y déploie presque comme un cas particulier du rapport originel entre ce qui se montre et ce qui se donne. Je passe ici sous silence le texte fondamental de *Sein und Zeit* §31-33, qui montre comment l'interprétation ne repose pas sur l'*en tant que* herméneutique et apophantique, mais que cet *en tant que* repose lui-même de manière radicale sur l'*en tant que* existential proprement *Daseinmäßich*, qui lui-même suppose l'être-dans-le-monde, c'est-à-dire la structure d'appel et de réponse du *Dasein* et de son monde ambiant : « Nous nommons l'"en tant que" originaire de l'interprétation circonspecte (ερμηνεία) l'"en tant que" existential-*herméneutique* par différence avec l' "en tant que" apophantique de l'énonciation »[2]. Et Heidegger montre que jamais le sens, qui reste signitif et

---

[1] H. G. Gadamer, *Wahreit und Methode* G.W. I, p. 383, trad. fr. p. 401 (modifiée).
[2] M. Heidegger, *Sein und Zeit* §33, p. 210.

non réel, ne pourrait convenir avec un phénomène réel, si on n'en demeurait à l'hétérogénéité de ces deux statuts ontiques, ce qui est le cas dans la prédication, dans l'*en tant que* apophantique. Il n'est possible de surmonter la césure entre le signitif et le réel que si l'*en tant que* apophantique est lui-même dérivé de l'*en tant que* existential; car alors seulement la structure d'appel et de réponse, donc la structure d'interprétation, joue entre les choses du monde et l'*In-der-Welt-sein* du *Dasein* qui, eux sont homogènes et non hétérogènes. Ainsi, il faut comprendre l'herméneutique elle-même en vue de la réception et de l'identification du donné. D'où la dernière étape : non plus seulement comment savoir entendre l'herméneutique elle-même mais comment l'entendre de telle sorte que s'y entende le donné.

J'en arrive à ma conclusion. Si, comme j'ai tenté de le montrer dans *Etant donné,* la question de la donation ne se confond pas avec la question de la manifestation des phénomènes, si d'une part tout ce qui se montre doit se donner et d'autre part tout ce qui se donne ne se montre pas pour autant; c'est-à-dire qu'il y a toujours une réserve de donné par rapport aux phénomènes manifestes; alors , doit-on demander, comment se joue le filtrage, le passage entre le donné et ce qui se montre ? Il faut ici faire intervenir quelques principes simples. Le premier dit que le donné n'est pas immédiat et pas immédiatement visible : le donné ne devient visible que si cette région de ce qui se donne se montre, et ceci grâce à la structure d'appel et de réponse, qui phénoménalise le donné. mais le donné surpasse de toutes façons toute mise en scène visible. Ainsi je disais en conclusion du paragraphe 30 d'*Etant donné* : « Je suis donc obsédé parce que je ne peux pas et ne veux pas laisser se montrer. Une nuit d'invus, donnés mais sans espèce [au sens de la *species*] enveloppe l'immense jour de ce qui se montre déjà ». [1] Ce qui se montre déjà n'est que le résultat de la réponse à l'appel, c'est-à-dire au donné, réponse qui en permet

---

[1] *Etant donné* §30, Paris, PUF, 1997¹, 2005, p. 438.

seule la mise en forme, la visibilité. Cet écart entre ce qui se donne et ce qui se montre définit l'écart entre le donné intuitif, au sens le plus large du terme, qui n'a pas de nom, car il n'a pas encore de concept ni de signification, et peut-être ne pourra-t-il jamais en recevoir – et ce qui se manifeste comme un phénomène. Qu'est-ce qui lui assure cette signification et ce concept, sinon l'adonné, qui seul peut pratiquer une herméneutique, autre nom de la donation de sens ? Donner du sens à ce qui se donne permet à ce qui se donne de se montrer. L'écart entre ce qui se donne et ce qui se montre, si on l'interprète au sens de l'appel et de la réponse, c'est-à-dire de l'intuition et de la signification, se trouve géré par l'herméneutique comme une *Sinngebung* infiniment plus démultiplié, souple, plastique et donc puissante que la constitution de l'objet ou que la synthèse au sens kantien. Cette *Sinngebung* par herméneutique non seulement n'est pas rendue impossible par le donné, mais se trouve requise par le donné, pour que ce donné puisse se montrer. La phénoménalisation du donné reste proportionnelle à la puissance herméneutique de l'adonné. Donc l'idée d'une exclusion de l'herméneutique, comme instance de donation de sens, dans le cas de l'interprétation des phénomènes dans l'horizon de la donation, devient un contresens complet. Mais on n'admettra ce résultat, que si l'on renonce aux présupposés de toutes les critiques du "mythe du donné", à savoir que le donné et la donation relèvent de l'immédiateté. Tel n'est justement pas le cas : le donné n'est pas immédiat, car il constitue la réserve, ni visible, ni invisible, de ce que j'appelle l'*invu* de ce qui éventuellement peut se montrer. Ainsi on pourrait montrer qu'il y a une instance herméneutique présente à tous les niveaux de la phénoménologie de la donation mais cela vient d'être dit et je n'insiste pas.

后　记

黄　作

　　大概在 2011 年春节时，我和夏宏兄等人与倪梁康教授聚餐，其间谈到中山大学一直有意邀请马里翁先生再次访华（2000 年首次由杜小真教授邀请成行），但由于各种原因始终未成。我当时正在翻译马里翁先生的经典随笔 Le phénomène érotique（《情爱现象学》，商务印书馆，2014），与他时有书信来往，跟他表达了我们这边的邀请意向后，先生欣然答应。谈到具体访华计划时，考虑到我自己近一二年内要去巴黎访学，觉得还是当面商谈为宜，于是就约定到时候巴黎面谈。后来出国一事有些变化，直到 2015 年才成行。我一到巴黎就去拜访马里翁先生，他拿出日历记事本给我看，2016 年行程已经排满，最早也要到 2017 年秋季。我与马里翁先生敲定大概日程后，立刻联系上倪老师，很快敲定了由中山大学作为邀请方的事，随后把这个消息告诉了我们法国哲学专业委员会前理事长杜小真教授、理事长冯俊教授、副理事长尚杰研究员、副理事长钱捷教授以及个别理事，大家都非常重视和支持，认为这将是中国法国哲学界的一件盛事。我把这些情况反馈给马里翁先生，他听后非常

后　记

高兴，当得知有多所中国大学有意邀请他时，他略作思考，在我所画的中国地图中圈出了北上广三地，定下了六场讲座，从而把原先计划的两周时间延长到了三周。杜老师建议了两所北京高校，冯老师建议了两所上海高校，加上中山大学与我们华南师范大学，北上广三地六家高校讲学计划就这样出炉了：中山大学作为主邀请方，法国哲学专业委员会其他五家理事单位作为协办方。

本文集收入了马里翁先生2017年访华九个活动的内容，其中五篇讲座论文文本提供了法汉双语对照；先生基本上用法语演讲，互动环节多用英语现场交流，鉴于篇幅限制，我们没有收录报告后的互动内容。我在2018年第6期《哲学动态》上以《"普遍的都是真的"——马里翁2017年中国行》为名，对这些活动的思想内容做过一些概述，在此只想说说正规活动之外的一些花絮：一部分在酒桌上，另一部分在旅途上。

马里翁先生喜酒，善饮，酒品好，又健谈，是酒桌上当仁不让的王者。酒桌上谈论最多的还是我们颇感兴趣的当代法国哲学家。他毫不吝啬地称赞列维纳斯和德里达，认为他们是真正的哲学家，前者给法国哲学带来一套新的话语，后者创建了一套自己的概念系统，影响深远，同时也向我们揭示了大谈爱的哲学的列维纳斯鲜为人知的另一面：列维纳斯很是威严，别人在他面前都不敢言说。这一典型的大他者形象与我们已有的慈祥的列维纳斯形象形成了鲜明对比。相反，他毫不客气地批评梅洛-庞蒂，认为他的理论完全受惠于当时所看到的尚未面世的胡塞尔手稿，而梅洛-庞蒂并没有及时指出这种受惠；与之相对，他自始至终表现出与米歇尔·亨利惺惺相惜的姿态，无论是后者对他"还原越多，给予越多"原则的高度赞赏，还是他对后者的"自身感受"理论的时时回应，无一不展示出他们理论之间的相近与互补（米歇尔·亨利的大气与马里翁的精致），由此也不难理解他与米歇尔·亨利共同批评梅洛-庞蒂的立场。另外，他对拉康、福柯、德勒兹等非现象学领域的思想家也了如指掌。当代法国哲学，思想活跃，人才辈出，可以比肩德国古典哲学，这是马里翁对当代法国哲学的总结，恐怕也是他唯一认可阿兰·巴迪乌的地方。

在路途上，有两件事情令我印象深刻。一是，当我问马里翁先生在美国多年的教学情况如何时，他这样跟我说：二十多年来在美国教学，最终感到非常失望。美国学生很聪明，但他们不愿意主动学习外来的优秀文化，譬如在语言上，大部分美国学生认为英语就够用了。这同样表现在美国学者身上，凡是在美国举行的国际会议，美国学者总是要求与会者统一讲英语，不管所探讨的主题或思想家其实来自其他语言的文明。即便在笛卡尔研究这样专业的学术圈内，很多美国学者会拉丁文懂法文，可是在论文写作中偏偏习惯于只引和用英译文，而英译文往往与拉丁文或法文原文的意思相去甚远。美国人不开放，他们很封闭，与之相反，这次访华看到很多中国学生和学者对外来文化抱有浓厚的兴趣，积极学习原文献语言，力求阅读原文文献，体现出一种开放的姿态，让人感到非常的欣慰。我听后悲喜交加：中国人的开放与勤奋不难得到西方智慧人士的赏识，可他们哪里知道，全民学习外语（主要是英语）的背后，恰恰是汉语文化的无奈。二是，马里翁先生初到广州后上火了，离粤赴京的飞机上，高压使得他舌头溃疡破裂，下午到达北大后一开口讲话就感到疼痛，这令他对第二天晚上的北大讲座有些担心。他似乎从未遇到过舌头溃疡的情况，我安慰他说这只是内火（le feu interne）发了，他第一个反应却说自己并没有发热（fièvre），文化差异一下子就出来了。向他说明中医的内火病理倒没费多少周折，大家也知道这并不严重，一般情况下过几天就好了。问题是，他一开口讲话就感到疼，而讲座时间早已定下，还要在腾讯网开现场直播。为此大家纷纷支招：靳希平教授根据自身经验推荐了某种可贴药膏，可惜我当晚寻遍周围药店未果；方向红兄让其博士后开出了中医药方，千里传送，可惜远水解不了近渴。眼见第二天早上还未好转，李猛兄果断找了旁边的北大医院，给先生做了一次小型的激光治疗，上下午两次敷药，保证了晚上讲座的顺利进行。有意思的是，北大的演讲（唯一一次用英语做的报告）是先生几场演讲中讲得最好的一次，完全脱稿，激情演绎，大概是身心完全放松了的缘故吧。

可以说，马里翁先生上火是一个事件，出现了一些始料未及的后果，包括他由此认知了中医的内火（内热）。先生访华本身也是一个事件，总有预想不到的影响出现。自七场活动的海报先后发布以来，先生一时间竟成了微信朋友圈的刷屏对象。"澎湃"对先生的访谈实录2017年底在澎湃思想栏目上线后，也引起了不小的轰动。李晶和方向红的《2017年中国现象学研究：回顾与展望》（载《中国社会科学报》2018年1月）中用很大篇幅总结马里翁访华在现象学研究方面带来的影响，施璇的《马里翁的中国行与国内笛卡尔哲学研究》（载《外国哲学》第三十六辑，2019年1月）总结了马里翁访华在笛卡尔研究方面带来的影响。随着本文集的出版，我们相信这一事件还将持续发酵，我们把当时的讲座海报、相片与先生的演讲稿放在一起，尽可能还原当时的情形，也期待这一事件能在多个向度上展示它的影响力。

先生离开广州时以及在随后的回信中都提到对这次访华感到非常满意，特意嘱咐我代为感谢所有参与接待他们夫妇的人士。然而我想，我们最应该感谢的当然是马里翁先生了，先生年事已高，不远万里，给我们带来了一系列的精神盛宴，给我们国内法国哲学界以莫大的鼓舞和支持；先生学识渊博，思想深邃，见识精辟，风趣睿智，与之相处交谈，无不受惠良多；

先生和他太太待人宽仁,感谢他们对接待方面的包容与理解。

还要感谢倪梁康教授的慷慨相助,既是物质上的支持(商务舱来回国际机票),又是学术上的支援(德法现象学已成一家)。感谢法国哲学专业委员会的杜老师、冯老师、尚老师、钱老师等在2015年北京年会和2016年珠海年会专门讨论和布置此事。也感谢各家理事单位的支持。

感谢参与活动的各位(大部分已在讲稿首页的脚注和书内插页相片中列出),限于篇幅,不再一一列出。至于接待方面,需要指出的是,中山大学方向红教授为接待马里翁夫妇专门成立了一个小组,特别指定懂法语的外哲专业博士生余君芷具体负责;北京大学王博副校长出面宴请了马里翁夫妇,李猛教授和韩笑老师安排马里翁夫妇观赏京剧表演;中国人民大学韩东晖教授和牛宏宝教授分别代表哲学院和艺术学院到讲座现场致欢迎辞,欧阳谦教授和李科林副教授等几位人大师生陪同马里翁夫妇参观了故宫和长城;同济大学江波副校长到讲座现场致欢迎辞;复旦大学哲学学院孙向晨院长宴请了马里翁夫妇;华南师范大学吴坚副校长和王建平主编到交流会现场致欢迎辞。感谢以上各位。

感谢"澎湃新闻"的韩少华先生和杜甦女士的大力支持。

特别感谢北京的朋友江南和上海的朋友雁飞的盛情款待。

感谢翻译马里翁先生五篇演讲论文的五位年轻译者,他们的初稿为现场理解马里翁现先生的思想提供了一定的保证，更是对这次先生访华活动的有力支持。感谢部分场次中的现场法语口译。特别感谢罗内（Ajzenberg Renée）女士对马里翁法文原稿的最后校对。方向红提供了中山大学两场活动的最终文稿，我对另外四篇讲座译文的初稿进行了校对，翻译整理了其余三场活动的文稿，最后对一些词汇和术语进行了统稿。马里翁先生文本精妙，译者和整理者在译事上不敢懈怠，纰漏甚至错误仍然在所难免，恳请各路方家批评指正。

感谢参与前期宣传的各位：方向红的《还原越多，给予越多？——试论马里翁第三次现象学还原的局限和突破》和仲霞的《爱的现象学：对马里翁沉思的解读与反思》(《世界哲学》2107年第3期)，贾江鸿的《马里翁对笛卡尔形而上学体系的解读》和拙文《论马里翁对笛卡尔"吾身"概念的阐发——从〈第六沉思〉中的一条暗线谈起》(《世界哲学》2107年第4期)，欧阳谦的《"充溢现象"与主体换位——论马里翁的"新现象学"》、陈辉的《从自我的外观到他者的面容——马里翁论可见者与不可见者的两种关系模式》和拙文《重叠的存在-神-逻辑学——论马里翁对笛卡尔形而上学思想的新阐释》(《哲学动态》2107年第10期)。感谢这两家杂志社的大力支持，感谢编辑陈德中先生、王喆女士、孙婧一女士、韩骁先生的辛勤工作。

感谢法国驻华大使馆顾博（Thibault Curmi）先生到人大

后 记

讲座现场致辞。感谢法国驻华大使馆文化处安黛宁（Delphine Halgand）女士在马里翁夫妇访华签证方面提供的帮助，很遗憾最终没能看到她出席原本说定的学术活动。

感谢杜小真老师在文集出版方面提供的引荐与帮助，感谢三联书店舒炜先生对文集出版的大力支持，感谢童可依和钟韵两位编辑为本书的编辑和出版所付出的辛劳。

己亥初夏

羊城